Nuevas direcciones en mediación

Joseph P. Folger
Tricia S. Jones
compiladores

Nuevas direcciones
en mediación

Investigación y perspectivas
comunicacionales

Paidós

Buenos Aires • Barcelona • México

Título original: *New Directions in Mediation. Communication*
Research and Perspectives
Sage Publications, Inc., Thousand Oaks - Londres - Nueva Delhi
© 1994 by Sage Publications, Inc.
ISBN 0-8039-5551-0

Traducción de Jorge Piatigorsky

Cubierta de Gustavo Macri

1a. edición, 1997

Impreso en la Argentina - Printed in Argentina
Queda hecho el depósito que previene la ley 11.723

Editorial Paidós SAICF
Defensa 599, Buenos Aires

Ediciones Paidós Ibérica S.A.
Mariano Cubí 92, Barcelona

Editorial Paidós Mexicana S.A.
Rubén Darío 118, México, D.F.

ISBN 950-12-8707-6

ÍNDICE

Dedicamos este libro a Kenneth Boulding y James
Laue, pacificadores que fueron también estudiosos
perspicaces y profesionales consagrados a su práctica

INTRODUCCIÓN

Hasta no hace mucho tiempo, la mediación y otras formas de resolución alternativa de disputas eran sin duda la excepción, y no la regla, en la discusión y la práctica del manejo del conflicto en las disputas interpersonales, organizacionales y comunitarias. Pocas veces se encontraba una comprensión general de la mediación, y mucho menos se aceptaba la idea de aplicarla a algo que no fueran los conflictos internacionales o entre la gerencia y el personal. Pero se ha producido un cambio considerable.

En la actualidad, la mediación es el mecanismo más común de los programas de resolución alternativa de disputas (Kressel y Pruitt, 1989b). El ascenso de la resolución alternativa de disputas en los últimos quince años ha realzado el papel de los terceros en una amplia gama de palestras conflictivas. Suscitado por preocupaciones ideológicas y prácticas, este movimiento ha creado diversas opciones para la intervención de terceros.

Las disputas que antes eran abordadas exclusivamente a través de procesos judiciales, ahora en muchos casos se encaran con formas alternativas de intervención de terceros, como la mediación. Por ejemplo, en 1975, en Estados Unidos había solamente doce centros comunitarios de resolución de disputas. En 1986 ya se

contaba con más de cuatrocientos programas de mediación ane-
xos a tribunales o con base en comunidades, en los cuales se me-
diaban disputas familiares, vecinales, entre inquilinos y propieta-
rios, de menor cuantía y relacionadas con los negocios (Johnson,
1993).

La mediación y la resolución alternativa de disputas se están ins-
titucionalizando. En los conflictos familiares y maritales, varios estados exigen ahora la mediación siempre que se trate de la tenencia
de los hijos en los casos de divorcio. En el sector privado se ha desarrollado un mercado para los servicios de resolución de disputas
que puedan generar conciliaciones fuera de los tribunales en las
disputas empresariales de grande y pequeña escala. Las organizaciones han desarrollado procedimientos internos para encarar los
conflictos, prestando una atención creciente a los controladores
(*ombudsmen*), los representantes de pacientes, los programas de
quejas de puertas abiertas, los funcionarios de audiencias y así sucesivamente. Los gerentes intermedios son vistos cada vez más como
solucionadores de disputas, una reconceptualización del rol gerencial que ha despertado un considerable interés por las aptitudes y
los problemas asociados con la mediación en organizaciones y con
la intervención informal de terceros (Karambayya y Brett, 1989;
Kolb y Sheppard, 1985).

Existen varias razones para esta maduración de la mediación y
la resolución alternativa de disputas. El crecimiento del movimiento de la resolución alternativa de disputas y la visibilidad de las organizaciones profesionales que lo respaldan (como el Standing
Committee on Dispute Resolution de la American Bar Association,
la Society for Professionals in Dispute Resolution, y otras) han acre-
centado espectacularmente la conciencia que tiene el público del
trabajo de terceros. Los cambios sociales básicos que se han producido en la última década en las relaciones entre empleador y empleado, y la erosión de los tradicionales modelos de intervención
en las disputas entre la gerencia y el personal o entre el proveedor
y el cliente como adversarios, han concentrado la atención en los
roles en transformación de los terceros. Los intentos de intervención en conflictos internacionales también han asignado un alto

perfil al trabajo de terceros, concentrando la atención en la aptitud de los mediadores para el manejo eficaz de disputas que van desde situaciones de toma de rehenes hasta la negociación de tratados internacionales extremadamente complejos (Pruitt, 1981; Touval y Zartman, 1989; Zartman y Touval, 1985).

Estas aplicaciones en expansión de la mediación se han visto acompañadas por una presión concomitante de los teóricos y practicantes tendiente a lograr una comprensión más precisa y un ejercicio más perfecto del proceso de la mediación. Con un enfoque multidisciplinario, los investigadores de las ciencias sociales han comparado las formas de intervención de terceros (Pruitt y otros, 1989), han examinado la influencia de las acciones de terceros (Jones, 1988), han evaluado las aptitudes para la intervención (Moore, 1986; Sheppard, 1984) y los resultados (Carnevale, Lim y McLaughlin, 1989). No obstante, al considerar la mediación como un cuerpo de conocimientos, la mayoría de los involucrados y comprometidos en su estudio y práctica experimentamos la necesidad de continuar con la discusión y el examen.

Ofrecemos este libro como una parte de la consideración en curso de la teoría y las investigaciones sobre la mediación. A diferencia de otras obras sobre este tema, nosotros intentamos informar tanto a los teóricos como a los practicantes acerca de las nuevas direcciones que toma la teoría y la investigación de la mediación desde una perspectiva comunicacional. La sección siguiente proporciona un amplio trasfondo conceptual para comprender esta perspectiva. Examinaremos los supuestos, los puntos fuertes y las limitaciones del enfoque comunicacional para la comprensión de la mediación, y a continuación realizaremos una presentación de cada uno de los capítulos del libro.

Una perspectiva comunicacional de la mediación

Hace ya mucho tiempo que los estudiosos del conflicto han reconocido el papel absolutamente central que desempeña la comunicación en el manejo de disputas, y a menudo han sostenido que la comunicación es el *sine qua non* del conflicto. No quedan dudas de que la conducta comunicativa, tanto verbal como no verbal, crea, refleja y remedia los conflictos (Folger, Poole y Stutman, 1993; Hocker y Wilmot, 1992). Además, en la perspectiva comunicacional resulta esencial comprender que el conflicto es una realidad socialmente creada y manejada comunicacionalmente, que surge en el seno de un contexto sociohistórico que afecta el significado y la conducta, y a su vez es afectado por esa realidad.

Los supuestos básicos de la perspectiva comunicacional en el estudio del conflicto y la negociación han sido postulados por Putnam y Folger (1988) y Putnam y Roloff (1992). Son tres los principios orientadores de esta perspectiva, que se abreva considerablemente en la metateoría pragmática e interpretativa. El primer principio es la atención al microanálisis de los indicios verbales y no verbales detallados, que incluye la configuración y el desarrollo temporal del proceso. Estos comportamientos son la base para comprender la evolución del conflicto. Sin la apreciación de esas estructuras y funciones, el estudioso no puede reconocer los aspectos evolutivos del proceso y su impacto sobre los resultados. Además, la estructura y las funciones de los mensajes modifican la naturaleza de la interacción, y son modificadas por ésta. De modo que para examinar la comunicación en un micronivel se necesita que la orientación del proceso entienda la sucesión de los mensajes simples dentro de secuencias dinámicas globales.

Algunas investigaciones sobre la comunicación se han concentrado en el análisis estructural-funcional de la mediación, examinando los rasgos pragmáticos y la secuencia de los mensajes. Por ejemplo, Donohue, Allen y Burrell (1988) han abordado la inmediatez verbal y la intensidad del lenguaje como claves para determinar la competencia del mediador. Jones (1988, 1989a) ha realizado análisis de las fases de la mediación, aislando pautas de interacción entre mediador y disputante, y entre disputante y disputante, que diferencian la mediación de acuerdo y de no-acuerdo. Jacobs (1990), y Jacobs, Jackson, Stearns y Hall (1991) han explicado la estructura de la discusión en la interacción de la mediación. En general, estas investigaciones y otros aportes concernientes a esta área nos ayudan a comprender la naturaleza y el efecto de los componentes de la comunicación en el seno de una dinámica más amplia. No queda duda de que la mayoría de las investigaciones sobre la mediación que adoptan una perspectiva comunicacional se concentran en el análisis estructural-funcional.

Pero, por importantes que puedan ser estos análisis estructural-funcionales, tales factores no bastan para explicar la influencia de la comunicación en la mediación. En última instancia, las conductas influyen porque tienen significado para los participantes en el proceso. El significado no es inherente a la conducta, sino que se lo crea y recrea continuamente a través de la interacción social. De modo que el segundo principio de la perspectiva comunicacional es la apreciación de la construcción social del significado y de las estructuras interpretativas utilizadas para descubrirlo en la comunicación. La investigación de orientación interpretativa que aborda la cuestión del significado construido en la mediación, examina de qué modo se revelan y negocian las perspectivas de los disputantes y el tercero a medida que se despliega la interacción. En este trabajo, los valores de los disputantes y los terceros, sus concepciones de la justicia y sus orientaciones respecto del conflicto (Littlejohn y Shailor, 1986), y sus interpretaciones de las conductas de los otros (Dingwall, 1988; Greatbatch y Dingwall, 1989) permiten comprender las bases del conflicto productivo y el conflicto improductivo.

De la atención centrada en la construcción social del significado en la mediación ha resultado una confianza casi exclusiva en el examen analítico del discurso; en la mediación, las influencias contextuales e ideológicas, o de ambos tipos, afectan el despliegue del discurso del conflicto en los ambientes de intervención. Grimshaw (1990) dice que el análisis del discurso permite comprender cómo los participantes dan sentido a ese discurso producido en el seno de los contextos conocidos y especificados del texto y la situación.

Como lo señalan Folger y otros (1993) en su examen de una perspectiva interaccional, el contexto es clave para identificar las reglas y estructuras que utilizan las personas a fin de dar sentido al discurso, construir significados sociales y poner los mensajes al servicio de metas múltiples. La mediación, lo mismo que la comunicación, no se produce en un vacío. Toda acción social está insertada en estratos de contextos que actúan e interactúan, influyendo tanto en la forma, la esencia y la función de las acciones como sobre los individuos que las producen. La interrelación entre texto y contexto exige la evaluación del contexto como tercer principio general de la perspectiva comunicacional. Así como el texto afecta al contexto, el contexto afecta al empleo y el significado de los elementos textuales, es decir de la comunicación. La evaluación del contexto resulta más compleja debido a la multiplicidad de fuerzas laxamente delimitadas –como los contextos relacional, social, cultural e institucional. La investigación comunicacional que abordó las influencias contextuales sobre la mediación ha examinado cómo la formación y las experiencias previas del mediador dan forma a sus intervenciones (Folger y Bernard, 1985, 1986), la influencia de las coacciones organizacionales sobre las opciones judiciales y mediadoras (Karambayya y Brett, 1989), las influencias culturales sobre el manejo del conflicto (Nadler, Nadler y Broome, 1985; Ting-Toomey, 1985), el efecto de las coacciones institucionales sobre los programas de mediación de base educacional (Burrell y Vogl, 1990) y las comunidades como teatros para la mediación en disputas vecinales (Folger, 1991).

La perspectiva comunicacional (lo mismo que la teoría y las investigaciones que la precedieron, realizadas desde un punto de vista más puramente sistémico/pragmático e interpretativo) se adecua a los intereses y los interrogantes generados por el campo en expansión de la práctica de la mediación. Hay muchos interrogantes fundamentales sobre *qué es* la mediación y en qué se convierte cuando se la emplea en los nuevos contextos sociales y la practica una amplia gama de personas con diversos antecedentes y entrenamiento. La perspectiva comunicacional está bien equipada para clarificar de qué modo se constituyen las intervenciones de terceros en los nuevos ambientes. Su microfoco ha sugerido modos de ver el proceso en términos menos globales. La importancia asignada al proceso nos permite concebir y estudiar la intervención de una manera menos estática, instantánea. Nos alienta a percibir que cualquier acción de una intervención es influida por lo que ha sucedido antes, y a su vez influirá sobre las acciones ulteriores. El hincapié en la construcción de los significados nos estimula a pensar las disputas y las acciones de intervención como factores que entran en juego en varios campos interpretativos simultáneos. Revela que los disputantes y los terceros se basan en premisas y supuestos interpretativos específicos, y señala fracturas potenciales si las premisas de los disputantes no son congruentes.

Visión general de los capítulos

Los capítulos de este libro presentan ideas sobre el proceso de la mediación desde una perspectiva comunicacional, abriendo a menudo áreas verdaderamente innovadoras para el estudio y la traducción a la práctica. Los autores se han basado en las premisas que acabamos de discutir para examinar y enriquecer nuestra comprensión de la mediación, 1) proporcionando perspectivas teóricas que nos ayudan a concebir este procedimiento y a entender el trabajo del tercero a medida que se despliega en una interacción en curso; vemos cómo una perspectiva comunicacional puede revelar nuevos modos de entender la estructura de los procesos de intervención; 2) ilustrando a través de microanálisis del discurso de la mediación de qué modo los actos comunicacionales específicos dan forma a las realidades de mediadores y disputantes, influyendo así en el proceso y el desenlace; 3) detallando las influencias contextuales que obran sobre los procesos de intervención e indicando los factores contextuales críticos que es preciso calibrar para guiar la mediación con más eficacia, y 4) iniciando un diálogo con los profesionales practicantes sobre la manera de traducir a la práctica estas ideas, solicitando al mismo tiempo sugerencias acerca de otras consecuencias prácticas de la perspectiva comunicacional de la mediación. Este volumen está organizado en cuatro partes que corresponden a estas cuatro áreas de enriquecimiento.

En la Primera Parte, "Perspectivas comunicacionales de la naturaleza del discurso en mediación", los tres aportantes presentan sugerencias sobre los diferentes modos de ver la mediación a través de una lente comunicacional. Aunque todos ellos comparten los supuestos básicos de la perspectiva comunicacional general, cada uno emite una nota teórica singular. Folger y Bush, en su capítulo "Ideología, orientaciones respecto del conflicto y discurso de la mediación", examinan de qué modo las orientaciones explícitas respecto del conflicto en las que se basan los enfoques de intervención del mediador, en realidad revelan supuestos ideológicos más amplios acerca de las relaciones sociales y el desarrollo humano. Folger y Bush ofrecen una crítica de la resolución de problemas como base para la intervención de terceros en un teatro conflictivo no confrontativo y discuten las consecuencias prácticas de su perspectiva, considerando incluso de qué modo los modelos de entrenamiento pueden sesgar ideológicamente a los mediadores para que hagan hincapié en el enfoque de la resolución de problemas. Jones, en "Un reenmarcamiento dialéctico del proceso de mediación", dice que las tensiones dialécticas en las relaciones entre los interactuantes operan como un contexto crítico que afecta la identificación y el desarrollo de las cuestiones y sirven como generadoras de la evolución del conflicto y el proceso de la mediación. Partiendo del trabajo en terapia familiar y de la teoría interpersonal de la comunicación, esta autora examina las tensiones relacionales primarias que pueden afectar la mediación, y expone estrategias básicas que los mediadores pueden aplicar para resolver o manejar esas tensiones. El capítulo de Cobb, "Una perspectiva narrativa de la mediación. Hacia la materialización de la metáfora del 'narrador de historias'", explica que su enmarcamiento del discurso de intervención es narrativo. A su juicio, el proceso de la mediación recibe su forma de estructuras narrativas que influyen sobre el desarrollo y la dirección de la interacción a medida que ese proceso se despliega; Cobb sostiene que el papel del mediador se clarifica reconociendo la estructura narrativa implícita del discurso. Este examen plantea importantes interrogantes sobre el entrenamiento del mediador y su práctica, recordándonos que en la mayoría de los modelos de la mediación hay intrínseca una fundamentación en la estructura narrativa.

En "Dando forma a la realidad a través del discurso", la Segunda Parte de la obra, tres capítulos presentan análisis ejemplares del discurso que revelan el poder de este último para dar forma a las realidades de los mediadores y los disputantes. El primer aporte, de Littlejohn, Shailor y Pearce, "La estructura profunda de la realidad en la mediación", presenta un modelo interpretativo e ilustra su poder con el análisis de una mediación en divorcio. Este modelo supone que, para comprender de qué modo los mediadores pueden privilegiar ciertas realidades y afectar las orientaciones de los disputantes y el desenlace, es preciso considerar las tres partes esenciales de la realidad social: la realidad moral, la realidad del conflicto y la realidad de la justicia. El capítulo de Greatbatch y Dingwall, "La construcción interactiva de las intervenciones por los mediadores en divorcios", presenta un análisis singular y muy necesario acerca de la influencia de la conducta de los disputantes sobre las realidades y acciones de los mediadores. Trabajando con análisis del discurso en casos de mediación en divorcios, los autores demuestran que las respuestas específicas de los disputantes pueden imponer opciones de intervención a los mediadores. El capítulo final de esta sección, "'Hablando como un mediador'. Movimientos conversacionales de los mediadores experimentados en divorcios", de Tracy y Spradlin, examina detalladamente de qué modo los mediadores expertos utilizan el lenguaje y el control de la conversación para establecer sus realidades en la mediación. Al destacar las diferencias en el uso del lenguaje, el manejo de los temas y la estructuración de la interacción, cuestionan las concepciones anteriores de los estilos de mediación y terminan con sugerencias para los profesionales practicantes.

La Tercera Parte del volumen se titula "Influencias contextuales sobre la intervención". Estos capítulos enfocan el impacto de las influencias sociales, institucionales o culturales sobre los modelos de la mediación, del entrenamiento y de la práctica. Donohue y Bresnahan discuten "Cuestiones comunicacionales de la mediación en conflictos culturales", ofreciendo un examen general de la importancia de la cultura en los procesos conflictivos intergrupales. Utilizando un caso con propósitos ilustrativos, pasan revista a modelos de diferencia cultural y explican cómo ciertos modelos de mediación son más o menos congruentes con supuestos culturales específicos. En "Enseñen a sus hijos. Recomendaciones para los programas de mediación entre condiscípulos", Jones y Brinkman sostienen que el nivel evolutivo de los niños, sus contextos culturales y sociales y el contexto institucional de la educación pública deben merecer una consideración importante para la instrumentación exitosa de los programas de mediación entre niños condiscípulos. En cada una de estas áreas, los autores proporcionan recomendaciones específicas para las personas interesadas en crear o evaluar estos programas. Volviendo su atención hacia los contextos organizacionales, el capítulo de Karambayya y Brett, "El tercero gerente. Estrategias, proceso y consecuencias de la intervención" presenta un modelo abarcativo de las influencias que dan forma al rol de los terceros y al desenlace de la intervención en ambientes organizacionales. Pasan revista a la literatura existente sobre este nuevo y poderoso campo de mediación.

La Cuarta Parte del libro, "Perspectivas de los practicantes", ofrece las ideas de tres de estos profesionales sobre los temas, los marcos teóricos y los resultados investigativos abordados en este libro. Carl M. Moore afirma que la investigación y la teoría sobre la mediación tienen que basarse en una apreciación de la importancia de los terceros en el fortalecimiento de la trama social. Moore ve la mediación como un medio adecuado para construir y restaurar un sentido de comunidad en los grupos de toda la sociedad. Janet Rifkin advierte que los progresos teóricos en la comprensión de la mediación tienen que traducirse en diseños para la práctica. Sin convertir las percepciones teóricas en programas de entrenamiento útiles, los practicantes no pueden poner en vigencia nuevas formas de intervención; a lo sumo se los recompensará por conservar los enfoques actuales. Finalmente, en un esfuerzo coherente con las preocupaciones de Rifkin sobre la traducción de la teoría a la práctica, Christopher W. Moore demuestra de qué manera dos conjuntos de ideas expuestas en esta obra pueden ser útiles para el practicante que actúa como tercero. Moore amplía el marco de Tracy y Spradling, examinando métodos adicionales que le permiten al tercero hacerse creíble para los disputantes. A continuación expone un caso, tomado de su propia experiencia, que ilustra el análisis de Littlejohn, Shailor y Pearce sobre la negociación entre el tercero y los disputantes de la realidad moral, la realidad del conflicto y la realidad de la justicia. El análisis de Moore describe los tipos de percepción que el practicante sagaz puede extraer de las perspectivas que ofrecemos en esta obra.

Reconocimientos

Este libro proviene de un interés por la mediación que se profundiza en el campo de la comunicación. En los últimos años, estudiosos y practicantes han recurrido unos a otros para comprender la dinámica de la intervención del tercero. Como resultado, hay muchas nuevas ideas y percepciones sobre la práctica que derivan de una perspectiva comunicacional. Acerca de estas ideas se ha hablado en convenciones, seminarios de entrenamiento y programas de mediación, y ellas ya están dando forma al trabajo de terceros en términos muy estimulantes. Este libro intenta captar algunas de esas ideas, y ponerlas a disposición de un público más vasto.

Deseamos agradecer a nuestros colegas del campo de la comunicación que nos alentaron a desarrollar el libro, en especial a Linda Putnam, David Seibold y Randall Stutman. También estamos muy agradecidos a los practicantes en el Centro de Resolución de Conflictos (Madison, Wisconsin), al Columbus Ohio Night Prosecutor's Program, a El Paso Country Mediation Programs, al Centro de Mediación Ann Arbor, al Centro de Mediación Queens, a la Clínica de Mediación/Arbitraje de la Universidad de Denver y a la Clínica de Derecho de la Hofstra University, por sus aportes a nuestra propia formación como mediadores. Y nos gustaría agradecer a nuestros alumnos de la Temple University por su útil discusión de muchas ideas de este libro.

Estamos en deuda con Sophy Craze, de Sage Publications, por su guía, y con Astrid Virding, por su asistencia editorial. También queremos agradecer a Mary Beth Flynn su cuidadoso trabajo con el índice del volumen.

Joseph P. Folger
Tricia S. Jones

Primera parte

PERSPECTIVAS COMUNICACIONALES DE LA NATURALEZA DEL DISCURSO EN MEDIACIÓN

*¿De qué modo nuestras orientaciones subyacentes
respecto del conflicto dan forma a las expectativas sobre
la participación del tercero? ¿De qué modo las
orientaciones respecto del conflicto son impulsadas por
ideologías globales sobre las relaciones y la interacción
sociales? ¿Qué alternativa hay a un enfoque de
resolución de problemas en la intervención en
conflictos?*

1

IDEOLOGÍA, ORIENTACIONES RESPECTO DEL CONFLICTO Y DISCURSO DE LA MEDIACIÓN

Joseph P. Folger
Robert A. Baruch Bush

El conflicto emergente y la crítica de la mediación

Las evaluaciones recientes del procesamiento de las disputas en el sistema judicial norteamericano apuntan a la naturaleza emergente del conflicto durante la intervención (Felstiner, Abel y Sarat, 1980-1981; Mather e Yngvesson, 1980-1981; Sarat, 1988; Cobb, 1991, en este volumen). Estas evaluaciones subrayan que las disputas y los terceros no permanecen invariables durante el curso de la intervención. Más bien, "Las disputas, incluso después de haber surgido y de formularse, son indeterminadas. No tienen una forma fija anterior a la aplicación de técnicas particulares de procesamiento de disputas; se constituyen y transforman a medida que son procesadas" (Sarat, 1988, pág. 708). Cuando se lo elabora plenamente, este enunciado incluye dos afirmaciones distintas pero relacionadas entre sí: la de que las disputas son influidas por los terceros a medida que se despliegan en una intervención, y la de que los propios terceros son influidos por las disputas que encaran: los actos de los mediadores son conformados por las características de la disputa, por los disputantes y por la interacción que se despliega durante la intervención. En síntesis, tanto los conflictos en sí como los procesos utilizados para manejarlos son maleables.

Los estudios sobre el despliegue del discurso en la intervención respaldan la afirmación de que el conflicto y la intervención son emergentes y maleables. Por ejemplo, los análisis minuciosos de los movimientos del tercero demuestran que en la práctica la línea divisoria entre el procedimiento judicativo y la mediación se desdibuja. A veces los mediadores y los árbitros actúan de modo análogo cuando intervienen en disputas. Los terceros con mandato jurídico (por ejemplo, los jueces de asuntos de menor cuantía o familiares) producen conductas típicas de mediadores (Philips, 1990; Wall y Rude, 1989). Los jueces a menudo negocian, alientan la transacción e involucran a las partes en la creación de opciones conciliatorias. A la recíproca, los mediadores en disputas laborales, comunitarias y en casos de divorcio suelen actuar como jueces. Se pronuncian implícita o explícitamente sobre cómo deben enmarcarse las cuestiones, cuáles son los términos de acuerdo preferibles o qué intereses hay que conciliar (Folger y Bernard, 1985; Greatbatch y Dingwall, 1989; Jacobs, en prensa, Kolb, 1983, 1989; Lam, Rifkin y Townley, 1989; Shapiro, Drieghe y Brett, 1985).

Además, varios modelos generales de estrategias del tercero sugieren que las acciones del mediador están condicionadas; son influidas por el valor que las partes asignan a lograr sus metas, por la magnitud del terreno común que se encuentre (Carnevale, Conlon, Hanisch y Harris, 1989), por la existencia de partes ausentes que necesiten protección (Folger y Bernard, 1985), por la cantidad de cuestiones planteadas, por la complejidad de esas cuestiones (Carnevale y Pegnetter, 1985), por el grado de defensividad u hostilidad de los disputantes (Donohue, 1991; Hiltrop, 1985, 1989; Kochan y Jick, 1978).

Los datos empíricos respaldan la idea de que el conflicto en el que se interviene es emergente y maleable: los terceros pueden ser tan responsivos a las características de la disputa, a los disputantes y a la interacción que se despliega como lo son a los mandatos formales de intervención que incorporan al proceso. La "transformación" resultante de las disputas en la que se interviene es en sí misma un proceso dinámico. Las características de la disputa emergente, junto con las predisposiciones del tercero acerca de los casos y cuestiones, inspiran los movimientos del propio mediador. Estos movimientos de intervención desencadenan a su vez acciones y reacciones de los disputantes, y en última instancia dan forma al despliegue del conflicto y a lo que llega a ser la intervención.

La afirmación de que el conflicto en que se interviene es emergente ha suscitado algunas preocupaciones por la mediación como forma de intervención de un tercero (Cobb, 1991, en este volumen). En vista de su carácter informal de la mediación, está especialmente claro que el proceso no tiene una forma fija, sino que lo constituye la serie de movimientos realizados por el tercero y los disputantes. Sin embargo, precisamente en virtud de las pruebas recientes de que el conflicto es emergente, los críticos sostienen que la mediación en particular —en contraste con los procesos más formales, como el juicio— es un instrumento intrínseca y severamente defectuoso para el manejo de conflictos. En general, se afirma que si los conflictos mismos son maleables —si las acciones del tercero en respuesta a las contingencias del caso y a los caprichos de la interacción en curso pueden remodelar y definir el conflicto mismo—, los desenlaces resultan potencialmente vulnerables a las disposiciones, las preferencias y los prejuicios del mediador. La mejor salvaguardia contra este riesgo es adherir a formalidades y estructuras de procedimiento que por lo menos reducen la maleabilidad del proceso y de tal modo protegen más al conflicto de esa influencia del tercero. En otras palabras, dada la maleabilidad de los conflictos, la maleabilidad del proceso, aunque en alguna medida inevitable, debe minimizarse para contrarrestar el efecto de la influencia del tercero.

Aplicado a la mediación, este argumento lleva a los críticos a concluir que la extrema maleabilidad de este procedimiento lo convierte en un foro intrínsecamente defectuoso y peligroso para el manejo del conflicto. El defecto fundamental consiste en que, debido a su falta de formalidad y estructura, la mediación no puede regular adecuadamente las intervenciones del tercero, e incluso tiende a alentar el abuso. Sin reglas jurídicas que guíen la respuesta del mediador a las cuestiones, los mediadores pueden modificar los términos de las disputas que las propias partes han enmarcado.

Sin reglas formales acerca de las pruebas y los procedimientos, es probable que las partes con menos aptitudes o poder se encuentren en seria desventaja. Además, sin ningún examen público de lo que sucede privadamente en las sesiones de mediación, ni responsabilidad por ello, no hay modo de controlar o limitar el tipo de abusos a los que acabamos de referirnos. Como consecuencia, cuando un conflicto es sometido a mediación es posible que se eliminen las cuestiones concernientes a la justicia social, que se ignoren (o refuercen) los desequilibrios de poder y que, de hecho, los desenlaces sean determinados por los valores del tercero, impuestos de modo encubierto, a pesar de la retórica del "acuerdo aceptable para todos" (Abel, 1982, 1988; Fineman, 1988).

Esta crítica a la mediación, basada en la naturaleza emergente del conflicto, ha suscitado algunas preocupaciones importantes sobre la mediación tal como se la practica actualmente. No obstante, esa crítica tiene una debilidad seria: no reconoce plenamente su fundamento en lo que es, en lo esencial, una posición ideológica sobre lo que debe y no debe suceder cuando hay conflictos, y por qué. La teoría del "conflicto emergente" sostiene que la "transformación" del conflicto es inevitable, en la mediación o en cualquiera otra parte. Si esto es así, no puede decirse que la mediación sea defectuosa porque transforma el conflicto: lo mismo vale para todos los otros modos de manejo de conflictos. El verdadero punto central, pero no expresado, de la crítica, podría ser que la mediación es cuestionable no simplemente porque transforme el conflicto, sino porque inevitablemente lo hace de una manera mala o perjudicial. Este tipo de argumentación tiene que basarse en un conjunto de afirmaciones sobre lo que *debe* suceder en un conflicto emergente, y en la preocupación de que no suceda en mediación. Tales afirmaciones están insertadas en una conciencia ideológica general que queda sin articular y sin indagar en la crítica.

No obstante, a pesar de estas debilidades, nosotros compartimos muchas de las preocupaciones de esta crítica por el modo en que la mediación se practica ampliamente en la actualidad. Estamos de acuerdo en que el conflicto es emergente y en que la influencia del tercero es inevitable. También concordamos en que las formas de la influencia del tercero que se pueden encontrar en la mediación, tal como se la practica hoy en día, generan problemas. Por lo tanto, lo mismo que los críticos, estamos insatisfechos con las características actuales de la mediación. Pero no compartimos la idea de que la mediación sea *intrínsecamente* defectuosa. Sostenemos que las formas destructivas de la influencia del mediador que actualmente encontramos en la mediación no son en modo alguno inevitables.

Basamos nuestro enfoque de la práctica actual de la mediación y de sus críticos en la comprensión de los fundamentos ideológicos de este método y de otras formas del procesamiento de disputas, haciendo explícito lo que la mayoría de los críticos deja implícito. Comenzamos por dar por sentado que las concepciones de la mediación (de respaldo o crítica) se basan en afirmaciones sobre qué interacciones y resultados *deben* producirse en las situaciones conflictivas y *por qué*. Estas afirmaciones tienen fundamentos ideológicos a menudo profundamente enraizados en la cultura, y por lo tanto muy pocas veces sacados a luz y examinados. De esos fundamentos se desprenden ideas del conflicto y enfoques de la intervención que generan concepciones positivas o negativas de ciertos procesos como la mediación y ciertas formas específicas de práctica.

Nuestro objetivo es demostrar que el discurso que se produce dentro de la mediación y el discurso sobre la mediación están vinculados a orientaciones ideológicas amplias acerca de la naturaleza del mundo social, sus estructuras y procesos. Para alcanzar este objetivo examinaremos brevemente, en general, los vínculos entre el conflicto, el discurso y la ideología. A continuación mostraremos que la práctica actual de la mediación recibe primordialmente su forma de una orientación respecto del conflicto, la resolución de problemas, y que la resolución de problemas es impulsada por la ideología prevaleciente del individualismo. A continuación describiremos una concepción alternativa de la mediación, basada en una orientación menos articulada respecto del conflicto –una concepción transformadora–, y mostraremos que se desprende de una ideología relacional emergente.

En última instancia, como ya está implícito en lo que hemos dicho, nuestro análisis hace una crítica de la práctica actual de la mediación y de quienes rechazan la mediación totalmente porque consideran que sus virtudes están maculadas por la inevitabilidad de la influencia opresiva y sin control del tercero. Estas formas de influencia, que también nosotros criticamos, existen porque la mediación, tal como actualmente se la concibe y practica, se basa en una orientación respecto del conflicto que convierte a esas prácticas en probables. Pero no son inevitables. Si bien esta orientación tiene raíces poderosas en nuestra cultura individualista, no es absoluta ni inmodificable.

Por lo tanto, consideramos posible construir y respaldar una forma de mediación basada en una concepción alternativa del conflicto que nosotros y otras personas visualizamos. Si esto se hace, la naturaleza emergente del conflicto y el carácter informal y abierto de la mediación dejan de ser perjudiciales para convertirse en un enorme valor positivo. En síntesis, llegando hasta el nivel de la ideología en la que se basan las concepciones del conflicto y la intervención, es posible trascender tanto la práctica actual de la mediación como su crítica.

Discurso del conflicto e ideología

Nuestro análisis de la mediación –como una forma de discurso del conflicto modelada por la ideología– se basa en dos premisas que derivan de estudios recientes sobre la construcción y representación de la ideología en el discurso cotidiano. La primera premisa es que las "ideologías" son marcos organizadores que las personas utilizan para percibir, interpretar y juzgar su mundo circundante. Aunque las ideologías son a menudo sustentadas como valores o expectativas cognitivos, se las adquiere y expresa a través de fenómenos sociales; las personas aprenden (y recrean) las ideologías a través de la participación en grupos y relaciones (Billig y otros, 1988). Como las ideologías son vividas, se ponen de manifiesto en la práctica discursiva y "pueden estudiarse en las interpretaciones y expresiones de los miembros en la conversación" (Van Dijk, 1987, pág. 13).

La segunda premisa es que las elecciones discursivas de la gente generan importantes consecuencias sociales. Las elecciones que las personas realizan al construir mensajes, responder a las acciones de los otros o decidir si van a hablar o cuándo, influyen en las expectativas y la conducta. En última instancia, estas elecciones distribuyen el poder, establecen la estabilidad de las relaciones sociales y restringen la capacidad para imaginar o dar vigencia a ordenamientos sociales alternativos (Billig y otros, 1988; Mumby, 1988; Mumby y Putnam, 1992; Potter y Witherell, 1987; Thompson, 1984).

Los estudios que examinan específicamente el discurso del conflicto se basan en estas dos premisas para explicar cómo se adquieren y expresan en la interacción social nuestros modos de pensar sobre el conflicto. Los disputantes y los terceros adoptan ideologías del conflicto o "realidades del conflicto" que son utilizadas en la experiencia e interpretación del discurso del conflicto (Littlejohn, Shailor y Pearce, en este libro). Estas "ideologías del conflicto" llevan implícitas nociones de lo que es el conflicto, así como expectativas acerca de los movimientos o las respuestas posibles o requeridos en contextos específicos, acerca del rol del tercero y acerca de los resultados deseables. Grimshaw (1990, pág. 298) caracteriza estas expectativas como "normas acerca de cómo debe conducirse la conversación del conflicto". Los estudios sobre el discurso del conflicto revelan las concepciones implícitas del conflicto y demuestran que esas concepciones se aplican en una amplia gama de contextos.[1]

Estos estudios comienzan a ofrecer una descripción útil de la influencia de la ideología sobre el discurso del conflicto, pero creemos que esa descripción es aún incompleta. Hasta ahora, dichos estudios se han concentrado en las ideologías del *conflicto*, en los modos de pensar el conflicto en sí, sin relacionarlas con los marcos ideológicos más amplios que afectan a la sociedad como un todo.

---

1. Véanse en Brenneis (1988), Grimshaw (1990), Silbey y Merry (1986), Penman (1987) y Littlejohn, Shailor y Pearce (en este libro) resúmenes e ilustraciones de esta investigación.

De hecho, las orientaciones respecto del conflicto reflejan y son impulsadas por las ideologías más amplias de la sociedad que dan forma a las concepciones de la naturaleza humana, las relaciones sociales y las estructuras sociales en general (Aubert, 1963; Coser, 1956; Mack y Simmel, 1955; Snyder, 1957). Como lo señalan Likert y Likert (1976, pág. 14), "Las estrategias y principios utilizados por una sociedad y todas sus organizaciones para abordar los desacuerdos y conflictos reflejan los valores y la filosofía básicos de esa sociedad". Los valores y las filosofías sociales establecen las orientaciones prevalecientes respecto del conflicto, determinan qué concepciones del conflicto prevalecen y restringen la emergencia de alternativas.

Por lo tanto, una explicación completa de la relación entre el discurso del conflicto y la ideología (en la mediación o en otros foros) exige que se comprenda que las orientaciones respecto del conflicto están en sí mismas enraizadas en marcos ideológicos más amplios. En la siguiente sección examinamos la orientación respecto del conflicto que actualmente ejerce una influencia generalizada sobre la mediación y exponemos el marco ideológico global en el que se basa. Demostramos que esta ideología subyacente y la orientación respecto del conflicto que ella respalda conducen a la forma de práctica de la mediación que a juicio de los críticos genera problemas.

La orientación de la resolución de problemas y sus raíces ideológicas

En el campo de la resolución de disputas, la solución cooperativa de problemas es a menudo presentada como la versión ideal de la resolución de conflictos. En muchos sentidos, ésta es la concepción habitual en las discusiones de teóricos y practicantes sobre cómo se despliega el conflicto exitoso.[2] La orientación de reso-

2. No obstante, Stewart (1987) y otros reconocen que la resolución de problemas es una concepción occidental del conflicto.

lución de problemas aparece entretejida por la literatura sobre el conflicto en los campos del derecho (Fisher y Ury, 1981; Menkel-Meadow, 1984), la psicología (Likert y Likert, 1976; Maier, 1967; Maier y Solem, 1962; Pruitt, 1983; Pruitt y Rubin, 1986), la empresa y la gerencia (Blake y Mouton, 1964; Filley, 1975; Kepner y Tregoe, 1965; McKersie, 1964; Pruitt y Lewis, 1977; Ruble y Thomas, 1976; Schmidt y Tannenbaum, 1960) y la comunicación (Borisoff y Victor, 1989; Folger y otros, 1993; Putnam y Poole, 1987).

Aunque las caracterizaciones del problema varían un tanto, todas se basan en la misma orientación fundamental respecto del conflicto. Toda orientación respecto del conflicto incluye una concepción de lo que es el conflicto cómo fenómeno social, y una concepción correlativa de la respuesta ideal. El conflicto es visto como la manifestación de un problema que es necesario resolver. El problema existe debido a una incompatibilidad real o aparente de necesidades o intereses; esa incompatibilidad imposibilita la satisfacción de las necesidades de una o más de las partes. Aunque la insatisfacción resultante puede suscitar controversias y disputas, el conflicto es en su núcleo un problema irresuelto, el problema de satisfacer simultáneamente lo que parecen necesidades no satisfechas incompatibles.

Según esta concepción del conflicto, la idea correlativa de la respuesta ideal es una resolución cooperativa del problema. Resolver conflictos significa encontrar soluciones que satisfagan las necesidades de todas las partes afectadas, y de tal modo conduzcan a la satisfacción universal:

> La capacidad de un grupo para desarrollar soluciones nuevas e innovadoras de problemas difíciles es especialmente importante para la resolución constructiva de conflictos. Cuando hay desacuerdos o conflictos, lo típico es que no exista ninguna solución fácilmente accesible que todas las partes perciban como aceptable. Hay que encontrar una solución nueva, innovadora, integrativa, que satisfaga las necesidades y deseos de todas las partes interesadas. (Likert y Likert, 1976, pág. 133.)[3]

3. Según las concepciones estrictas o puristas de la resolución de problemas,

El enfoque de la resolución de problemas es ampliamente adoptado en las discusiones sobre la intervención de terceros en general (Ury, Brett y Goldberg, 1988) y de la mediación en particular (Folberg y Taylor, 1984; Haynes y Haynes, 1989). Está ahora bien documentado que, en la mediación tal como se la practica en la actualidad, los disputantes y los terceros habitualmente actúan de modos congruentes con esta orientación respecto del conflicto. Tres tipos de pruebas, tomadas de una gama de estudios realizados en diversos escenarios de mediación, indican de qué modos específicos se aplica en la mediación la orientación de resolución de problemas.

Evaluación global de las circunstancias de las partes

Mientras los disputantes presentan sus historias de apertura (es decir la cronología de los acontecimientos que llevaron a las circunstancias presentes), los mediadores tienden a buscar y definir los problemas que hay que encarar o solucionar. El mediador va recogiendo los antecedentes históricos, la cronología de los hechos y las expresiones de frustración o ira en una evaluación más global de los problemas que pueden encararse mediante el proceso. Shapiro y otros (1985), por ejemplo, encuentran que, en la mediación por reclamos laborales, casi en seguida el tercero se pre-

---

sólo merecen este rótulo los procesos en los cuales se encuentra una solución verdaderamente creativa que satisface plenamente las necesidades de todas las partes. Otras formas "negociadoras" de la resolución de problemas, en las cuales las partes renuncian a algunas necesidades, o las ignoran, para llegar al acuerdo son a menudo consideradas "de compromiso": una orientación respecto del conflicto diferente y menos deseable. De modo que, para algunos autores que identifican los estilos de conflicto, se llama "resolución de problemas" el proceso creativo final que parece transformar la confrontación en una creación artística y convierte a los disputantes en colaboradores. Nosotros vemos la negociación y la transacción como ligadas integralmente al proceso de resolución de problemas. La esencia de toda conducta de resolución de problemas es que los intereses se ven de modo autorreferencial. Cuando las partes interactúan con una orientación de resolución de problemas, uno aborda las necesidades de los otros fundamentalmente porque de tal modo puede satisfacer sus propias necesidades.

gunta qué tipo de caso o problema tiene ante sí, de modo que puede comenzar formulando soluciones posibles. El mediador tiende a consultar "un repertorio de patrones de casos que él conoce" y que le permiten realizar "una rápida evaluación cognitiva del desenlace potencial del caso" (Shapiro y otros, 1985, pág. 112). De modo análogo, el modelo contingente de la mediación de Carnevale, Conlon y otros (1989) postula que, ya al principio del proceso, el mediador evalúa si hay un terreno común suficiente entre las partes para alcanzar una solución aceptable para todas.

Estos descubrimientos sugieren que la resolución de problemas constituye un patrón a través del cual los mediadores perciben los aportes de las partes desde el inicio del proceso. La orientación de resolución de problemas exige que el tercero no se concentre en los comentarios individuales ni en la interacción paso a paso. Por el contrario, alienta a sacar a luz los intereses y las necesidades subyacentes, identificando de tal modo el problema creado por esas necesidades. Como un artista que retrocede unos pasos para ver el cuadro después de una cierta cantidad de pinceladas, el mediador que trabaja con una orientación de resolución de problemas repetidamente toma distancia respecto de los comentarios de las partes para percibir el problema que los dichos de los disputantes revelan.

Orientación acuerdista

Hemos señalado que los mediadores tienen un margen considerable para influir sobre las cuestiones sustantivas y el proceso durante la intervención. Hay pruebas sustantivas de que el mediador orienta primordialmente su intervención a crear y hacer aceptar términos de acuerdo que solucionen los problemas. A veces estas estrategias desafían las preferencias o la disposición a llegar a un acuerdo de los propios disputantes. Los movimientos de intervención –tales como la facilitación selectiva (Greatbatch y Dingwall, 1989), el reenmarcamiento (Lam y otros, 1989), las reformulaciones y la indagación directiva (Jacobs, en prensa)– le permiten al mediador dar forma a los argumentos, enmarcar las propuestas e influir sobre el proceso.

Estos datos indican que los mediadores conducen la interacción hacia el acuerdo, influyendo a veces de una manera que plantea interrogantes acerca de su rol como intermediarios neutrales (Bernard, Folger, Weingarten y Zumeta, 1984; Folger y Bernard, 1985; Greatbatch y Dingwall, 1989). Esta tendencia es congruente con una orientación de resolución de problemas. Si la meta de la intervención es resolver problemas para los disputantes, es probable que el mediador confíe en estrategias de intervención que abran el progreso hacia el acuerdo. El acuerdo es la prueba tangible de que se ha creado una solución.

Abandono de las preocupaciones que no pueden tratarse como problemas

La investigación de Donohue (1991) sobre la mediación en divorcios sugiere que el mediador aborda las cuestiones selectivamente. Este autor comparó sesiones de mediación en divorcios con acuerdo y sin acuerdo, llegando a la conclusión de que en las sesiones con acuerdo el mediador se concentró en las cuestiones sustantivas que era posible examinar fácilmente en un marco de resolución de problemas. En esas sesiones el mediador habló sobre los intereses, porque cada miembro de la pareja estaba dispuesto a prestar atención a los intereses del otro. En las sesiones sin acuerdo, a menudo las parejas planteaban cuestiones relacionales de confianza, autoestima, etcétera. Estas preocupaciones tendían a obstaculizar los esfuerzos del mediador, induciendo respuestas que parecían casi inapropiadas para las cuestiones planteadas: "Los disputantes sin acuerdo hablaban sobre problemas de relación, mientras que sus mediadores apuntaban a cuestiones fácticas" (Donohue, 1991, pág. 164). Donohue informa que las sesiones sin acuerdo duraban en promedio la mitad de las sesiones con acuerdo, debido a las cuestiones de relación que surgían y porque los mediadores se desviaban bruscamente de esos obstáculos, evitando los acontecimientos del pasado y la historia de la relación que podían malograr la creación y aceptación de soluciones.

La disposición de los mediadores a abandonar las cuestiones relacionales es congruente con la caracterización de la mediación como "orientada hacia el futuro". La discusión por las partes de hechos del pasado a menudo se centra en la interpretación: de qué modo la perspectiva que tiene una parte de un hecho puede ser diferente de la perspectiva de la otra. Estos puntos de vista contradictorios a menudo revelan cómo se ha perdido la confianza. El paso al costado ante la consideración y discusión de esos hechos del pasado es un modo de mantener el proceso "orientado hacia el futuro", apartándose de las cuestiones de relación y apuntando a la identificación de los problemas tangibles y sus soluciones. La tendencia a dejar caer las cuestiones que no pueden tratarse como problemas es obviamente coherente con una orientación de resolución de problemas. Algunas cuestiones que plantean los disputantes son fácilmente abordables como problemas; se dejan formular con parámetros definibles y ordenamientos o intercambios concretos que pueden exponerse como soluciones y articularse en acuerdos. Pero las cuestiones de relación o de "identidad personal" (Grimshaw, 1990) son más difíciles de encarar con un enfoque de resolución de problemas (Sillar y Weisberg, 1987).

El mediador puede tratar de reenmarcar estas cuestiones más elusivas como problemas con solución tangible. No obstante, si los disputantes se resisten al reenmarcamiento o el reenmarcamiento parece imposible, puede ser que el mediador no vea más alternativa que abandonar la cuestión o el caso.[4]

La discusión precedente indica que gran parte de la práctica de la mediación en el presente deriva de una orientación general de resolución de problemas. No obstante, como hemos señalado, la

---

4. No pretendemos que las cuestiones sustantivas y relacionales sean mutuamente excluyentes. Coincidimos con Grimshaw (1990, pág. 284) en que "Sea lo que fuere lo que supuestamente está en juego […], parece que toda conversación sobre el conflicto involucra alguna negociación de las identidades y de la naturaleza apropiada de los ordenamientos interpersonales (es decir estructurales, organizacionales)". No obstante, los disputantes hacen hincapié en las cuestiones sustantivas o relacionales, y el tercero debe responder a las cuestiones llevadas al primer plano.

demostración de que las concepciones del conflicto dan forma al discurso sólo ofrece una explicación parcial de la conducta de la gente en las situaciones difíciles. Subsiste el interrogante de *por qué* la orientación de resolución de problemas influye tanto. ¿A qué se debe su atractivo y su poder sobre quienes están en el campo de la resolución de disputas y la mediación? Para dar una respuesta, debemos identificar las premisas ideológicas generales sobre las que dicha orientación reposa. Estas premisas aclaran por qué la resolución de problemas está tan enquistada como orientación respecto del conflicto y por qué las alternativas a menudo no se ven, no se ponen a prueba o son abiertamente resistidas.

La fuerza de la orientación de resolución de problemas se debe a que deriva de una ideología individualista y está alineada con ella; esa ideología es central en la cultura prevaleciente en Estados Unidos. Este marco, que no sólo se aplica al conflicto sino también a todas las palestras de la vida social, concibe el mundo humano como constituido por seres individuales radicalmente separados, de igual valor pero con diferentes deseos (es decir necesidades percibidas), cuya naturaleza es buscar la satisfacción de esas necesidades y deseos individuales. La sociedad es importante porque sirve como facilitadora neutral (o árbitro) del proceso de la satisfacción individual. Dada esta concepción de la naturaleza del mundo humano, el valor más alto es la satisfacción de las necesidades y deseos individuales, y el peor mal es la existencia de necesidades insatisfechas e insatisfacción. Además, puesto que todos los individuos tienen igual valor, este valor es mejor servido –y se evita el mal– preservando la igualdad, cuando las necesidades y los deseos de los diferentes individuos son satisfechos simultáneamente.

Esta concepción individualista del mundo humano ha prevalecido en la cultura occidental, en alguna forma, durante más o menos los últimos doscientos cincuenta años. Puede rastrearse desde los escritos de Hobbes y Locke hasta filósofos contemporáneos como Dworkin (1977), Nozick (1974), Rawls (1971) y otros. Subtiende y da forma a la economía política moderna, desde Adam Smith hasta Karl Marx. En la historia reciente ha impulsado los movimientos por los derechos civiles, por los derechos de la mujer y por los derechos humanos, así como sus antecedentes en el siglo pasado. Subyace en la teoría y las instituciones democráticas occidentales. En todas estas áreas, la visión individualista ha sido considerada precursora de la liberación de todos los individuos, cada uno de los cuales obtendría una plena satisfacción en sus propios términos.

La resolución de problemas está esencialmente alineada con los supuestos individualistas acerca de la naturaleza humana y la interacción social. Como orientación respecto del conflicto, encarna la idea de que los conflictos representan problemas encarados por individuos autónomos que buscan la satisfacción mutua de sus necesidades. Además, refleja la idea de que la resolución de conflictos puede y debe llevar a soluciones que maximicen la satisfacción de todos los individuos involucrados. En síntesis, el contexto ideológico global explica por qué la orientación de problemas es tan atractiva y poderosa en el campo de la resolución de disputas: es una concepción del conflicto que expresa las premisas ideológicas individualistas profundamente arraigadas en la sociedad como un todo. Por cierto, los procesos de resolución alternativa de disputas, como la mediación, son considerados valiosos precisamente porque ofrecen la oportunidad de proporcionar una satisfacción conjunta a los individuos que disputan, oportunidad que no parece existir en los procesos formales con planteo confrontativo. En consecuencia, cuando procesos como la mediación se ponen en práctica, naturalmente aplican la orientación de resolución de problemas que, por empezar, hace que esos procesos parezcan valiosos en términos individualistas. Aunque la resolución de problemas se aparta de una orientación aún más radical –reemplaza una concepción egoísta del mundo por otra concepción ilustrada del propio interés–, sus premisas siguen siendo básicamente individualistas.

De modo que en las prácticas específicas de la mayoría de los mediadores subyace una orientación general de resolución de problemas, y detrás de las conductas específicas y de la orientación general se encuentra el impulso de un marco ideológico individualista profundamente arraigado. A nuestro juicio, ésta es la relación totalmente rastreada entre la ideología, la orientación respecto del conflicto y el discurso del conflicto real en la mediación.

El rastreo de esta relación revela importantes percepciones concernientes a la práctica actual de la mediación y a sus críticos. Como ya señalamos, la mayor preocupación es la probabilidad de que exista una influencia no controlada y opresiva del mediador en el proceso del conflicto. Nuestro análisis demuestra que la principal causa de las conductas condenadas por los críticos es la orientación general de resolución de problemas, con su base ideológica individualista. El mediador trata de influir y controlar las conductas porque ve los conflictos como problemas –obstáculos para la satisfacción de conjuntos de necesidades incompatibles– y entiende que su mandato primordial es encontrar las mejores soluciones a esos problemas. La influencia del mediador queda justificada implícitamente por el valor individualista de proporcionar la satisfacción máxima. No obstante, según esta misma perspectiva individualista, en última instancia la mediación es una *forma* defectuosa y peligrosa de la resolución de problemas, porque ignora el valor de la justicia/igualdad, que para el individualismo es tan importante como la satisfacción. La resolución de problemas, aplicada a necesidades insatisfechas o incompatibles, significa resolverlas con justicia, y esto exige el tipo de formalidad y de reglas que sólo encontramos en los foros judiciales. La influencia irrestricta del tercero da rienda suelta a las tendenciosidades del intermediario que inevitablemente producen tratamientos desiguales, resultados injustos y satisfacción no igualitaria. En otros términos, los mediadores individualistas inevitablemente actúan como solucionadores de problemas, pero al hacerlo sus intervenciones resultan a menudo injustas, con lo cual comprometen ese mismo individualismo.

Nuestro análisis entre los vínculos y la ideología, la orientación respecto del conflicto y la práctica, respaldan hasta cierto punto esta concepción crítica de la mediación; sin embargo, nuestro análisis también puntualiza los límites de esa crítica. Si el mundo y el fenómeno del conflicto son vistos en términos individualistas, sólo cabe coincidir con los críticos de la mediación. Pero no es obligatorio aceptar el marco individualista. Si se toma como punto de partida una ideología totalmente distinta, el cuadro es muy diferente, no porque estas mismas prácticas de la mediación ya no parezcan cuestionables, sino porque, por empezar, la práctica misma cambia. En síntesis, puesto que la ideología impulsa las orientaciones respecto del conflicto y la práctica discursiva real, una ideología diferente, *no-individualista*, podría engendrar una orientación respecto del conflicto y una forma de práctica de la mediación que no sólo evite los males de la influencia opresiva del tercero, sino que realice un bien que la ideología individualista difícilmente imagine.

Creemos que está emergiendo una ideología de ese tipo, que ve la naturaleza humana y la interacción social en términos *relacionales* y no individualistas, y que genera una orientación respecto del conflicto totalmente distinta de la resolución de problemas. En la sección que sigue resumimos esta concepción diferente del conflicto, mostramos cómo puede aplicarse en la práctica de la mediación y caracterizamos la ideología relacional emergente sobre la que está basada.

La orientación transformadora y su raíces ideológicas

Se han realizado algunos intentos para formular lo que podría ser una verdadera alternativa a la orientación de resolución de problemas, incluyendo otras concepciones de lo que es el conflicto y de la respuesta ideal. La visualización de una alternativa a la orientación de resolución de problemas comienza rechazando la premisa básica de que los conflictos deben verse como problemas. Las disputas que surgen de las preocupaciones, las insatisfacciones, las tensiones interpersonales o relacionales sustantivas de la gente pueden verse no como problemas sino como oportunidades para el crecimiento y la transformación humanos. Específicamente, en esta orientación *transformadora* el conflicto es visto como una ocasión potencial para el crecimiento en dos dimensiones críticas del desarrollo humano: la *adquisición de poder* y el *reconocimiento*. El crecimiento en *adquisición de poder* supone realizar y fortalecer la propia capacidad como individuo para enfrentar y luchar con circunstancias adversas y problemas de todo tipo. El crecimiento en *reconocimiento* supone realizar y fortalecer la propia capacidad como individuo para experimentar y expresar preocupación y consideración por los otros, especialmente por esos otros cuya situación es "diferente" de la propia. El crecimiento *conjunto* en estas dos dimensiones es el sello del desarrollo humano maduro, como veremos más adelante. En la orientación transformadora, el conflicto es visto como un campo rico para el crecimiento humano en ambas dimensiones.

El conflicto crea numerosas oportunidades para adquirir poder. Por ejemplo, permite que las personas clarifiquen para sí mismas lo que les causa insatisfacción y lo que contribuye a su satisfacción. También les hace posible realizar y fortalecer su propia capacidad y sus propios recursos para encarar preocupaciones sustantivas y cuestiones relacionales. En síntesis, el conflicto da la oportunidad de desarrollar y ejercitar la autodeterminación, cuando uno decide por sí mismo cómo definir y encarar las dificultades, y la autoconfianza, cuando ponemos en práctica nuestras decisiones. Además, el conflicto crea oportunidades de reconocimiento: para reconocer, aunque no necesariamente aceptar o coincidir con ellas, las situaciones y perspectivas de los otros. La emergencia del conflicto automáticamente confronta a cada parte con un otro que está en una situación muy diferente, cuyo punto de vista es muy distinto. Esto suscita la posibilidad de que el individuo sienta y exprese algún grado de comprensión y preocupación por el otro, a pesar de la diversidad y el desacuerdo. De modo que el conflicto es una ocasión para desarrollar y poner en práctica la tolerancia y la empatía. En suma, la orientación transformadora no ve el conflicto como un problema que hay que resolver o del que hay que desembarazarse, sino como una rica oportunidad para el crecimiento, que hay que aprovechar al máximo.

Según esta concepción del conflicto como oportunidad para el crecimiento humano, la respuesta ideal no es la resolución de problemas, sino la *transformación* de los individuos involucrados en las dos dimensiones del crecimiento humano. Usar los conflictos productivamente significa explorar las oportunidades que ellos presentan para que la adquisición de poder y el reconocimiento cambien y transformen a las partes como seres humanos. Significa alentar y ayudar a las partes a realizar, aprovechar y fortalecer sus capacidades intrínsecas para la autoconfianza y la empatía. Si estas capacidades se realizan, la respuesta al conflicto en sí transforma a los individuos, que dejan de ser seres temerosos, a la defensiva y egocéntricos, para convertirse en confiados, abiertos y solícitos; en última instancia, la sociedad, una tregua incierta entre enemigos suspicaces, se transformará en una fuerte red de amigos confiados.

Con pocas excepciones (Bush, 1989; Northrup, 1989; Riskin, 1982, 1984), la concepción transformadora del conflicto no ha sido ampliamente examinada en las descripciones publicadas de la mediación ni tampoco sistemáticamente discutida en la literatura sobre la práctica o el entrenamiento de los mediadores. A pesar de que su estado es embrionario y en gran medida no documentado, podemos sugerir varios elementos clave que caracterizan la práctica de la mediación cuando se basa en la orientación transformadora respecto del conflicto.

La microevaluación de los movimientos de las partes

En esta orientación, el foco de las evaluaciones del mediador permanece en gran medida en un nivel micro. En contraste con la evaluación global inicial de la resolución de problemas acerca de que los comentarios del individuo contribuyen a la definición de un problema en general, en este enfoque el mediador examina cada giro interactivo –los dichos, los desafíos, los interrogantes y relatos de los disputantes– en busca de oportunidades para la transformación. El mediador se concentra en las pinceladas y no en la imagen global que surge del cuadro. Los dichos individuales de las partes y sus intercambios son vistos como significantes en sí mismos, porque en ellos el mediador localiza las elecciones tras las cuales se puede dar poder a las partes, y él encuentra brechas que permiten que cada parte reconozca la perspectiva de la otra. Las oportunidades para que las partes reciban poder o se reconozcan entre sí pueden aparecer en la discusión de las cuestiones sustantivas, las preocupaciones relacionales y de identidad o en el proceso mismo de intervención. Para aprovechar estas oportunidades hay que mantener el foco en los aportes individuales, a medida que se ofrecen, a lo largo de toda la intervención.

Aliento a la deliberación y las elecciones de las partes

Para que la adquisición de poder sea central en el proceso, el mediador aclara activamente las elecciones que están al alcance de las partes en todas las coyunturas clave y alienta a las personas a deliberar sobre las soluciones. A lo largo del proceso, el mediador identifica y presenta las oportunidades para que las partes realicen elecciones, y les pide que reconozcan que sus elecciones son las bases para el acuerdo (o la *impasse*). Las elecciones de las partes son tratadas como esenciales en todos los niveles de la toma de decisiones, es decir en las decisiones sobre el proceso, las cuestiones sustantivas y las preocupaciones relacionales o de identidad.

De tal modo, en agudo contraste con una práctica de resolución de problemas, el mediador que aplica una orientación transformadora trata conscientemente de no dar forma a las cuestiones, las propuestas o los términos del acuerdo, e incluso de no impulsar siquiera al logro de un acuerdo. Pocas veces o nunca cuestiona las preferencias expresadas de las partes. Por cierto, aunque puede hacer sugerencias, por lo general evita expresar opiniones propias sobre las cuestiones o propuestas, limitándose en cambio a plantear interrogantes para que las propias partes los consideren y decidan. Por otro lado, exhorta y ayuda a menudo a las partes a tomar sus decisiones deliberadamente, a considerar toda la información y todas las opciones antes de concluir qué harán con respecto a cualquier cuestión.[5]

5. La orientación transformadora del conflicto no excluye la posibilidad de que las partes aborden una cuestión o disputa específicas como problemas. La resolución de problemas es una opción que las partes tienen a su alcance. La diferencia consiste en que esta orientación no privilegia la resolución de problemas, sino que pide a las partes que decidan si las preocupaciones que enfrentan deben tratarse como problemas o como alguna otra cosa (por ejemplo, como una discusión abierta de circunstancias históricas, una base para llegar a comprender las ac-

Aliento a cada parte a considerar las perspectivas de la otra

Para mantener el reconocimiento en una posición central, el mediador explora activamente el potencial que tienen los dichos de una parte para la percepción de la otra. Considera cada turno en la conversación como una brecha potencial para que la parte que escucha entienda las circunstancias, la situación de vida o el sentido de sí misma de la otra. El tercero asume un rol activo al dirigir la interacción hacia la consideración de estas oportunidades para el reconocimiento. El mediador parte, dicho por dicho, de la descripción por las partes de los acontecimientos pasados en sus aperturas narrativas, y busca lugares en los que cada parte pueda considerar la perspectiva de la otra. Las diferentes interpretaciones del pasado son a menudo importantes para hacer posible que las partes consideren perspectivas alternativas de los hechos compartidos. Con esta insistencia en la transformación, la mediación es menos "orientada hacia el futuro" que cuando se la realiza en un marco de resolución de problemas. Sin la presión de definir los problemas y encontrar soluciones, la interacción de instante a instante durante el proceso adquiere una mayor significación: se convierte en el terreno de una nueva base para la interacción entre las partes.

En el enfoque transformador, el mediador no sólo reinterpreta, traduce o reenmarca los dichos y puntos de vista de las partes, sino que, al hacerlo, también les pide que reconozcan el valor de esas reformulaciones, las alienta a considerar que el reconocimiento de la perspectiva de los otros es esencial para el proceso de la mediación y para una respuesta productiva al conflicto en general. Las partes tienen entonces la posibilidad de explorar cuestiones que

---

ciones de los otros, etcétera). De modo que los disputantes obtienen poder para decidir este punto y otros. Como resultado, los "problemas" específicos pueden solucionarse si las partes han elegido verlos como tales, pero esta orientación, más allá de la provisión de soluciones, apunta a la transformación de los disputantes individuales a través de la experiencia misma de la obtención de poder.

-no pueden ser fácilmente abordadas como problemas. Las cuestiones de identidad y relación pueden ser tan importantes como los desenlaces sustantivos más tangibles. El resultado es que los "términos del acuerdo" en esta orientación abarcan una gama de logros más amplia que la característica de los procesos de resolución de problemas. Entre estos logros pueden contarse enunciados explícitos de las desinteligencias morigeradas por el proceso, maneras alternativas de ver al otro que se fueron desarrollando o "noticias" sobre el otro que no se conocían antes que se iniciara la intervención.[6]

El examen que hemos realizado sugiere que la práctica de la mediación puede y, según algunos mediadores, debe basarse en una orientación general transformadora respecto del conflicto. Cuando éste es el caso, la práctica adquiere un carácter muy distinto del que prevalece en la orientación de resolución de problemas. Subsiste el interrogante de *por qué* algunos mediadores adoptan una orientación transformadora, siendo que el enfoque de resolu-

6. Algunos podrían sostener que la resolución de problemas es en sí misma un medio para fines transformadores, que aunque el proceso no se los fija como objetivos, puede tener desenlaces transformadores. Una vez que las partes han llegado a una solución, encarando creativamente las necesidades conjuntas, cada una puede reconocer la situación de la otra y aprender que el enfoque de resolución de problemas es un modo de manejar el conflicto en el futuro. Pero hay varias razones para que esta concepción de la resolución de problemas no constituya una orientación transformadora tal como la hemos descrito.

Primero, las posibilidades transformadoras de la obtención de poder y el reconocimiento que son posibles en una orientación de resolución de problemas quedan libradas a la retrospección de las partes y, en cierto sentido, a la percepción azarosa. En contraste, la orientación transformadora es educativa de modo consciente; intenta realzar la conciencia que tienen las partes de la obtención de poder y el reconocimiento como metas del proceso. Segundo, la sensación de obtención de poder que entraña la resolución de problemas se limita a la creencia de los disputantes de que definir las cuestiones como problemas es el enfoque ideal del conflicto. Ésta es una visión estrecha de las opciones que tiene la gente para encarar las preocupaciones de la vida. Tercero, el enfoque autorreferencial de los intereses, que está en el corazón de la orientación de resolución de problemas, no es coherente con el reconocimiento, que se dirige al otro.

ción de problemas está generalizado. También en este punto la respuesta reside en el marco ideológico global sobre el que reposa la orientación transformadora.

El atractivo de la orientación transformadora se debe a su conexión con una ideología relacional que está emergiendo y cuestionando el marco individualista dominante. Esta ideología relacional emergente no ha sido aún plenamente articulada; no obstante, hay enunciados realizados en diferentes campos, utilizando distintos lenguajes y constructos que, tomados en conjunto, sugieren el perfil de un marco único unificador. El marco relacional es una respuesta a la percepción, en esos campos diferentes, de que la cosmovisión individualista proporciona una explicación pobre del mundo humano y su potencial. Lo más importante es que la descripción categórica de cada persona por el individualismo como un ser radicalmente separado no puede explicar muchos aspectos de la vida humana en los cuales la conexión con los otros es la cualidad primordial de la experiencia; el foco del individualismo en la autosatisfacción como valor es demostrablemente inadecuado para fundamentar la teoría moral, en un mundo en el que la persecución de la autosatisfacción parece crecientemente responsable de generar más mal que bien.

El marco relacional, lo mismo que el individualista, ve el mundo como constituido por personas con conciencia individuada y con diversas necesidades y deseos, pero también percibe a esos seres diversos como poseedores de una forma intrínseca de conciencia que los *conecta* entre sí. Concretamente, toda persona tiene dos capacidades humanas intrínsecas. La primera es la capacidad para vivenciar conscientemente la gama completa de la experiencia humana: el dolor y el placer, la alegría y la tristeza, la claridad y la confusión, y así sucesivamente. La segunda es la capacidad para comprender que todas las otras personas tienen los mismos tipos de capacidad experiencial que uno advierte en sí mismo. Es esta capacidad intrínseca y exclusivamente humana para *relacionarse con* la experiencia de los otros lo que constituye la estructura (una estructura de la conciencia humana) que conecta a cada ser humano individual con todos los otros, por lo menos potencialmente. Desde luego, esta estructura conectiva se basa a su vez en una capacidad para la reflexión y el darse cuenta de que, aunque intrínseca, sólo se realiza a través de las acciones de los individuos que se encuentran entre sí, reflexionan sobre las situaciones difíciles de los otros y advierten la humanidad común de todos.

Por lo tanto, para la concepción relacional el mundo contiene la pluralidad de sí-mismos individuales *y también* la unidad (potencial) constituida por la red de sus relaciones. La sociedad es importante, porque es el vehículo del proceso de las relaciones humanas, a través del cual se realizan las conexiones potenciales entre los individuos. En todo este marco está implícita la idea de que el desarrollo de las relaciones potenciales como actuales supone elevarse a un estado más alto del ser o la naturaleza. Es decir que, al desarrollar una percatación consciente de la humanidad común de todos, en lugar de considerar a los otros como cosas que se usan al servicio de los propios fines, el individuo pasa a un estado superior del ser. Cuando los individuos experimentan esa percatación y preocupación por sí mismos *y* los otros, se elevan a una existencia más alta, plenamente humana. Y cuando los individuos desarrollan una conciencia plenamente humana, el mundo como un todo deja de ser una selva hostil y se convierte en una comunidad civilizada amistosa.

El valor más alto que surge de esta visión del mundo humano no es la satisfacción de los deseos individuales sino el desarrollo del más alto potencial del individuo y el mundo, por medio de la activación de la capacidad humana para tener conciencia y preocuparse por uno mismo *y* el otro. En términos morales, este valor se traduce en una extensión consciente y libre de la consideración a los otros. Cuando el individuo autoconsciente escoge libremente poner la preocupación por los otros a la misma altura que la preocupación por la propia persona aislada, tenemos un tipo de autotrascendencia que expresa la capacidad singularmente humana de relacionarse con los otros, y de tal modo realiza concretamente el potencial para la interconexión humana y eleva tanto al individuo como al mundo a un estado superior del ser. La función primordial de la sociedad, como vehículo para la interconexión humana, consiste en proporcionar oportunidades para que los individuos se fo- talezcan por medio de la autoconciencia, y a continuación alentar- los a utilizar esa fuerza para brindar consideración a los otros.[7]

Debe quedar en claro que la orientación transformadora res- pecto del conflicto es impulsada por la concepción relacional de la naturaleza y la sociedad humanas. Esta orientación encarna la idea de que para los individuos, que tienen capacidades intrínsecas pero latentes de autoconciencia y autotrascendencia, cada conflicto re- presenta la oportunidad de llegar a un desarrollo más pleno de di- chas capacidades. Este modo de ver también refleja la idea de que la respuesta ideal al conflicto puede y debe involucrar que se ayude a los individuos a aprovechar esas oportunidades realizando elec- ciones que generen dichas cualidades humanas de nivel superior. De modo que, así como en la práctica de ciertos mediadores subya- ce una ideología individualista y la resolución de problemas, en el trabajo de otros encontramos una concepción transformadora del conflicto, e impulsando la práctica y la orientación de estos profe- sionales opera un marco ideológico relacional global.

El rastreo completo de esta relación, que hemos intentado rea- lizar, aclara por qué vemos la crítica de la práctica de la mediación como limitada e indebidamente pesimista, aunque coincidimos en que gran parte de la práctica actual genera problemas. El punto

7. La concepción relacional no se ha concretado aún en un enunciado com- pleto o definitivo; constituye un marco que todavía está siendo formulado. No obs- tante, es posible identificar obras de muchos campos que no sólo reflejan aspectos de esta ideología sino que están uniéndose para constituirla. Entre las más impor- tantes, se cuentan las de Carol Gilligan (1982, 1988) de teoría moral y psicología, y la de Michael Sandel (1982), de filosofía política. Muchos otros trabajos expresan y realizan algún aporte a esta visión. Entre ellos tenemos: en derecho, estudiosos feministas como Sherry (1986), West (1988), Henderson (1987) y Minow (1987); en sociología, Bellah y sus colegas (Bellah, Madsen, Sullivan, Swidler y Tipton, 1985, 1991), y Evans y Boyte (1988); en historia y ciencia política, Epstein (1984), Pocock (1975), y otros "nuevos republicanos"; en teoría organizacional, Morgan (1986), Mumby (1988), Mumby y Putnam (1992), y, en un ámbito interdisciplina- rio de filosofía, sociología y derecho, MacIntyre (1981), Bernstein (1983), Fergu- son (1984), MacNeil (1984) y otros teóricos "comunitarios" o "dialoguistas".

clave es que nosotros partimos de una base ideológica diferente: el marco relacional. Por lo tanto, estamos de acuerdo en que las pautas de la práctica que involucran una influencia excesiva del mediador son cuestionables, pero nuestras razones no son las de los críticos.

Nuestra principal objeción a esa influencia no es que genere injusticia y una distribución desigual de la satisfacción. Nuestra objeción es que quita poder a *todas* las partes por igual y malogra la oportunidad de adquirir poder y reconocimiento a través del proceso. Quizás impida la satisfacción equitativa, pero a nosotros nos preocupa aún más que obstaculice el desarrollo humano para el cual la mediación es potencialmente tan valiosa.

Al mismo tiempo, nuestro marco demuestra que éste no es un problema *intrínseco* de la mediación sino más bien del enfoque de la resolución de problemas tal como se lo aplica en la mediación. Cuando la práctica es impulsada por una orientación transformadora, las conductas controladoras e influyentes del mediador, que los críticos consideran objetables, resultan en gran medida *evitadas*. El mediador transformador se asegura de dar poder a las partes, y de tal modo minimiza los riesgos de su propia influencia. Lo que los críticos tratan de evitar rechazando totalmente la mediación puede excluirse del proceso reemplazando *el enfoque* de la mediación derivado de la orientación de resolución de problemas.

No obstante, hay a nuestro juicio una razón aún mejor para cambiar las bases de la práctica de la mediación, abandonando la orientación de resolución de problemas a favor de la orientación transformadora. Este cambio no sólo evita los males de la influencia opresiva del mediador; más importante es que permite utilizar todo el potencial de la mediación como instrumento para el desarrollo humano, un potencial en gran medida ignorado en la actualidad.

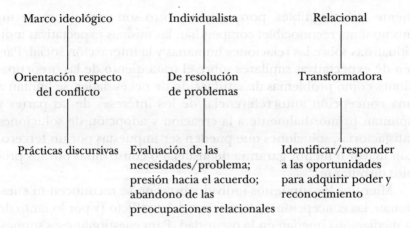

Marco ideológico	Individualista	Relacional
Orientación respecto del conflicto	De resolución de problemas	Transformadora
Prácticas discursivas	Evaluación de las necesidades/problema; presión hacia el acuerdo; abandono de las preocupaciones relacionales	Identificar/responder a las oportunidades para adquirir poder y reconocimiento

Figura 1.1. Resumen: ideologías, concepciones del conflicto y discurso

Conclusión: ideología, concepciones del conflicto y discurso

En este análisis hemos intentado definir qué es la mediación y en qué puede convertirse, examinando de qué modo encarna las orientaciones con respecto al conflicto y las visiones ideológicas de la interacción humana. La figura 1.1 resume el marco que guía nuestra discusión; despliega las relaciones entre el discurso, las orientaciones respecto del conflicto y los marcos ideológicos.

Nuestro análisis sugiere que la evaluación destructiva de la mediación, aunque en cierto sentido merecida, podría deberse a las expectativas limitadas de la crítica acerca de la interacción y el conflicto humanos. Quienes rechazan la mediación porque es vulnerable a la influencia del mediador se mantienen firmes en el marco individualista, dando por sentado el valor (y tal vez la inevitabilidad) de la resolución de problemas como proceso ideal. Si este marco no se cuestiona o uno cree que es el único enfoque posible del conflicto, esas críticas bien podrían ser el certificado de defunción de la mediación. Por ejemplo, tendríamos que aceptar que, en la práctica, la mediación y el juicio en tribunales se vuelven fácilmente indistinguibles, porque una y otro son variaciones de un mismo tema reconocible: compendian las mismas expectativas individualistas sobre las relaciones humanas y la interacción social. Parten de expectativas similares sobre el tratamiento de las preocupaciones como problemas de satisfacción de necesidades, se limitan a una concepción autorreferencial de los intereses de las partes y apuntan primordialmente a la creación y adopción de soluciones satisfactorias, soluciones que pueden ser impuestas por un tercero, con mayor o menor garantía de justicia, o construidas por los propios disputantes.

Mientras los supuestos individualistas no se reconocen ni cuestionan, las concepciones alternativas del conflicto (y por lo tanto de la mediación) quedan en la oscuridad. Para cuestionar esos supuestos es necesario imaginar y desarrollar procesos que realicen objetivos rivales, mediante prácticas discursivas diferentes. Nosotros creemos que el profesional practicante puede construir una realidad en concordancia con una visión transformadora del conflicto, poniendo la adquisición de poder y el reconocimiento en el corazón de la práctica de la mediación. Por cierto, hay casos en que esta orientación ya se aplica, aunque no es frecuentemente reconocida o documentada.

La orientación transformadora necesita un lenguaje accesible que pueda dar voz a quienes la conocen intuitivamente y aspiran a aplicarla. ¿Dónde surgen durante el proceso las oportunidades para adquirir poder y el reconocimiento? ¿Cuáles son las intervenciones adecuadas del tercero, en vista de estas metas, y los objetivos educativos de la concepción transformadora? ¿De qué modo las reglas y pautas de la mediación, tal como hemos llegado a definirlas en el seno de una orientación de resolución de problemas, socavan las posibilidades transformadoras? ¿Cómo es un proceso de mediación que aliente el discurso transformador? ¿Cómo responden a los enfoques transformadores de la mediación las instituciones que albergan y administran el procedimiento? ¿Los tribunales, los centros comunitarios y los consultorios de práctica privada están tan impregnados de la ideología individualista que impiden la aplicación del enfoque transformador? ¿Qué supuestos y prácticas institucionales habría que cambiar para facilitar una mediación basada en supuestos relacionales?

Una vez abordados estos interrogantes, creemos que la concepción transformadora del conflicto perderá la imagen de utopía que algunos le han asignado. Hace sólo unas décadas, muchos teóricos y prácticos pensaban que el enfoque de resolución de problemas y "ganar-ganar" era quijotesco en la negociación y el conflicto, sobre todo en conflictos graves. Sin embargo, a medida que este enfoque se articuló y ejemplificó, las temibles inviabilidades prácticas pronto tomaron el aspecto de dificultades técnicas menores. Los practicantes fueron admitiendo que la resolución de problemas era posible, porque los teóricos lo aseguraban. La práctica de mediadores confirmó entonces la utilidad percibida. La concepción transformadora del conflicto está recorriendo una senda similar, mientras los teóricos y practicantes formulan las inadecuaciones de las concepciones individualistas prevalecientes del conflicto e imaginan las posibilidades de una alternativa relacional. En un sentido importante, los debates actuales sobre la viabilidad de la mediación pueden suscitar un reexamen mucho más significativo de nuestros supuestos y expectativas sobre el conflicto en general.

*¿Qué tensiones conflictivas influyen en el despliegue de
las intervenciones del tercero? ¿De qué modo una
concepción dialéctica del discurso capta esas tensiones y
las pautas de interacción que producen? ¿Qué
estrategias usan los terceros y los disputantes para
tratar con esas tensiones?*

2

UN REENMARCAMIENTO DIALÉCTICO DEL PROCESO DE MEDIACIÓN

Tricia S. Jones

Actualmente, la mayoría de los estudiosos del conflicto tienen conciencia de que la mediación ha llegado a la mayoría de edad en el sentido práctico, pero subsisten preocupaciones en cuanto a nuestra capacidad para generar teorías sobre el proceso y la consecuencia de este método. A medida que se pierde la frescura de la experiencia inicial de la mediación como resolución alternativa de disputas, los teóricos y practicantes están dando un paso atrás para lanzar una mirada sobria y realista a la magnitud de nuestros conocimientos. Y encuentran más focos de consenso, pero menos progreso teórico.

En su reciente libro que resume la investigación contemporánea sobre la mediación, Pruitt y Kressel (1989) condensan los "temas clave" de esta obra:

> La eficacia de la conducta del mediador en función de la naturaleza y etapa de la disputa, y de las características de los disputantes; la importancia de estudiar no sólo la mediación formal sino también la mediación informal de las relaciones cotidianas y el efecto del contexto social global en el que está insertado el conflicto (pág. 4).

Aparentemente, el estudio teórico de la mediación está avanzando hacia el reconocimiento de la importancia del contexto: el interjuego del contexto y el texto, de la situación y la conducta.

Pero, ¿en qué medida estamos desarrollando teorías que expliquen la contribución funcional y constructiva del contexto? Quizá nos estemos aplicando demasiado a acumular descripciones detalladas y perspicaces de la acción en el seno del contexto. De hecho, Kressel y Pruitt llegan en su resumen y crítica a la conclusión de que podemos describir configuraciones conductuales e incluso identificar las precondiciones de su aparición, pero tenemos poca capacidad explicativa cuando se nos preguntan los "porqués" de la interacción y el proceso de la mediación.

La falta de teoría no es sólo una preocupación académica. La falta de explicación teórica afecta negativamente la práctica. Los mediadores sienten la carencia de modelos explicativos que les permitan ser mejores estrategas en sus intervenciones, como lo señalan Kressel y Pruitt (1989a):

> Los mediadores parecen influidos por el estímulo inmediato (por ejemplo, una hostilidad creciente) y quizá por la preferencia generalizada de un cierto estilo de mediación, pero no por ninguna perspectiva integrada sobre la respuesta propia a las diversas dinámicas disfuncionales subyacentes. La situación parece mucho más primitiva en este sentido que la que prevalece en psicoterapia (otro tipo de intervención "en conflictos"), en la cual la conducta del terapeuta arraiga típicamente en teorías del desarrollo de la personalidad o de la dinámica familiar (pág. 426).

Este capítulo no intenta elaborar una teoría específica del proceso de la mediación, sino que presenta argumentos a favor del valor heurístico de una nueva perspectiva, una propuesta metateórica. Esta perspectiva, que deriva del enfoque dialéctico de las relaciones interpersonales y su desarrollo, asume el supuesto de que la relación es el contexto primario del interés en la mediación y de que la perspectiva comunicacional es esencial para entender la sinergia generativa de la comunicación y la relación.

No se presenta esta perspectiva como respuesta a todas las inadecuaciones teóricas del estudio de la mediación. De hecho, la meta es pedir a los estudiosos que ensayen un modo diferente de considerar el proceso, que pongan a prueba la tela y modifiquen el corte si es necesario, pero desafíen la tradición. Siguiendo la guía de la terapia familiar y de los teóricos del desarrollo de las relaciones, esta perspectiva puede realmente generar una variedad de teorías particularistas o de rango medio, adaptadas a situaciones de mediación específicas. Para alcanzar este objetivo, la sección inicial del capítulo expone por qué la relación debe privilegiarse como contexto primario. A continuación utilizamos la interrelación de la relación y la comunicación en respaldo de la adopción de una perspectiva comunicacional en la teoría y las investigaciones sobre la mediación. Los estudiosos de la comunicación han conceptualizado los factores relacionales en la mediación; pasar revista a algunas de las maneras en que lo han hecho nos servirá para contrastar lo que puede lograrse con la nueva perspectiva. Finalmente, una visión general de la perspectiva dialéctica permite discutir aportes potenciales para pensar sobre la mediación y realizarla.

La relación como contexto: el apuntalamiento del conflicto

La relación es la piedra angular del conflicto. En alguna medida, todas las partes en conflicto se encuentran "en relación" en virtud de su efecto directo o indirecto sobre las condiciones y las conductas de los otros. No obstante, aquí utilizamos la palabra "relación" para indicar una experiencia más permanente, sustantiva o íntima con el otro, o todo al mismo tiempo. La magnitud de esta vivencia puede rotularse como prominencia relacional; es el grado en que la relación afecta la experiencia de vida.

La relación es interdependencia, génesis del conflicto. Por definición, la relación supone interdependencia entre las partes para coordinar la acción, negociar la comprensión y distribuir los recursos. No obstante, está en la naturaleza misma de la interdependencia el generar conflictos. Sin algún grado de relación, la motivación para el conflicto es casi inexistente, y se limita a situaciones en las cuales los individuos experimentan el conflicto como una respuesta transitoria, de tipo animal, a intentos inmediatos de interferencia o dominio. El grado de interdependencia operativa da la medida probable del conflicto experimentado.

La relación entre las partes en conflicto sirve como contexto que da sentido a su texto o sus conductas. No es la única información necesaria para comprender el complejo despliegue del conflicto o su resolución. Pero, cuanto más idiosincrásica es la relación, más se necesita conocer el contexto relacional para interpretar las acciones.

Desde luego, la medida en que la relación entre las partes realmente desencadena el conflicto, o determina su naturaleza e intensidad, varía considerablemente. Un episodio de violencia "fortuita" o una negociación impersonal que no se repite realizada por apoderados u otros, difiere en grado y clase del conflicto que se produce entre cónyuges que se divorcian. Y la prominencia de la relación como contexto puede fluctuar en el seno de una situación dada en la que interactúan contextos alternantes.

Sin embargo, para la mayoría de los mediadores el contexto relacional es significativo, por los tipos de disputa que requieren su atención. El impulso de la mediación y su popularidad reciente se basan en la comprensión de que los métodos tradicionales de resolución de disputas eran insensibles a los parámetros y a las influencias relacionales. Sobre todo en las disputas entre miembros de relaciones prolongadas e íntimas ha sido criticada como inadecuada e ineficaz la confianza en procedimientos que privilegiaban la intervención de una autoridad legalista no responsiva (Nonet y Selznick, 1978; O'Connor, 1981; Riskin, 1982). Aunque era posible que los factores relacionales se utilizaran como información durante el proceso, no se permitía que las bases relacionales de la disputa modificaran el método en sí. Esto nutrió la crítica de que esos métodos de resolución de disputas no hacían más que acrecentar la tensión y la hostilidad, y multiplicar los conflictos recidivantes, por lo cual resultaban económicamente ineficientes (Cahn y Cahn, 1970; Felstiner y otros, 1980-1981; Fraser y Froelich, 1979).

Los procesos de resolución alternativa de disputas, que toman como modelo experiencias europeas y asiáticas (Doo, 1973; Felstiner, 1974; Gulliver, 1979), se desarrollaron específicamente para manejar "conflictos relacionales", esto es disputas interpersonales, familiares y vecinales. La mediación se convirtió en el método preferido porque su flexibilidad permitía considerar los factores relacionales, preservaba el poder para la toma de decisiones de los disputantes y reducía la naturaleza confrontativa (y por lo tanto defensiva) de las interacciones (Moore, 1986).

De hecho, los desarrollos actuales en mediación sugieren una tendencia a procesos más informales y, en consecuencia, una creciente necesidad de teorías de la mediación que reconozcan la importancia del contexto relacional. Tradicionalmente, los mediadores norteamericanos se han distanciado de los disputantes desde el punto de vista relacional, para proteger la apariencia de *status* de "neutral" o "no personalmente interesado", a diferencia de los modelos de mediación de las sociedades no industriales (Merry, 1989). Pero la mediación en contextos organizacionales (Kolb y Sheppard, 1985) y otras manifestaciones del "tercerismo informal" (Sheppard, Blumenfeld-Jones, y Roth, 1989) involucran a una persona que está en el seno de una relación con las partes y que conoce mucho más de la dinámica relacional entre los disputantes que el mediador "tradicional". En algunos casos, el tercero puede ser una parte de la disputa propiamente dicha, o por lo menos un factor de su desarrollo.

Los beneficios y las desventajas de las aplicaciones más informales de la mediación han sido abordados por otros autores (Karambayya y Brett, en este mismo volumen, así como Kolb y Sheppard, 1985). Con independencia del desenlace de este debate, es probable que continúe el empleo de mediación en contextos cada vez más informales.

Restando importancia a la relación: una visión general de la teoría y las investigaciones sobre la mediación

Una revista de los enfoques teóricos del conflicto y, más específicamente, de la mediación revela que el contexto relacional ha recibido poca atención, lo mismo que otros contextos (el social, el cultural o el institucional). Los progresos en la comprensión de "la figura" de la mediación se han producido a expensas de consideraciones incluso básicas acerca del "fondo".

Las teorías contemporáneas del conflicto se basan en los supuestos del hedonismo, la racionalidad y la intencionalidad; por lo general, limitan la conceptualización de la relación a intercambios económicos (Northrup, 1989). Thomas (1989) dice que ésta es la herencia de los enfoques del conflicto basados en la teoría de los juegos, y cuestiona nuestra confianza sostenida en esos supuestos cuando parece que vamos más allá de los modelos estrictos de dicha teoría.

Aunque las teorías de la mediación pueden incluir referencias al contexto relacional, o examinarlo, pocas veces destacan su potencial para influir. Y, hasta la fecha, no han logrado revelar cómo puede ejercerse esa influencia.

Lo que se necesita puede entenderse mejor por contraste. Se trata de diferenciar el reconocimiento de que las tensiones relacionales pueden modificar el nivel general de emocionalidad o defensividad presentes, o la clasificación de las relaciones entre las partes para determinar su efecto sobre otras variables del interés o su asociación con ellas, por un lado, *y por el otro* el examen de cómo la relación define la naturaleza de la interacción en el conflicto, y también su despliegue. El primer enfoque es más tangencial, y el último más central.

Las primeras teorías de la mediación no pretendían realizar la relación como contexto, en la medida que hemos descrito. Orientaban su interés otras cuestiones importantes. Por ejemplo, Wall (1981) presentó un modelo de la mediación como intercambio social, en el cual se identificaban tres relaciones clave: la del mediador con un disputante, la del mediador con el otro disputante y la relación entre los disputantes. No obstante, a este autor le interesaba proponer y explicar estrategias y tácticas de mediación basadas en la premisa del intercambio social, y no una evaluación en profundidad de los factores relacionales. Carnevale y sus colegas han desarrollado una teoría de la conducta contingente del mediador, sobre la base del supuesto de que los mediadores eficaces se adaptan a los factores situacionales (Carnevale, Lim y McLaughlin, 1989). Ellos se concentraron en desarrollar taxonomías de la conducta del mediador y de los rasgos y desenlaces de las disputas; estiman cuándo y cómo las combinaciones de estos factores generan el máximo de eficacia. Es interesante que los atributos relacionales no ocupen un lugar clave en su tratamiento de los rasgos de las disputas. Aún les falta explorar plenamente la influencia de un conocimiento completo de la relación entre los disputantes, entre el mediador y los disputantes, o una y otra. Estas teorías de la mediación, generadas con distintos propósitos, pero ilustrativas, no son una excepción a la regla. En general, las otras teorías de la mediación reconocen menos los factores relacionales o tratan la relación de modo análogo (Moore, 1986).

La mayoría de las investigaciones sobre la mediación realizadas en las últimas dos décadas son análisis descriptivos que atribuyen una particular importancia a la estrategia y las tácticas del mediador. Muy pocas veces estos estudios investigan los parámetros relacionales como influencias serias sobre el proceso o el desenlace de la mediación. Esta omisión no significa que tales investigaciones carezcan de valor, pero vale la pena señalarla, sobre todo cuando el estudio descriptivo del que se trata examina la mediación en disputas entre miembros de relaciones íntimas duraderas.

Por ejemplo, Pruitt y sus colegas presentan análisis profundos de audiencias comunitarias de mediación y de los factores relacionados con el éxito del procedimiento en el largo y el corto plazo, pero no incluyen el tipo de relación ni los problemas relacionales (Pruitt y otros, 1989). Varios programas de investigación sobre la mediación en divorcios nos han aportado un conocimiento significativo de la asociación entre las características demográficas de las parejas que se divorcian, por un lado, y por el otro su decisión de recurrir a la mediación, sus reacciones al procedimiento, sus conductas en el conflicto y los desenlaces de las disputas (Kelly y Gigy, 1989; Pearson y Thoennes, 1989; Roehl y Cook, 1989). Ninguno de estos amplios análisis ha explorado las influencias relacionales sobre el proceso de la mediación.

Incluso los estudios etnográficos interpretativos de la mediación, basados en la conexión fundamental entre el contexto y la práctica, tienden a destacar los teatros organizacionales, el *status* posicional del mediador y la ideología de este último, más bien que la historia y el grado presente de tensiones relacionales entre los disputantes (Kolb, 1989). No obstante, el presupuesto básico de la importancia del contexto en la investigación interpretativa pone de relieve el potencial de este tipo de investigación para explorar la influencia relacional.

Constituyendo la relación: la necesidad de una perspectiva comunicacional de la mediación

El examen de la relación en la teoría del conflicto lógicamente supone un examen de la comunicación, en vista de la naturaleza mutuamente constitutiva de la comunicación y la relación. Como dice Roloff (1987), "la comunicación interpersonal constituye la producción, transmisión e interacción de símbolos por *partenaires relacionales*" (pág. 489, cursivas de Roloff). Para que la comunicación sea comprensible tiene que haber contexto, y las relaciones son el contexto social preeminente, que establece "los límites dentro de los cuales se evalúan las experiencias interpersonales" (Bochner, 1984, pág. 611).

En las investigaciones sobre el conflicto, y en consonancia con las teorías tradicionales al respecto, la comunicación ha sido en general controlada o eliminada, vista más como un factor confusional o insignificante que como un componente integral de la construcción del conflicto (Putnam y Jones, 1982). Las concepciones mecanicistas de la comunicación en el conflicto necesitan restar importancia a las bases relacionales y negar la naturaleza evolutiva del conflicto como proceso discursivo que estructura el contexto y la comunicación de modo intercambiable.

Una conceptualización seria del contexto relacional exige la apreciación previa de la perspectiva comunicacional en los estudios sobre la mediación. Esta perspectiva va más allá de la identificación y el examen de las variables comunicacionales en el conflicto, aunque indudablemente incluye esa tarea. Examinando la teoría de la negociación, Putnam y Roloff (1992) identifican tres rasgos de un enfoque comunicacional aplicable al estudio de la mediación: 1) el examen de los microelementos de conducta prestando atención a las pautas; 2) un foco en los rasgos dinámicos, evolutivos, de la negociación, y 3) un esfuerzo por descubrir de qué modo el significado depende de los contextos relacional, social y cultural. Como dice Northrup (1989), es preciso que respaldemos activamente las conceptualizaciones que aprecian las realidades evolutivas y del desarrollo del proceso del conflicto, que reconozcamos la multiplicidad de los niveles contextuales que operan para producir significado y que demostremos estar a la altura de la complejidad del fenómeno investigado.

Las relaciones se realizan, transforman y evalúan por medio de actos comunicativos. Esto es particularmente evidente en la interacción en el conflicto, porque las relaciones con problemas tienden a ser la causa, la consecuencia, o ambas cosas, de las situaciones conflictuales. Por cierto, los análisis sociolingüísticos del discurso de las disputas revelan una base cada vez mayor en explicaciones relacionales, y no en reglas, cuando se trata del relato justificatorio de las situaciones de conflicto. A menudo las personas sienten la necesidad de detallar los factores relacionales que afectan su comprensión del conflicto, y encuentran un margen relativamente pequeño para esos relatos en los procedimientos legales (Conley y O'Barr, 1990b). Cuando tienen una oportunidad (como la que encuentran en el mecanismo informal de la mediación), los relatos relacionales pueden eclipsar los otros recursos de la interacción para establecer y comunicar el marco de la disputa.

La "conversación de conflicto" por lo general involucra la negociación de los parámetros relacionales y las identidades resultantes. Grimshaw (1990) afirma que "*toda* conversación de conflicto supone *alguna* negociación de las identidades y de la naturaleza apropiada de los ordenamientos interpersonales" (pág. 284, cursivas de Grimshaw).

Estos mismos principios de la comunicación resuenan en toda

la teoría relacional de la comunicación (véase un buen resumen de la teoría interpersonal de la comunicación y de la teoría relacional en Bochner, 1984). Originalmente identificada con el enfoque pragmático de Palo Alto (Watzlawick, Beavin y Jackson, 1967), este trabajo introdujo el concepto de las dimensiones comunicacionales del informe y el mando, el lenguaje digital y analógico, las pautas de interacción simétricas y complementarias, la conducta metacomunicativa, la puntuación de los episodios de comunicación, las respuestas confirmatorias y desconfirmatorias, y el poder y la forma de los mandatos paradójicos. Después, la teoría relacional se concentró en explorar las dimensiones básicas de la comunicación relacional: la confianza, la intimidad y el control (Millar y Rogers, 1987). Y, más recientemente, ha enfocado el rol de la comunicación en la creación y transformación de las relaciones durante toda la vida de la relación. De muchas maneras, los principios de una "perspectiva comunicacional" del conflicto, tal como la examinan Putnam y Roloff (1992), reflejan las ideas básicas de las perspectivas pragmáticas de la comunicación relacional.

Una reseña seleccionada de la investigación sobre la comunicación en el campo de la mediación

La mayoría de la investigación sobre la mediación aportada por estudiosos de la comunicación en la década pasada refleja un enfoque comunicacional o una perspectiva pragmática en términos de microanálisis de la conducta, para identificar pautas y apreciar las características dinámicas, evolutivas, del conflicto. No obstante, no ha logrado en igual medida reflejar el compromiso con el reconocimiento y abordaje consciente del efecto de los contextos relacional, social y cultural.

Dos programas investigativos sobre la mediación en divorcios, los estudios de Jones y Donohue y colegas, ejemplifican la investigación sobre la comunicación que incorpora ciertos aspectos de un enfoque comunicacional sin lanzarse totalmente a una exploración de los contextos relacionales. Es interesante que ambos estudios hayan analizado datos provenientes de cintas grabadas, originalmente reunidas y puestas en circulación por la doctora Jessica Pearson.

Ambos programas intentaron un microanálisis de la conducta comunicacional en la mediación, a través del análisis interaccional. Se examinó la interacción codificada utilizando análisis secuenciales lentos para descubrir pautas de conducta entre mediador y disputante. No obstante, los sistemas de análisis del contenido utilizados en ambas investigaciones se basaban en supuestos teóricos diferentes.

Inicialmente Jones (1989a) intentó revisar las taxonomías tradicionales de la conducta del mediador para incorporar una mayor sensibilidad a la relación. Esas taxonomías dividían la conducta en funciones de contenido y proceso; las estrategias de contenido se concentraban en la participación en la toma de decisiones sustantivas, y el proceso encaraba el establecimiento de un flujo de comunicación entre las partes (Bartunek, Benton y Keys, 1975). Se pasó revista a cuatro taxonomías principales (Kochan y Jick, 1978; Kressel, 1977; Sheppard, 1984; Simkin, 1971). Ninguna de ellas incluía bosquejos explícitos de estrategias o tácticas de orientación relacional; ésta era una omisión entendible, en vista de que tales taxonomías habían sido creadas para utilizarse en aplicaciones tradicionales de la mediación. Jones necesitaba una taxonomía más adecuada a los matices de las preocupaciones relacionales en la mediación en divorcios, y agregó tácticas comunicativas de apoyo que incluían la confirmación, la expresión empática, la preocupación por la imagen personal y tácticas instructivas que involucraban la negociación racional, así como la exclusión sustantiva por parte del mediador. A continuación revisó un sistema de análisis del contenido recientemente desarrollado, para que la mediación correspondiera a las estrategias y tácticas de su taxonomía (Jones, 1985).

El análisis secuencial lento (Jones, 1989a) permitió identificar pautas distintivas de interacción entre el mediador y un cónyuge y entre disputante y disputante, en sesiones de mediación exitosas y no exitosas. Las diferencias clave en las pautas de interacción entre mediador y cónyuge revelaron que, en las sesiones exitosas, los mediadores controlaban la provisión de información, guiando a cada disputante a hablar por sí mismo y no por el otro. Proteger la voz propia del disputante y su propiedad de la información personal resultaba esencial para reducir la tensión y las inclinaciones distributivas. En las sesiones no exitosas, los mediadores eran arrastrados a reciprocar el desacuerdo con los disputantes, posicionándose como adversarios claros y presentes; en las sesiones exitosas, el mediador estimulaba y participaba en intercambios recíprocos de conductas de resolución de problemas. Como era predecible, las pautas entre disputante y disputante sugerían una fuerte simetría de conductas distributivas, resistencia a las estrategias de adquisición de información de los otros disputantes y fracaso en la generación independiente de ciclos de resolución de problemas. Otras investigaciones han examinado las pautas de interacción de las respuestas del mediador a las conductas de los disputantes y las diferencias relacionadas con el género en los modos en que los mediadores respondían a maridos y esposas en sesiones de mediación conjuntas y por separado (Jones, 1987).

La investigación de Donohue fue impulsada por la necesidad de determinar "qué estrategias y tácticas comunicacionales del mediador, en respuesta a qué estrategias y tácticas de negociación de los disputantes, crearían un contexto cooperativo de resolución de disputas" (1989, pág. 323). Los aportes teóricos de Diez (1984, 1986) a la comprensión de la competencia comunicativa en el conflicto han servido como puntales de los subsiguientes análisis de la interacción.

Originalmente, Diez (1984) basó su trabajo en las ideas de Hyme sobre la competencia comunicativa como una aptitud innata del hablante, interior a su comunidad de idioma, para interpretar y producir un lenguaje apropiado a las situaciones –situaciones que eran entendidas en términos de rasgos (elementos de distancia social, *status* y poder) variables con la actividad y el ámbito. Sus investigaciones etnográficas interpretativas sobre los equipos de negociación educacional la llevaron a desarrollar su modelo de la competencia negociadora (Diez, 1986), en el cual identificó tres tipos de trabajo de discurso involucrados en la negociación: el trabajo de coherencia (vinculación de los conceptos, dando sentido a "la historia"), el trabajo de distancia (controlar la inmediatez y la informalidad de la relación para comunicar distancia psicológica, distancia de roles y distancia social) y el trabajo de estructuración (organizar la interacción ordenando la información y los turnos en la conversación).

Las ideas de Diez sirvieron como base para un modelo de la competencia del mediador, operacionalizado como el empleo de "tres estrategias primarias de contenido: estructurar el proceso de la mediación, reenmarcar las posiciones de los disputantes, y expandir los medios de información" (Donohue y otros, 1988, págs. 108-109). Las pautas de interacción entre mediador y disputante, en la mediación en divorcios con y sin acuerdo, fueron examinadas utilizando un análisis secuencial lento para abordar el interrogante central de la investigación que ya hemos enunciado. Las estrategias de los disputantes fueron codificadas como de ataque, de apoyo o integrativas (véase una explicación completa de estas estrategias en Donohue, 1989). Las intervenciones estructurantes tenían más mérito relativo que las otras en términos de creación de interacción cooperativa entre los disputantes. El examen de las diferencias en la distribución temporal de las estrategias específicas reveló que era más probable que los mediadores que lograban acuerdos intervinieran después de conductas integrativas de los disputantes, mientras que los mediadores que no lograban acuerdos intervenían con más probabilidad después de ataques.

Los procesos evolutivos han recibido atención gracias al análisis de fases de la interacción en la mediación en divorcios, tipificando el segundo punto destacado de un enfoque comunicacional de la mediación. En la confección de un modelo de fases hay dos cuestiones clave: cómo constituir una fase y cómo determinar la dinámica que genera cambios en las interacciones de fase a fase. La investigación previa ha contribuido a nuestra comprensión de las estructuras básicas y de las pautas de interacción características de las fases. No obstante, como "el cambio en el tiempo está en el núcleo del modelo de fases", es lamentable que "la mayoría de los modelos descriptivos de fases pasen por alto el interrogante de qué mecanismos causales generan el movimiento de fase a fase" (Holmes, 1922, pág. 95).

Los modelos de fases de la negociación (Douglas, 1957, 1962; Gulliver, 1979, y véase una reseña completa en Holmes, 1992) difieren en el número y la especificidad de las fases planteadas como hipótesis, pero coinciden en que, en la interacción "exitosa" en el conflicto, el movimiento va de la diferenciación a la integración, del antagonismo a la coordinación. De modo análogo, varios modelos de las estructuras de fases en la mediación son elaboraciones básicas de las teorías de fases de la negociación (Haynes, 1982; Irving, 1981; Moore, 1986; Wiseman y Fiske, 1980).

Jones (1988) examinó las estructuras de fases en la mediación en divorcios con acuerdo y sin acuerdo. Las estructuras evolutivas en la mediación con acuerdo respaldaban los modelos de fases propuestos: una fase inicial de generación de la agenda, en la cual se identifican y estructuran las cuestiones, seguida por una fase de intercambio de información, en la cual los disputantes cuentan sus "historias", lo cual lleva a una fase de negociación en la cual se presentan y evalúan las alternativas, culminando el proceso con una fase de resolución en la que se logran y cierran acuerdos. No obstante, ninguna mediación con acuerdo puso de manifiesto una tendencia a restar importancia u omitir la fase de generación de la agenda, a demorarse mucho tiempo en el intercambio de información que a menudo degeneraba en una escalada de diferenciación y polarización crecientes, y en intentos tardíos de introducir una resolución de problemas que abortaba rápidamente. No se examinó cómo o por qué se producían esas estructuras de fases; los mecanismos causales quedaron en la sombra.

Comprender la perspectiva dialéctica: aplicando las ideas básicas a la mediación

La precedente reseña de la investigación comunicacional sobre la mediación sugiere que, a pesar de algún progreso, aún nos falta encarar adecuadamente el contexto relacional como fuerza generativa en estos procesos. Podemos clasificar las conductas como indicativas de alguna coloratura relacional –por ejemplo, identificando comentarios más o menos confirmatorios o evaluando los niveles de distancia relacional. Podemos identificar las fases de interacción y las conductas características de esas fases. Pero estos logros no parecen estar a la altura de la complejidad del contexto relacional y de la mediación.

Lo que necesitamos es un modo de pensar la mediación (y el conflicto en general) que sea más dimensional: una perspectiva teórica en la cual la conducta se entienda no ya como "esto o aquello" sino como "esto y aquello". Por ejemplo, reconociendo un punto de la agenda como apertura de un tema para discutirlo y al mismo tiempo como cierre de otros, en lugar de verlo como una u otra cosa. La dimensionalidad involucra también la "circularización" de las concepciones corrientes de la relación entre mediador y disputante. Los mediadores no son terceros que actúan sobre otros y sobre los que no actúa nadie, como en general nuestra teoría lo da por sentado implícita o explícitamente. Y la dimensionalidad aboga por una comprensión menos instrumental de la mediación, en la cual el procedimiento sea apreciado por su capacidad para cambiar el modo en que las personas se relacionan entre sí y con la sociedad, así como su aptitud para lograr la resolución de una disputa específica.

Una perspectiva dialéctica de la mediación ofrece la oportunidad de "dimensionalizar" nuestro pensamiento, de "cubicar" nuestras concepciones "cuadráticas". Las secciones siguientes presentan una visión general de la perspectiva dialéctica y relacionan estas ideas básicas con la mediación. Aunque no es posible explorar esta perspectiva totalmente, el último segmento de esta misma sección sugiere vías para una indagación adicional.

Se supone por lo común que la perspectiva "dialéctica" tiene que ver con las concepciones hegelianas de la tesis, la antítesis y la síntesis o con una discusión marxista de los sistemas de opresión. Además de estos significados, la *dialéctica* ha sido también discutida como invención retórica, estructura para tomar decisiones, y como propiedad de la interacción social (Weeks, 1977). Es este último sentido del término el que a nosotros nos interesa.

Basseches (1981) define la dialéctica como "una transformación evolutiva (es decir un desarrollo a través de formas) que se produce por la vía de relaciones constitutivas e interactivas" (pág. 46). La noción de una dialéctica de la interacción social supone que en toda actividad social y su significado subyacen los conceptos de transformación y contradicción. Además, el significado y el contexto relacional son mutuamente generativos.

La dialéctica no tiene un único dominio determinado ni se limita a una aplicación, sino que sus concepciones operan como una perspectiva o metateoría. La perspectiva dialéctica está surgiendo a través de las ciencias sociales, y reemplaza las metáforas más reduccionistas, de análisis demostrativo (Gergen, 1980; Rychlak, 1968), del tipo de las concepciones racionalistas y mecanicistas del conflicto que ya hemos examinado.

Los investigadores de la comunicación han empleado perspectivas dialécticas para examinar una variedad de relaciones, entre las cuales se cuentan las parejas de padres primerizos (Stamp y Banski, 1992), las amistades de adolescente y adulto (Legge y Rawlins, 1992; Rawlins, 1983a, 1983b, 1989, 1992), las relaciones mezcladas en las que participan amigos como compañeros de trabajo (Bridge y Baxter, 1992) y las familias adoptivas (Cissna, Cox y Bochner, 1990). No obstante, los críticos ya están pidiendo estudios de la comunicación dialéctica que otorguen igual importancia al proceso y las contradicciones (Goldsmith, 1990), en lugar de repetir los errores de enfoques anteriores que restaban significación al despliegue longitudinal de las interacciones (Alberts y Driscoll, 1992; VanLear, 1991).

La perspectiva dialéctica en terapia familiar se está difundiendo (Backman, 1988; Buss, 1976; Cronen, Pearce y Tomm, 1985; Dolliver, 1972; Hoffman, 1985) como medio para lograr un cambio de segundo orden en los sistemas familiares (Watzlawick, Weakland y Fisch, 1974). Incluso algunos teóricos del conflicto están comenzando a sostener la utilidad de los enfoques dialécticos para abordar sus temas (Kolb y Putnam, 1991).

Aunque aún no se ha llegado a un conjunto coherente de premisas teóricas, que está en desarrollo, es posible identificar ciertos principios de la perspectiva: 1) las fuerzas en oposición constituyen la base de todos los fenómenos sociales; 2) el cambio es constante; 3) los fenómenos sociales quedan definidos por las relaciones entre sus características, y no por las características en sí, y 4) las tensiones dialécticas nunca son eliminadas sino manejadas (Montgomery, 1992).

Conforth (1968) identifica dos conceptos raigales que caracterizan a una teoría como dialéctica: el proceso y la contradicción. La centralidad del elemento "proceso" reside en que todas las cosas están sometidas a un cambio constante que resulta del conflicto o tensión entre factores opuestos o contradictorios. Aunque las tensiones se modifican, nunca son eliminadas, y la motivación para el cambio subsiste (Goldsmith, 1990). De modo que para entender el proceso tenemos primero que apreciar la contradicción o la fuerza motivadora.

La noción de contradicción

Siempre hay una contradicción cuando dos fuerzas son interdependientes (el principio dialéctico de unidad) pero se niegan mutuamente (el principio dialéctico de la negación) (Baxter, 1990). Rawlins (1992) examina dos clases analíticas amplias de contradicciones: la interaccional y la contextual. La primera se refiere a la dinámica interaccional que crea y maneja las contradicciones, y la última consiste en concepciones socioculturales que marcan la interacción, como la tensión entre la sanción pública y privada de una relación (por ejemplo, el matrimonio). Las contradicciones interaccionales –foco de esta discusión– fueron elocuentemente resumidas por Bochner (1984) en uno de los primeros exámenes de los principios dialécticos de la comunicación:

En razón de las cualidades dialécticas de la comunicación interpersonal, resulta obvio que las cosas no son siempre lo que parecen […] la palabra puede inhibir lo que exhibe: ser expresividad que pide protección, revelación que necesita ocultamiento, apertura que pide discreción, debilidad utilizada para dominar, libertad como coacción (pág. 610).

Encontramos un ejemplo de la contradicción interaccional en la discusión de Kelvin (1977) sobre las tensiones que subyacen en la autoexposición o apertura, que él denomina "tolerancia a la vulnerabilidad". Revelar información es colocarse en una posición vulnerable, pero esas exposiciones son necesarias para que la relación crezca y se enriquezca. De modo que descubrirse puede ser perjudicial en cuanto nos vuelve vulnerables, pero no descubrirse es también potencialmente dañino, por limitar nuestra capacidad para beneficiarnos con la interacción social. Hay una lectura similar de esta tensión en el estudio de Rawlins (1983a) sobre la apertura/cierre o expresividad/protección en la amistad.

Estas contradicciones son intrínsecamente relacionales, pues Rawlins (1983a) concluye que "las oposiciones potenciales producidas por el funcionamiento de la comunicación ubican la experiencia de la contradicción en el centro de la vida relacional" (pág. 255). Además, las perspectivas dialécticas deben entenderse en el seno de un contexto relacional, y no como creaciones o cogniciones individualistas. Como dice Baxter (1988), aunque son "las partes individuales las que experimentan y actúan" sobre las contradicciones dialécticas, "éstas están situadas en la relación entre las partes" (pág. 258).

De modo que, para comprender las contradicciones que operan en cualquier situación dada, tenemos que prestar atención a todas las relaciones. Los teóricos dialécticos de la terapia familiar sostienen que todas las relaciones entre los interactuantes (entre terapeuta y cliente y también entre cliente y cliente) constituyen contextos que influyen en la interacción (Bopp y Weeks, 1984). Si se extiende la idea a la mediación, esto supone la necesidad de comprender las tensiones relacionales entre los mediadores (en un modelo de comediación), entre los mediadores y los disputantes, y entre los disputantes.

En la literatura sobre las relaciones interpersonales y familiares se han identificado varias contradicciones o tensiones dialécticas: autonomía/conexión, predictibilidad/novedad, afecto/instrumentalidad, juicio/aceptación, expresividad/protección, ideal/real, público/privado, apertura/cierre, continuidad/discontinuidad, afirmación/no afirmación, instrumentalidad/afecto, poder/solidaridad (Askham, 1976; Baxter, 1989; Montgomery, 1992; O'Donnell, 1990; Rawlins, 1992; Stamp, 1992; Yerby, 1992). Puede haber otras dimensiones.

Es difícil, si no imposible, confeccionar una lista definitiva de contradicciones dialécticas. No todas las situaciones o relaciones involucran las mismas tensiones. Por ejemplo, las relaciones mezcladas (Bridge y Baxter, 1992) incluyen tensiones entre la imparcialidad y el favoritismo, pero esto no es lo tradicional en el caso de los matrimonios. Si se están produciendo tensiones similares, las relaciones pueden diferir por la prominencia de esas tensiones para los *partenaires* relacionales; por ejemplo, las dimensiones juicio/aceptación son críticas para algunos amigos, y casi carentes de importancia para otros (Rawlins, 1989). Ninguna lista de tensiones puede considerarse universal y aplicable a cualquier relación y todas las relaciones.

Como en un momento dado puede estar operando más de una contradicción, una dificultad adicional consiste en identificar las contradicciones más capaces de motivar el cambio (Bochner, 1984). Una tarea crítica en la aplicación de la perspectiva dialéctica es comprender las tensiones operantes y determinar su primacía.

En vista de la cantidad de tensiones potenciales, los teóricos dialécticos identifican una contradicción básica o primaria, y examinan cómo operan las contradicciones secundarias en relación con ella. Esto presenta una analogía con la concepción de Goffman, según la cual son posibles niveles múltiples de significado, de modo que es necesario establecer un nivel primario (Putnam y Holmer, 1992).

Aunque la primacía está en función de la situación, muchos teóricos sostienen que en la mayoría de las relaciones es probable que haya dos dialécticas primarias: autonomía/conexión y predictibilidad/novedad (Bochner y Eisenberg, 1987). La dialéctica autonomía/conexión, también denominada "dilema independencia/involucramiento" (Tannen, 1986), supone la tensión entre establecer intimidad e interdependencia en una relación, y mantener una identidad individual con autonomía de acción. La dialéctica predictibilidad/novedad tiene que ver con la necesidad de prever lo que sucederá en la relación para estar seguro, pero manteniendo niveles de novedad o ambigüedad que motiven el interés y el crecimiento. Baxter (1989) dice que debemos considerar como tercera dialéctica primaria la de apertura y cierre, que ya hemos descrito, sobre todo teniendo en cuenta el papel de la autoexposición para generar involucramiento o intimidad.

Incluso sin investigación, es posible postular la existencia de contradicciones básicas en la mediación. Sin duda, las tensiones entre la apertura y el cierre generan una amenaza de vulnerabilidad no menor (o incluso mayor) que la que provoca la aguda conciencia de que la información es una mercancía. Las tensiones entre la autonomía y la conexión envuelven la esencia misma de la relación, y requieren que los disputantes trabajen juntos para desprenderse (en alguna medida) de su interdependencia problema. La necesidad de predictibilidad de la conducta, que permite que cada interactuante confíe en la capacidad del otro para buscar e instrumentar una resolución de modo coherente, es apuntalada por la necesidad equivalente que tienen todas las partes de abrirse a la novedad o el cambio a fin de generar procesos y desenlaces innovadores. Además, hay quienes sostienen que las tensiones entre la cooperación y la competencia tienen una función dialéctica singular en la interacción del conflicto (Kolb y Putnam, 1991). Los dilemas de imparcialidad o favoritismo que se advierten en las relaciones con mezcla de roles (Bridge y Baxter, 1992) surgen también con claridad en un proceso tan recientemente devorado por interrogantes concernientes a la naturaleza e incluso la posibilidad de la imparcialidad/neutralidad.

Pero, más allá de sugerir que estas contradicciones básicas probablemente operarán en toda mediación, no es posible especular con seguridad sobre las otras contradicciones potenciales y su primacía. Tiene importancia recomendar que las tensiones alternativas sean consideradas en los términos de la relación de los interactuantes. Esta consideración es más crítica en los procesos informales de mediación, como hemos dicho antes, porque tales situaciones implican relaciones en curso entre todas las partes, en las cuales el manejo de las contradicciones dialécticas y la extensión del desarrollo relacional pueden ser acontecimientos que gatillen la disputa mediada en sí misma.

La idea de que las fuerzas contradictorias cambian en el tiempo complica la identificación de las tensiones. La primacía dimensional está en función del progreso interaccional o el desarrollo relacional. La fuerza que impone el cambio puede volverse obsoleta cuando ascienden otras. De modo que para identificar las tensiones primarias se necesita sensibilidad al proceso.

La noción de proceso

El cambio a través del proceso es el segundo concepto raigal de una perspectiva dialéctica. El vínculo entre la contradicción y el proceso es resumido como sigue por Baxter (1988): "Estas oposiciones o tensiones dialécticas básicas constituyen la condición exigida para la acción comunicativa entre las partes y la base del cambio y el desarrollo en la relación" (pág. 258).

El sentido dialéctico del proceso o movimiento tiene dos implicaciones. Primero, esta conceptualización del proceso cuestiona la idea de partículas, acontecimientos o componentes discretos, cada uno de los cuales se podría comprender con independencia de los otros. Se sostiene que el cambio es básico y que toda actividad social debe estudiarse como actividad, y no como acción (Hoffman, 1985). Segundo, el proceso está constituido comunicativamente, como lo postula la teoría dialéctica de la terapia familiar de Boszormenyi-Nagy. La clave para identificar y analizar el movimiento es comprender las pautas de actividad como mecanismos cíclicos, no lineales, de retroalimentación, cuyo funcionamiento resulta de interacciones recíprocas complejas (Boszormenyi-Nagy y Spark, 1973; Boszormenyi-Nagy y Ulrich, 1981). Y hay que tener el cuidado de no suponer que el cambio relacional sigue una senda de dirección única: por ejemplo, acrecentando siempre la apertura, la predictibilidad o la conexión (Altman, Vinsel y Brown, 1981).

Para apreciar el cambio es preciso ver de qué modo se constituye comunicativamente a través de pautas evolutivas o ciclos de conducta. Esto entraña un examen de cómo se alteran discursivamente las contradicciones dialécticas, de modo que la tensión cambia, lo mismo que la fuerza motivacional que afecta la naturaleza de la relación.

Apreciar el cambio es algo muy distinto de manejarlo. Es más fácil reconocer una contradicción dialéctica que elaborarla. En su examen de las metas del discurso, Craig (1986) dice que la competencia comunicativa puede verse como la capacidad para el manejo discursivo de las contradicciones dialécticas, y él pide desarrollos teóricos que encaren estas preocupaciones. Hasta la fecha, son muy pocos los que han respondido a ese llamado.

Quienes lo han hecho tienden a discutir las estrategias en abstracto, sin detallar los diversos modos de realizarlas discursivamente. Como dice Montgomery (1992), hay incontables formas para cada función –por ejemplo, para la función "estar abierto"–. No sabemos mucho sobre cómo la forma afecta a la función. Hay que realizar más trabajo para identificar las pautas y las tácticas discursivas específicas que ejemplifican en concreto estas estrategias generales (Cupach, 1992). Ésta es un área verdaderamente rica para los estudiosos de la mediación y el conflicto.

Uno de los primeros teóricos de este campo, Baxter (1988, 1990), ha identificado cuatro estrategias genéricas para manejar las contradicciones: la selección, la separación, la neutralización y el reenmarcamiento. Aunque todas estas estrategias involucran claramente la comunicación, ellas ejemplifican las más abstractas discusiones de la estrategia.

Hay selección cuando un actor social advierte la coexistencia de los dos aspectos de la contradicción, pero opta por dar importancia a un polo, como dominante, al punto de excluir el otro. Por ejemplo, es frecuente que un mediador escoja estratégicamente la autonomía o el cierre en las interacciones con los disputantes, ocultando intencionalmente información y evaluaciones personales, para reforzar la percepción relacional de distanciamiento y neutralidad. Los disputantes, sobre todo los que están "dando por terminadas" su relación (o por lo menos alguna definición sancionada externamente de esa relación), suelen seleccionar aspectos de la autonomía mientras intentan negar subsistencias de conexión, incluso en el caso de parentalidad.

La separación, en cambio, no consiste en legitimar un polo por sobre el otro sino la coexistencia de ambos, pero no su pertinencia simultánea. Los temas o las cuestiones son aislados y manejados estratégicamente. Existen dos formas de separación: la alternancia cíclica y la segmentación temática. En la primera se privilegia un polo de la contradicción en un momento dado, y el otro polo, en un momento distinto. Las conversaciones por separado con cada una de las partes proporcionan un ejemplo perfecto de esta estrategia en la mediación. En la sesión conjunta, un disputante puede ser totalmente refractario a revelar detalles de la disputa y la relación. Pero en la conversación reservada, cuyo carácter privado protege la autoexposición, esa misma persona quizá sea extremadamente abierta e informativa. En la segmentación temática, los temas o cuestiones se dividen en función de lo que se tratará en el extremo de una dimensión, y lo que se tratará en el otro extremo de esa misma dimensión. Por ejemplo, los disputantes pueden ser muy abiertos acerca de su situación económica, pero muy cerrados en cuanto a sus compromisos románticos. En la mediación en divorcios, la segmentación temática suele incorporarse al proceso mediante procedimientos que impidan que las cuestiones de división de bienes y manutención ingresen en la discusión de los acuerdos sobre la tenencia de los hijos y el régimen de visitas.

La neutralización consiste en estrategias que realizan los extremos de la contradicción, pero moderando o neutralizando intencionalmente la intensidad del contraste. Estas estrategias son más sutiles que las que hemos examinado hasta ahora. Baxter (1988, 1990) ha examinado dos formas. La primera es la moderación; hay moderación cuando uno utiliza mensajes que no privilegian ninguna dimensión, como en las conversaciones triviales. A menudo el mediador inicia las sesiones o amortigua la discusión con digresiones o humoradas informales. Estas conductas conservan la sensación de conexión y la atención, evitando la confrontación de tensiones de base sustantiva, relacional, o ambas.

La segunda forma de neutralización es la descalificación; hay descalificación cuando los elementos contrastantes se manejan de modo indirecto o ambiguo. La descalificación estratégica ha recibido una atención considerable de los investigadores de la comunicación (Bavelas, Black, Chovil y Mullett, 1990) y de los sociolingüistas que estudian la conducta "indirecta" (Tannen, 1986). Hay distintos modos de ser equívoco o indirecto: negar el contexto del mensaje, negar el contenido del mensaje, negar que uno ha enviado el mensaje, y negar que se ha enviado el mensaje a un receptor específico. Los mediadores y los disputantes pueden utilizar actos indirectos para no parecer rudos o insensibles, cuando no pueden negarse a responder a otro en la sesión de mediación. En general, estas estrategias –más que todas las otras mencionadas aquí– se entienden mejor como logros discursivos. Hay muchas oportunidades para la investigación de la ambigüedad estratégica en la interacción de la mediación.

La cuarta estrategia, el reenmarcamiento, es la más refinada. Requiere una transformación perceptual en la cual los polos originales de la contradicción dejan de ser vistos como opuestos. El reenmarcamiento difiere sustantivamente de las otras tres estrategias generales porque es la única que no presenta los polos de la contradicción como opuestos de suma cero. Esto tiene más del reenmarcamiento de Bateson, que contextualiza la relación con nuevas comprensiones del contexto social (Putnam y Holmer, 1992). Por ejemplo, el mediador puede realizar un reenmarcamiento ayudando que a los progenitores que se divorcian comprendan que sus existencias separadas no son verdaderamente autónomas, sino una forma de conexión distinta de la anterior, que a través de la tenencia de los hijos y el régimen de visitas en realidad comparten una mayor interdependencia, y por lo tanto una mayor conexión. O bien el mediador puede ayudar a los disputantes a comprender que su renuencia a compartir información en realidad divulga información importante sobre sus sentimientos y vulnerabilidades en la disputa. Finalmente, los disputantes pueden ayudar al mediador a ver que el deseo de ellos de competir es en realidad una inteligencia cooperativa entre las partes; es el acuerdo en disentir y defender las propias posiciones.

Estas estrategias, lo mismo que otras cuyos detalles se conocerán gracias a análisis e investigaciones adicionales, son claves del proceso, en un sentido inmediato y longitudinal. Su empleo maneja en lo inmediato las tensiones experimentadas, pero también impulsa el desarrollo interaccional o relacional más amplio.

Quizá la contribución más importante de la perspectiva dialéctica a nuestra comprensión del proceso de la mediación sea su capacidad para ayudarnos a identificar estrategias que desencadenan el desarrollo en fases, generando el pasaje crítico del antagonismo a la coordinación. Gulliver (1979) previó esta posibilidad en su caracterización de la propulsión a través de las fases:

> Todo el proceso adquiere persistencia y movimiento gracias a la contradicción básica entre el conflicto de las partes y su necesidad de una acción conjunta. Esta contradicción genera disposiciones opuestas... que hacen posible un impulso continuo hacia algún acuerdo o resultado final (pág. 186).

El modelo de Baxter (1988) en cuatro fases, en el cual la autonomía/conexión es primaria y las estrategias de manejo de la tensión inducen el movimiento de fase a fase, plantea la hipótesis de procesos paralelos en las etapas del desarrollo relacional. Estos procesos hipotéticos se asemejan a las pautas reales examinadas por Masheter y Harris (1986) en su estudio de procesos de parejas en divorcio, con redefinición de sus relaciones en función de la autonomía y la conexión en tres momentos distintos.

No sólo podemos tener la esperanza de identificar formas de estrategias que desencadenen progresos evolutivos, sino que también podemos examinar estructuras alternativas de las fases para diversos desenlaces. No todas las disputas requieren la misma progresión, y los modelos de fases estereotipados pueden ser desventajosos (Charny, 1986).

Propuestas finales

El argumento nuclear de este capítulo es que el contexto relacional debe estudiarse como fuerza generativa clave de la mediación, y que una perspectiva dialéctica ofrece una orientación promisoria para desarrollos teóricos realizados con este espíritu. La necesidad expresada de una teoría sensible a las relaciones, que incluya los principios básicos de un enfoque comunicacional (Putnam y Roloff, 1992), es esencial en esta argumentación, pero hay que ir más allá de las orientaciones relacionales manifiestas en las investigaciones anteriores sobre la comunicación en la mediación.

Una perspectiva dialéctica sostiene las ideas de contradicción y proceso. Las contradicciones, o tensiones relacionales, actúan como presiones que motivan el manejo estratégico. Este manejo modifica las tensiones operativas e impulsa la relación o interacción hacia un estado diferente. De modo que el cambio está en función de la contradicción, y a la inversa. Se han presentado ejemplos de contradicciones y de estrategias para su manejo, como aplicaciones iniciales a la mediación. Ya hemos expuesto en esta discusión algunas sugerencias para una futura actividad fructífera. Ahora desplegaremos otras propuestas, o interrogantes, con la esperanza compartida de que otros especialistas continúen con la aplicación de una perspectiva dialéctica en el estudio de la mediación y el conflicto.

Las contradicciones resultan de la naturaleza de la relación. La investigación exploratoria básica puede evaluar los tipos de contradicción experimentados por los interactuantes o, desde una perspectiva más crítica, los tipos de contradicciones descubiertas en el análisis cuidadoso del discurso de la mediación. ¿Entran en juego en toda mediación tensiones generales? ¿En qué difieren los contextos de la mediación (distinguidos por el nivel de formalidad o el tipo de disputa, etc.) en cuanto a los tipos de contradicciones que operan y a la primacía de alguna de ellas? ¿Cómo podemos sondear nuestro conocimiento de la relación entre los disputantes (o entre el mediador y los disputantes, en el caso de la mediación organizacional o el tercerismo informal) para diagnosticar el contexto relacional?

El manejo de las contradicciones produce cambios. En vista del interés tradicional en la mediación instrumental, la investigación de estrategias para el manejo de la tensión puede ser de gran interés por razones teóricas y pragmáticas. Hay dos líneas generales de investigación a las que debe prestarse una atención seria. La primera involucra una comprensión más completa de las variedades de estrategia y sus formaciones discursivas, como ya hemos dicho. La segunda tiene que ver con la eficacia de esas estrategias. ¿Cuál es la relación entre la forma de una estrategia y su eficacia para resolver la tensión? ¿Hay situaciones en las cuales una cierta forma es mejor que otras? En un nivel más amplio, ¿en qué difieren las estrategias en términos de efectividad general, y qué exigencias median estas relaciones? Una vez entendidas las condiciones de la eficacia, ¿cómo podemos enseñar a los mediadores a reconocer los factores situacionales y emplear la estrategia apropiada en la forma adecuada?

Volviendo a Gulliver (1979), que ha pedido una mejor comprensión de las fuerzas que desencadenan el movimiento entre las fases, desde ya es posible proponer el examen de las estrategias (y formas) específicas que parecen demarcar las fases. Pero las ideas relacionadas con las fases suscitan una variedad de otros interrogantes acuciantes sobre la oportunidad de las intervenciones. ¿Cuándo es más eficaz el empleo de una estrategia, y cómo podemos determinar las señales temporales en el seno del despliegue de la interacción? ¿Se pueden detectar diferentes ciclos evolutivos para ciertos tipos de disputa o relación? ¿Podemos elaborar teorías en función de las fases de la mediación, y evaluar la relación de las fases con el resultado de la mediación en el sentido no relacional?

Estos interrogantes reflejan la magnitud y complejidad de nuestro viaje intelectual, si adoptamos seriamente un enfoque dialéctico de la mediación. Pero tenemos la esperanza de que también insinúen sus recompensas.

¿Qué revela la comprensión de la estructura narrativa del discurso sobre la interacción entre el disputante y el tercero? ¿De qué modo una perspectiva narrativa ayuda a definir un rol del tercero que evite una falsa distinción entre contenido y proceso?

3

UNA PERSPECTIVA NARRATIVA DE LA MEDIACIÓN
Hacia la materialización de la metáfora del "narrador de historias"

Sara Cobb

Es algo ampliamente aceptado que la mediación constituye un proceso de narración; los manuales de entrenamiento, los artículos de investigación y los libros de la profesión examinan la historia que los disputantes narran en relación con sus beneficios legales, psicológicos e interpersonales. De hecho, se sostiene en general que, en la mediación, el relato de la propia historia cumple un mandato ético –la "participación" (Harrington, 1985)–, así como el mandato pragmático de "pasar de la historia al acuerdo" (A. Davis, 1986).

¿Pero qué significa "contar una historia"? ¿Cuáles son las condiciones discursivas que permiten ese proceso, lo limitan, o ambas cosas? ¿Cuáles son la ética y la pragmática de la narración de historias? ¿Cuál es el papel de la narración de historias en la construcción del acuerdo o en la eficacia de la mediación? Hasta la fecha, hay pocas investigaciones sobre la mediación que puedan responder a estos interrogantes.[1] Ello se debe a que, en el campo de la

---

1. Existe un creciente cuerpo de investigaciones sobre la negociación que describen el proceso narrativo. Por ejemplo, Linda Putnam (1992) ha utilizado la "narración de historias" como metáfora para referirse al papel de la construcción

mediación, la "narración de historias" es todavía *una metáfora* que
no hace mucho más que sugerir que los disputantes cuentan historias, y sólo en una medida mucho menor proporciona un marco
teórico coherente para comprender y evaluar el proceso del relato
dentro de la práctica de la mediación.

Aunque existen estudios preliminares del proceso narrativo en
la mediación, estas investigaciones aún no se han fundido entre sí
en un marco narrativo desarrollado. Por ejemplo, Shailor (en
prensa) ha examinado la organización jerárquica de las historias
en mediación, empleando la teoría del "manejo coordinado del
significado".[2] A través del estudio de casos, este autor advierte que
las historias de la relación pueden conceptualizar historias de
guiones de vida o episodios (o viceversa). En un libro anterior,
Shailor y Pearce (1986) examinaron la relación refleja entre el
contexto y el proceso en la mediación; empleando un enfoque basado en reglas, estudiaron la relación existente entre las historias
narradas por los disputantes, el sistema de interacción y el proceso
de la mediación; Littlejohn y Shailor (1986) describieron la "estructura profunda" de la mediación como una función de las reglas del significado y la acción. Aunque estos estudios han examinado las "historias" de los disputantes, no han basado sus análisis
en una teoría de la narración.

Rifkin, Millen y Cobb (1991) aplicaron una perspectiva de "narración de historias" para destacar los rasgos paradójicos del proceso
de la mediación. Cobb y Rifkin (1991b) han examinado la construcción y transformación de las "posiciones" del discurso en la mediación, encontrando que el primer relato presentado coloniza los relatos siguientes. Aunque estos dos estudios detallan descubrimientos

---

de historias en el proceso de la negociación; esta autora sostiene que la eficacia de
la negociación depende de la co-construcción de historias.

2. Desarrollada por Pearce y Cronen (1980), esta teoría es un recurso heurístico para comprender y explicar la regularidad y la transformación en el sistema de
significados individual y también en el sistema de interacción como un todo. Shailor utilizó la "jerarquía de significados" como modelo de la estructura jerárquica
de las historias narradas en la mediación.

concernientes al proceso de la mediación visto desde una perspectiva narrativa, ninguno de ellos ha sacado a luz los supuestos sobre la narración en los que se basan. Lo que se necesita es una base teórica para describir los relatos a partir de los cuales pueden desarrollarse tecnologías de intervención y metodologías de investigación.

Este capítulo intenta llevarnos más allá de la metáfora, para materializar la "narración de historias" como un conjunto de prácticas de discurso en el nivel micro, esenciales en cuanto a las metas pragmáticas y éticas de la mediación. Con tal fin, 1) paso revista a los enfoques de la teoría de la narración e identifico tres rasgos del relato pertinentes para el análisis de la mediación: la coherencia, el cierre y la interdependencia; 2) examino estos rasgos en relación con la distinción entre contenido y proceso, nuclear en el concepto de intervención en la mediación. Finalmente, propongo que la "materialización" de la metáfora del relato, aunque cuestiona supuestos clave de la teoría de la mediación, permite que tanto los practicantes como los investigadores encuentren nuevos modos de comprender e intervenir en el conflicto.

Una base teórica para la "narración de historias"

En los últimos diez años, y atravesando los límites entre múltiples disciplinas, la teoría de la narración ha sido adoptada como marco para el análisis de la acción social.[3] En el nivel filosófico, como lo ha señalado Fisher (1987), ésta no es sólo una teoría para el análisis, sino una condición fundamental para la comunicación y el ser social. Aunque se debate mucho sobre el alcance del enfoque narrativo,[4] existe un acuerdo considerable en cuanto que la experiencia se organiza vía la narración.

3. Véase Polkinghorne (1988) para una descripción del empleo de la narración en múltiples disciplinas (en particular, los capítulos 3 a 5).
4. Véase la crítica de Rowland (1988) a Fisher, y también la respuesta de Fisher (1988) a Rowland.

Además de la literatura filosófica sobre la narración, se han realizado muchas investigaciones sobre la comunicación utilizando la narración como unidad de análisis. Esta literatura sobre el relato puede dividirse (aproximadamente) en dos campos: el de los enfoques estructuralistas y el de los enfoques posestructuralistas.

Los enfoques estructuralistas han sido en gran medida empleados para examinar y abordar las estructuras y los rasgos narrativos *como variables* de los procesos de comunicación.[5] Los exámenes realizados por Chatman (1978), Genette (1980), Prop (1968) y Frye (1963) sobre los tipos de trama, el orden temporal y los roles de los personajes en la narración *de ficción* se han utilizado en los estudios sobre la comunicación para analizar la competencia y la coherencia narrativas. Las "gramáticas de la historia" (por ejemplo las topologías) han servido como variables en el análisis de la comprensión de la narración (Mandler, 1982; Omanson, 1982; Ohtsuka y Brewer, 1988) y de la competencia cultural (Brady, 1981; Cronin, 1980; Nicholas, 1982; Polanyi, 1985). También se han utilizado las estructuras de la historia para evaluar la coherencia *intranarrativa*, según lo ejemplifican el estudio de Agar y Hobbs (1982) sobre la coherencia global, local y temática, y la discusión por Ohtsuka y Brewer (1992) del ordenamiento temporal del relato. Los enfoques estructuralistas a menudo operan como etnografías, empleando métodos sociolingüísticos para explicar la relación entre la cultura y el relato (Carter, 1988; Hofer, 1991; Katriel y Shenhar, 1990; Maynard, 1988; Sherzer, 1980).

Implícita o explícitamente, estos enfoques estructuralistas comparten la distinción trazada por Chatman (1978) entre la historia (el conjunto real de acontecimientos) y el discurso (la narración de

5. Muchos de estos estudios arraigan en la lingüística y la sociolingüística. La investigación sobre las estructuras narrativas examina la coherencia y la cohesión entre los componentes narrativos, mientras que la investigación sobre los rasgos narrativos incluye, por ejemplo, el análisis de los apartes, las vacilaciones y las elipsis. Véase la descripción del análisis narrativo realizada por Stubb (1983), específicamente en el capítulo 2, págs. 15-39.

esos hechos).[6] A estos enfoques les interesa la *representación* de los acontecimientos reales como un todo, como una unidad, como una estructura. Este interés especial es equivalente al foco de Saussure en *"la langue"*, y demostrativo de la exclusión de *"la parole"*; en este sentido, el relato ha sido estudiado como una estructura autónoma respecto de los contextos social, político y fundamentalmente *interactivo* en los cuales se despliega. La atención concentrada en el despliegue del relato en la interacción es lo que caracteriza a los enfoques posestructuralistas del relato.

Estos enfoques posestructuralistas se han utilizado para examinar la narración de historias como una práctica (Bennett y Feldman, 1981; Goodwin, 1990; Labov y Fanshel, 1977; Sarbin, 1986; Sluzki, 1992). Al anular la distinción entre *historia* y *discurso*, el estudio del relato deja de ser un análisis de *la representación* y comienza a operar como descripción de la relación refleja y en evolución entre el *contenido* de la historia y el *relato* (Feldman, 1991; Gergen, 1986; Mishler, 1986; White y Epston, 1990).[7]

Por ejemplo, O'Barr y Conley (1985), en sus estudios de relatos en tribunales de asuntos de menor cuantía, observaron que las personas construyen historias que inevitablemente contienen los desenlaces negativos que ellas utilizan a continuación para construir una "teoría de la responsabilidad"; estas "teorías" funcionan (inductiva o deductivamente) para generar culpa y responsabilidad (pág.

---

6. Esta distinción corresponde a la trazada anteriormente en el análisis estructural de la ficción entre "fábula" y "syuzhet". Véase el análisis de Ohtsuka y Brewer (1992). En términos más generales véase también Culler (1975), *Structuralist Poetics: Structuralism, Linguistics and the Study of Literature*.

7. Por esta razón, el análisis de la narración ha sido a menudo equiparado a los enfoques posestructurales del discurso: la *parole* permite el examen de la construcción social del significado (el "cómo" del significado). Este proyecto, a su vez, exige la inclusión del observador, el tiempo, la cultura, la interacción, para la descripción de los procesos sociales; véase Derrida (1980). En Mishler (1986) puede encontrarse un examen de las consecuencias epistemológicas de la perspectiva narrativa, específicamente en la sección "El impacto de nuestras concepciones del conocimiento científico", pág. 132.

689). O'Barr y Conley demuestran que la "adecuación" narrativa está en función de las relaciones estructurales internas de la historia entre los agentes, las acciones y los receptores de esas acciones; a su vez, estas relaciones estructurales están en función de las reglas situacionales para la creación de la historia, así como de los marcos interpretativos (culturales) de los litigantes (Conley y O'Barr, 1990a). Es la relación refleja entre la estructura y las reglas situacionales/culturales para su producción lo que constituye la teoría posestructural de la narración.

Yo propongo que estos enfoques más posestructurales de la narración podrían ser útiles para "completar" la metáfora de la narración de historias en la mediación, por dos razones. Primero, la ideología de la mediación es "antitética a los enfoques estructurales del relato": la distinción entre *historia* y *discurso*, entre los acontecimientos y su representación, si se la adopta, lleva a los mediadores a buscar la historia "real", la que se supone que presenta la mayor adecuación entre el relato y los acontecimientos en sí. No obstante, el foco de la mediación *no está* en la representación exacta de hechos reales, pues la mediación da por sentado que no existe ninguna historia verdadera *única* y el foco del procedimiento está en las diferencias/semejanzas de las formas representacionales en sí; ese foco disuelve esencialmente la función representacional de la narración de historias. Segundo, los enfoques posestructurales de la narración en la mediación permiten el examen de *la práctica* de la narración de historias tal como funciona de modo reflejo para construir el contexto en el cual se realiza el relato. Esto desdibuja la distinción entre la historia y su narración, entre el contenido y el proceso de la mediación. Una perspectiva posestructural de la narración no sólo comienza por centrar la atención en el papel del discurso en la mediación (después de todo, ésta es una práctica de palabras), sino que también *incluye* permanentemente al mediador como coparticipante en la construcción y la transformación de los relatos del conflicto. El mediador, una vez incluido, ya no neutral ni distanciado, pasa a ser responsable del proceso, lo que a su vez exige el manejo del contenido: la pragmática de la mediación está interconectada con la política del proceso.

Según la perspectiva posestructural, para comprender la construcción narrativa *es preciso* poner el foco en las transformaciones narrativas: la naturaleza de las historias que se despliegan depende del proceso del relato; para explicar la pragmática del proceso narrativo *se necesita* a su vez prestar atención a la política narrativa; a medida que se despliegan, algunas historias se vuelven dominantes, y otras pueden ser marginalizadas. Este capítulo examina tres rasgos de la narración que pueden ayudarnos a comprender la pragmática y la política de la mediación: la coherencia narrativa, el cierre narrativo y la interdependencia narrativa. En conjunto, estos rasgos facilitan la descripción del *modo* en que se construyen y transforman las historias del conflicto, y también presagian el colapso de la distinción entre contenido y proceso en la mediación.

La coherencia y la estructura de las narraciones del conflicto en la mediación

Las historias del conflicto, como "teoría de la responsabilidad", construyen los vínculos lógicos, causales, entre los actores, sus acciones y los desenlaces definidos como problemas; la coherencia de una narración del conflicto está en función del grado de adecuación entre esas partes de la historia. Por coherencia entendemos la unidad presentada en (y construida por) las relaciones parte/todo de los componentes narrativos dentro de una narración dada (Agar y Hobbs, 1982) y entre narraciones (White y Epston, 1990). Llamo "componentes narrativos" a las tramas (secuencias de acontecimientos ordenados con una lógica causal), los roles de los personajes y los temas (valores). Dentro de la narración, cada una de estas partes construye el significado de las otras: por ejemplo, la sucesión de acciones intencionales o acontecimientos no intencionales que llevan al deterioro de un bien (trama) funcionan de modo reflejo para constituir el rol de los personajes como villanos y víctimas (roles de los personajes), así como el sistema de valores (temas) utilizado para interpretar la acción (MacIntyre, 1981). Pero la coherencia de cualquier narración singular depende de su relación con otras narraciones.

La coherencia *internarrativa* está en función de la resonancia de las relaciones parte/todo a través de relatos múltiples; estas relaciones parte/todo existen: 1) *dentro* del sistema narrativo del hablante, y 2) *entre* los sistemas narrativos de los hablantes. Cada sistema narrativo es una "malla" de relatos que se refleja en cada uno de los relatos individuales y es parcialmente construida por él (Packman, 1992, comunicación personal); estas mallas o redes son particularmente pertinentes para el análisis de cualquier narración de la mediación. Por ejemplo, una persona llega a la mediación con una historia relacionada con cierto conjunto de acontecimientos, ciertos roles de los personajes y ciertos temas; estos relatos forman parte de un entramado de historias tomadas de las biografías personales de los individuos, de las narraciones recogidas en sus familias y en sus redes sociales significativas, y de los relatos culturales que funcionan como arquetipos (Pearce y Cronen, 1980) o "filtros", dando forma a la presentación de las anécdotas cotidianas (Dollerup, 1984).

Desde esta perspectiva, cualquier historia narrada "anida" en una estructura jerárquica de significados que proporciona el contexto para construirla.[8] La historia del conflicto (o la "teoría de la responsabilidad") presentada en la mediación construye y consolida las relaciones parte/todo dentro de la línea argumental que está en construcción, *en relación con* los relatos vividos que abarcan y dan vigencia a las relaciones (Schotter, 1984). Por ejemplo, un padre cuenta una historia sobre la desobediencia de su hija, que entra en resonancia con otras historias familiares sobre la sexualidad, la maternidad y el patriotismo; si se modificara la historia sobre la "desobediencia" de la hija, esto afectaría el significado de las otras historias de la red narrativa. De modo que el significado de una narración del conflicto está vinculado a un *sistema* significativo y

8. Ésta es una apropiación de la jerarquía de significados de Pearce y Cronen (1980) para describir la relación refleja entre las narraciones. Shailor (en prensa) ha expuesto este tema, trazando el mapa de la estructura de las historias que los disputantes utilizan para contextualizar la historia en construcción.

contribuye a constituirlo. Aunque en la sesión de mediación sólo se hayan construido porciones del sistema, la malla narrativa se refleja en la historia "contada" y es estructurada por ésta.[9] La construcción de una porción de la malla narrativa materializa y consolida el significado de toda la red, sea ésta "visible" o no (Cobb, 1992b).[10]

La coherencia *internarrativa* está también en función de la interacción *entre* los sistemas narrativos de los hablantes. En la interacción, los relatos se desarrollan, modifican y cuestionan interactivamente entre los disputantes, a medida que cada uno de ellos elabora porciones de su propia historia del conflicto y de la que presenta el otro. La coherencia entre las narraciones se construye conjuntamente mientras los disputantes crean coyunturas en las que sus historias pueden ser comparadas/contrastadas: los roles de los personajes en la historia de un disputante son cuestionados y reformulados por la historia que presenta el otro, o bien los valores celebrados en una historia son denigrados en otra. Desde esta perspectiva, los conflictos son *el producto* de la coherencia internarrativa, como lo han señalado indirectamente Haynes y Haynes (1989) en su descripción de la mediación en divorcios: las parejas van a la mediación con los parámetros del conflicto fusionados y solidificados. Haynes y Haynes caracterizan su trabajo como "abrir" las historias de las parejas a nuevas interpretaciones.

La coherencia narrativa dentro de cada narración y a través de varias narraciones nunca es total. Aunque siempre esté presente en alguna medida (puesto que los relatos nunca se narran fuera de los marcos interpretativos que construyen las relaciones parte/todo), la consolidación del significado de la narración nunca es completa.

9. Las ideas de Pearce y Cronen (1980) de la fuerza contextual e implicativa son útiles para entender la relación entre un sistema narrativo y una historia en construcción.

10. Éste fue un descubrimiento realizado en el análisis narrativo de una sesión de mediación en la cual volvió a aparecer una pauta interaccional conflictiva cuando un disputante hizo referencia a *una porción* de su narración justificativa. Aunque ya se había firmado el acuerdo, la referencia a esa narración renovó la lucha. Continuó la pauta de acusación/justificación.

A su vez, el grado de coherencia está en función de un segundo rasgo de la narración que materializa la metáfora de la "narración de historias": *el cierre narrativo*.

El cierre y las narraciones del conflicto en la mediación

Las historias del conflicto son notoriamente rígidas, muy proclives a volverse a escenificar y reacias al cambio, no porque las personas no estén dispuestas a resolver los conflictos, sino porque la historia misma del conflicto tiende a autoperpetuarse: presenta "cierre". Por cierre narrativo entendemos los procesos autopoyéticos o autogenerativos a través de los cuales las narraciones se cierran a interpretaciones alternativas (Varela, 1979). Aunque las teorías interpretativas a menudo conducen a un relativismo incontrolable, el carácter determinado del significado de la narración es obvio en la vida cotidiana; en teoría, las narraciones están abiertas a infinitas interpretaciones, pero en la práctica las interpretaciones alternativas posibles son limitadas, cuando no están totalmente excluidas. Esto se debe a que la interpretación es una "tradición viva" (MacIntyre, 1981) insertada en las relaciones específicas de rol y en las prácticas locales. Aunque estas tradiciones delimitan los significados posibles, la narración en sí también lo hace, para satisfacer los requerimientos discursivos de las interpretaciones, relaciones y prácticas locales.

Aunque el cierre no es nunca completo, los relatos lo generan *estabilizando* los puntos que amenazan modificar las relaciones parte/todo abarcadas por la coherencia narrativa. Estos puntos son lugares del relato desde los cuales se puede desestabilizar o hacer desestabilizantes las relaciones entre la trama, los personajes y los temas (Sluzki, 1992), por medio de la modificación de tales elementos: los cambios de trama desestabilizan la causalidad narrativa,[11] los cambios en los roles de los personajes desestabilizan las po-

---

11. En la mediación, gran parte del trabajo que se realiza para estabilizar la interpretación narrativa apunta a las intenciones atribuidas a los disputantes: cada

siciones asignadas de víctima y victimario, y los cambios en los temas pueden reorganizar los marcos morales utilizados para evaluar la acción. Por ejemplo, si la Persona A llega a la mediación para pedir que la Persona B pague la reparación de un auto, la primera tendrá que demostrar por qué la segunda es responsable de los daños. Sin duda, la adecuación de la "teoría de la responsabilidad" estará en función de la relación de roles entre A y B: si A es un padre que ha autorizado a B a usar el auto, creará un problema proponer que B pague los daños, en vista de la concepción cultural de las relaciones entre padres e hijos. En cambio, si B es un compañero de trabajo que pidió el automóvil prestado, requerirle que pague los daños resulta más viable. La adecuación narrativa está también en función de las secuencias construidas de la trama: si la Persona B provocó los daños por falta de cuidado y después mintió para protegerse, el requerimiento de la Persona A es sumamente legítimo. Pero si la Persona B dañó el auto porque funcionaba mal un semáforo, esto puede socavar la exigencia de que se haga responsable. Podemos predecir dónde aparecerán los lugares de cuestionamiento: donde están en juego la causalidad, las relaciones entre los roles y los valores.

El "trabajo" discursivo para cerrar el paso a interpretaciones alternativas exige la contextualización de los lugares más inestables de la relación, donde pueden multiplicarse los significados (Derrida, 1978). Esto se realiza mediante "enmarcamientos internos": los disputantes contextualizan los lugares inestables elaborando una subtrama que explica el acontecimiento, los roles de los personajes o el tema. A menudo un disputante estabiliza las narraciones de este modo *antes* de que los otros disputantes dirijan su cuestionamiento a esos sitios y, de hecho, yo diría que gran parte de esta estabilización se realiza antes de la sesión de mediación, cuando las personas ensayan el relato de la historia en su propia red.

---

lado dice del otro que "tiene la intención de hacer daño" y, en consecuencia, los disputantes cuestionan diversas porciones de las narraciones de los otros mientras "trabajan" para abrir los relatos a interpretaciones alternativas (Cobb, 1992b).

Como en el caso de la coherencia narrativa, el cierre varía en distintos relatos; algunos son más estables que otros. Hay dos factores que diferencian las narraciones en cuanto a su estabilidad (cierre): la completud narrativa y la resonancia cultural. Cuanto más "completo" es el relato, menos vulnerable resulta a la interpretación alternativa y a la transformación; cuanto más completo es el relato, más "profunda" resulta la estructura jerárquica.[12]

De la estructura narrativa pueden presentarse un modelo horizontal y un modelo vertical. La estructura horizontal despliega la secuencia de acontecimientos en una trama principal; por estructura vertical entendemos la contextualización de los relatos que enmarcan porciones de la línea argumental principal, estabilizando el significado en sitios clave. La estructura vertical se construye de modo variable en la interacción; es posible que porciones de la estructura horizontal se expongan *después* de narrar relatos que contextualizan los roles de los personajes, o viceversa: la secuencia del relato no puede predecirse sobre la base de la estructura.[13] También es impredecible la complejidad vertical de la estructura: porciones de una narración pueden ser enmarcadas por cualquier participante en la sesión, en cualquier turno. Como los relatos se construyen de modo variable, entre las narraciones de los disputantes hay diferencias de cierre narrativo, y algunos relatos presentan más estabilidad que otros. Por ejemplo, es probable que las histo-

12. Esta idea de la "estructura narrativa vertical" es una adaptación del sistema de significados de Pearce y Cronen (1980); estos autores partían del supuesto de que el significado está siempre en función de los contextos, a su vez contextualizados por otros niveles del significado. Véase el empleo de esta jerarquía por Shailor (en prensa), para distinguir las funciones contextuales de las historias en la mediación; algunas historias sobre relaciones realizan un enmarcamiento interior de historias sobre episodios, o viceversa. Esta jerarquía es de naturaleza refleja, y por lo tanto, simultáneamente estable y en evolución. Véase Cronen, Pearce y Tomm (1986), "Radical Change in the Social Construction of the Person".

13. Una vez más me refiero a la investigación de García (1991) y también a la mía (Cobb, 1992b), porque estos dos estudios revelan pautas en el ordenamiento temporal del relato *a pesar de la regulación de los turnos.*

rias de niños sean menos estables que las de adultos (Cobb y Rifkin, 1991a). Desde esta perspectiva puede considerarse que las variaciones del cierre están en función de la completud o la complejidad narrativa.

Las variaciones del cierre narrativo pueden también depender de la resonancia cultural; algunas historias resuenan más con los mitos culturales dominantes. Por ejemplo, las que presentan una lógica basada en reglas son más eficaces en escenarios jurídicos que las historias que presentan una lógica relacional (Conley y O'Barr, 1990a). Como es más probable que las mujeres cuenten historias "relacionales", también existe mayor probabilidad de que sus historias sean transformadas por otros, que es posible que contribuyan a la construcción de acuerdos en la mediación cuando sus propios "intereses" no están en juego (Germane, Johnson y Lemon, 1985). Los relatos que se asemejan a historias culturales dominantes tie-, nen más estabilidad, porque la cultura global ya ha realizado el "trabajo" de cerrar los sitios del discurso donde esos significados pueden ser cuestionados. Pero, como ya he señalado, el cierre nunca es completo y el cuestionamiento resulta inevitable en la mediación, pues los disputantes refutan, niegan y elaboran el contexto discursivo en el que se ubican ellos mismos y los ubica el otro. Es en este proceso de cuestionamiento y reformulación donde se hace visible la *interdependencia* de los relatos del conflicto, un tercer rasgo de la narración que contribuye a la materialización de la metáfora de la narración de historias.

La interdependencia de los relatos del conflicto en la mediación

Ya he señalado que las narraciones del conflicto funcionan como "teorías de la responsabilidad". En tal carácter, vinculan un desenlace negativo con las acciones de un agente, proporcionan la justificación racional de esas acciones y discuten su efecto sobre otros (y sobre el propio disputante). Con suma regularidad, los disputantes construyen al "otro" o a los "otros" como responsables del desenlace negativo, lo que tiene dos consecuencias discursivas: 1) la construcción de uno mismo como víctima y 2) la construcción del otro como victimario.[14]

Dentro de los relatos del conflicto, y entre ellos, los roles de víctima y villano son interdependientes: dentro de una narración, la validez de la posición de víctima se basa en la construcción del villano; entre narraciones, los roles de víctima y villano constituyen *pautas* en las secuencias explicativas: las acusaciones conducen a justificaciones y, por lo general, a otras acusaciones.

En la mediación, los disputantes construyen al "otro" a través de las posiciones negativas del discurso, mientras se construyen a sí mismos a través de las posiciones positivas. Una posición negativa de discurso es una ubicación social deslegitimada (Fairclough, 1989), construida mediante la atribución de malas intenciones o la asignación de rasgos o rótulos caracterológicos negativos (Cobb y Rifkin, 1991b).[15] En la mediación equivalen a los roles de victimario. Las posiciones positivas del discurso son ubicaciones sociales en el discurso construidas a través de la atribución de buenas intenciones y rasgos o rótulos caracterológicos positivos; equivalen a los roles de víctima. Por ejemplo, Betty cuenta que su desalojo fue provocado por "la intromisión" de Susan, la que, a su vez, fue causada por los celos de esta última. En relación con esto, Betty se describe como una mujer que "se ocupa de sus cosas" y sabe "dejar pasar" (lo opuesto de una persona celosa que "se aferra al pasado"). El rol de victimario *depende* del rol de víctima; la misma moral utilizada para deslegitimar al otro es a menudo invertida en la legitimación de uno mismo.

La interdependencia de las narraciones del conflicto se hace vi-

---

14. En la práctica, los disputantes no atribuyen el desenlace negativo a sus propias intenciones ni al destino, el azar o la suerte, sino que sistemáticamente culpan a las malas intenciones del "otro". Por esta razón, la atribución de intenciones negativas en la narración parece constituir un requerimiento discursivo para la construcción de una narración del conflicto (Cobb, 1992b).

15. Esta formulación es un equivalente basado en el discurso de la observación de Watzlawick, Beavin y Jackson (1967), en el sentido de que los pacientes identificados son descritos por los otros como locos o malos.

sible en las secuencias de explicación que estructuran la interacción. Las acusaciones (en las cuales se construyen las posiciones de victimario) son seguidas por justificaciones, negaciones y excusas (Cobb, 1992b, García, 1991). Aunque García ha observado que no todas las acusaciones son acompañadas de justificaciones, negaciones o excusas (pues un disputante no necesariamente presta atención a cada una de las acusaciones del otro, sino que presumiblemente se detiene en las que le crean más problemas a su propia narración), sus descubrimientos demuestran que la pauta de acusación/justificación/negación/excusa se prolonga a pesar de la regulación de los turnos: las personas se defienden a sí mismas y culpan a los otros.

En las narraciones del conflicto, en la mediación, la interdependencia de las posiciones abroquela la inculpación y genera relaciones confrontativas; mientras cada parte se legitima a sí misma, deslegitima a la otra. Cuando una parte es deslegitimada, inevitablemente trata de modificar la narración en la cual se la ubica en una posición negativa, pero el análisis del relato demuestra que las justificaciones, negaciones y excusas tienen la función de reproducir, más a menudo que la función de hacer evolucionar la narración en la cual el disputante es deslegitimado (Cobb y Rifkin, 1991b; Rifkin y otros, 1991). Esto explica los ciclos de escalada que escenifican los conflictos. En este caso la teoría de la narración proporciona una justificación racional de la intervención de un tercero en los conflictos: *en el interior* de las estructuras narrativas, los disputantes reproducen las historias del conflicto en el mismo momento en que intentan transformarlas. La resolución del conflicto exige la intervención de un tercero precisamente porque éste puede modificar las posiciones discursivas de las personas y, en el proceso, generar una nueva pauta de interacción, una nueva interdependencia.

En conjunto, estos tres rasgos narrativos (la coherencia, el cierre y la interdependencia) indican que las etapas del proceso de mediación no pueden regular por sí solas la construcción ni la transformación de los relatos del conflicto: 1) las historias del conflicto se construyen con grados variables de coherencia; 2) presentan grados variables de cierre, y 3) la redundancia en las secuencias interaccionales, la evidencia de interdependencia narrativa, sugieren que el relato de historias del conflicto, contrariando la ideología de la mediación, puede en realidad reproducir el problema en lugar de resolverlo.

El hecho de que "uno pueda contar su historia" no es ninguna garantía contra la marginalización o el dominio. Pallai (1991) ha observado que la dominación y la marginalización están en función de la medida en que las personas pueden autodefinirse en el discurso y, añadiría yo, de la medida en que esas autodefiniciones son elaboradas por los otros (Cobb, 1992a). Si yo cuento historias sobre mí mismo y ellas no son elaboradas por los otros, he sido efectivamente silenciado, aunque haya "contado mi historia" (Belenky, Clinchy, Goldberger y Tarule, 1986). Para adoptar una perspectiva narrativa de la mediación es necesario examinar las consecuencias de la coherencia, el cierre y la interdependencia narrativos como rasgos de los relatos del conflicto que permiten una nueva comprensión de la relación entre el proceso narrativo y la política narrativa.

La mediación como intervención narrativa

La teoría actual de la mediación equipara la intervención con la regulación del proceso (Marlow y Sauber, 1990; Polenski y Launer, 1986; Rogers y McEwen, 1989). Por lo general, esta regulación incluye la provisión de un contexto para que cada participante "cuente su historia", para que se exprese y escuche, y para regular los turnos en el uso de la palabra, programar sesiones públicas y privadas, explorar alternativas, crear opciones y construir un acuerdo. Se supone que la regulación del proceso de la mediación funciona con independencia de la regulación del contenido, pero la perspectiva narrativa cuestiona esta distinción.

La coherencia narrativa y la distinción proceso/contenido

Si, como ya he dicho, existen variaciones en la coherencia narrativa de las distintas historias, se sigue que las que presentan algunos disputantes son más coherentes (más completas y con mayor resonancia de la cultura). Esta variación se produce a pesar de la regulación del proceso de la mediación (Cobb y Rifkin, 1991b).[16] Las consecuencias políticas son dos: 1) las historias menos coherentes pueden ser dominadas o marginalizadas por narraciones más coherentes, y 2) las historias menos coherentes pueden no constituir una base satisfactoria para la construcción de acuerdos.

Teóricamente, las narraciones menos coherentes (incompletas, sin resonancia cultural o con relaciones parte/todo dudosas) tienen menos probabilidades de que sean elaboradas por los otros (Cobb y Rifkin, 1991b), y por lo tanto es más probable de que sean marginalizadas, subsumidas en una narración más coherente (Lubiano, 1992). El consenso no se logra a partir de partes iguales de historias múltiples, sino que evoluciona a través de la subordinación (inclusión) de las narraciones que amenazan la coherencia de la historia dominante (Gramsci, 1971).

Las variaciones de la coherencia narrativa tienen también consecuencias para nuestra concepción de la construcción de acuerdos en la mediación. Si entre las narraciones hay disparidad en términos de coherencia, y si la narración menos coherente no es adoptada o elaborada por los otros (siendo en cambio colonizada por el relato dominante, más coherente), el acuerdo no reflejará las historias de ambos disputantes. Incluso cuando la narración menos coherente no es colonizada, por definición puede decirse que no contiene tanta información como un relato más coherente: las estructuras de la

16. Por ejemplo, aunque hay una etapa de "recolección de información", las preguntas que los mediadores hacen no están sistematizadas, y no hay orientaciones para formularlas. Véase en Cobb (1992a) un dispositivo para sistematizar las preguntas.

trama pueden ser incompletas, los temas pueden estar sólo implícitos, los roles de los personajes pueden carecer de justificación racional, los mitos culturales pueden contradecir el significado de la historia. El resultado es que las narraciones menos coherentes aportan
menos a la estructura y el contenido del acuerdo de la mediación.

La coherencia dispar de las narraciones puede llevar a la marginalización de ciertos disputantes y a la construcción de acuerdos injustos. El único remedio es la regulación de *la construcción* de la historia; esto supone formular un conjunto de preguntas a ambos
disputantes, para facilitar el desarrollo de narraciones completas y
también con resonancia cultural. La perspectiva narrativa en la mediación implica que los mediadores necesitan regular la construcción de las historias con respecto a la coherencia narrativa; este
mandato desafía la distinción tradicional entre el proceso de la mediación y el contenido de la disputa: para regular el proceso, los
mediadores deben manejar la construcción del contenido.

El cierre narrativo y la distinción proceso/contenido

El concepto de cierre narrativo también le plantea una
amenaza a la distinción nuclear de la mediación entre proceso y
contenido: si aceptamos la noción de que las narraciones se cierran
a interpretaciones alternativas mediante la contextualización de los
lugares donde el significado es inestable, la mediación se convierte
en un proceso que requiere la desestabilización de las narraciones,
mediante la ruptura de la organización vertical y horizontal de la
estructura narrativa.

Si asumimos el supuesto de que los conflictos perduran debido
a la estabilidad de sus narraciones (y de que las pautas conflictivas
de interacción son el resultado inevitable de esta estabilidad), para
mediar en el conflicto es imprescindible "abrir" los relatos a interpretaciones alternativas. Esto no sólo exige el examen de la estructura narrativa vertical, en busca de los sitios donde el significado es
potencialmente inestable, sino también que los mediadores cuestionen el significado en esos lugares, anulando parte del "trabajo" realizado por los disputantes para cerrar el paso a interpretaciones al-

ternativas de sus historias. La *desestabilización* puede lograrse empleando preguntas circulares (Fleuridas, Nelson y Rosenthal, 1986; Tomm, 1987),[17] reenmarcamiento (Putnam y Holmer, 1992; Watzlawick, Weakland y Fisch, 1974), connotación positiva (Selvini-Palazzoli, Boscolo, Ceechin y Prata, 1980; Solomon y Rosenthal, 1984) y externalización (White y Epston, 1990). Este proceso de desestabilización de los relatos disuelve eficazmente la distinción entre proceso de la mediación y contenido narrativo. Una vez más, la regulación del proceso involucra la regulación (el control) del contenido.

La interdependencia narrativa y la distinción proceso/contenido

La interdependencia narrativa también cuestiona el tabú de la distinción entre proceso y contenido: las posiciones positiva y negativa del discurso son mutuamente constitutivas, dentro de cada relato y en dos o más narraciones. Dentro de cada relato, la posición positiva de una persona depende de la posición negativa de la otra; entre narraciones, las acusaciones llevan a justificaciones que conducen a más acusaciones. Esta pauta abroquela el conflicto y rigidiza los marcos morales utilizados para comprender y evaluar los roles de los personajes. Cuando el orden moral se solidifica, los disputantes deslegitimados quedan presos en el relato de los otros, incapaces de participar en la construcción de su propia legitimidad.

Los cambios en las pautas de la interacción exigen que se modifiquen las posiciones en el discurso construidas por los disputantes para ellos mismos y los otros, un pasaje de la posición negativa a la positiva para "el otro" dentro de la narración de cada participante. Esta *transformación* puede lograrse por medio de la connotación positiva y conduce al desarrollo de lo que Sluzki (1993) ha denominado "historia mejor formada".

17. Véase en Gadlin y Oulette (1987) una discusión de la aplicación de las preguntas circulares a la mediación. Véase también la descripción de Sluzki (1992) sobre la microfísica de la transformación narrativa.

Los tres rasgos de la perspectiva posestructural de la narración (es decir la coherencia, el cierre y la interdependencia narrativos) cuestionan en conjunto los supuestos actuales sobre la naturaleza de la mediación como un proceso de intervención en conflictos. No obstante, una vez adoptada, la perspectiva narrativa hace algo más que cuestionar la teoría de la mediación: también nos permite describir la intervención en el conflicto como una construcción narrativa, una desestabilización narrativa y una transformación narrativa. De tal modo, esta perspectiva ofrece un marco teórico que no sólo refuta los supuestos existentes sobre la práctica de la mediación, sino también proporciona una base para reconceptualizar la intervención en conflictos.

Conclusión

La "narración de historias" es más que una metáfora; la práctica de la narración de historias, así como el contenido de las historias específicas, tiene importancia para el desarrollo de nuevas tecnologías de intervención y de nuevos marcos analíticos para comprender esas intervenciones. Esto, a su vez, conmueve las bases de los mandatos éticos relacionados con la neutralidad y el otorgamiento de poder: si la regulación del proceso de la mediación requiere la regulación de contenido narrativo, ¿cómo podrían los mediadores permanecer "distanciados", "equidistantes", "no tendenciosos"? Si los mediadores deben controlar la transformación de las historias, ¿quién es responsable de la construcción del acuerdo?

La materialización de la metáfora de la narración de historias abre una caja de Pandora de interrogantes sobre la política y la pragmática de la práctica de la mediación. Pero también otorga importancia a las historias narradas: ellas tienen características de estructura y proceso que afectan la resolución del conflicto y la construcción social de los mundos de los disputantes (y también de los mediadores).

Segunda parte

DANDO FORMA A LA REALIDAD
A TRAVÉS DEL DISCURSO

Segunda parte

DANDO FORMA A LA REALIDAD
A TRAVÉS DEL DISCURSO

¿De qué modo las concepciones de la moral, el conflicto y la justicia que tienen los disputantes y el tercero influyen en los desarrollos durante la intervención? ¿Cómo pueden los terceros y los disputantes abordar las diferencias profundas?

4

LA ESTRUCTURA PROFUNDA DE LA REALIDAD EN LA MEDIACIÓN

Stephen W. Littlejohn
Jonathan Shailor
W. Barnett Pearce

L a gestión del conflicto supone manejar las diferencias de metas, intereses y opiniones de diversos individuos o grupos. Las preocupaciones clave de quien maneja el conflicto son cómo resolver estas diferencias, cómo facilitar una solución ganar-ganar o cómo crear una atmósfera en la cual esas diferencias puedan tolerarse sin que destruyan la vida y el trabajo de los involucrados. Lo que se dice en un conflicto refleja una realidad subyacente, y las metas, los intereses y las opiniones divergentes pueden o no basarse en una realidad compartida. Cuando no lo hacen, manejar el conflicto se vuelve muy difícil. Como dice Lovins (1977), "Nuestra sociedad sólo tiene mecanismos para resolver conflictos de intereses, y no conflictos de modos de ver la realidad" (pág. 12).

En nuestra investigación nos han interesado especialmente las situaciones en las que el conflicto proviene de la existencia de diferentes realidades sociales (por ejemplo, Freeman, Littlejohn y Pearce, 1992; Littlejohn, Higgins y Williams, 1987; Littlejohn y Stone, 1991; Pearce, Littlejohn y Alexander, 1989). Empleamos la expresión "realidad social" como rótulo general para el significado mediante el cual un comunicador interpreta y actúa en una situación social. Las realidades sociales son modos de comprender la propia

experiencia elaborada a través de la interacción (Berger y Luckmann, 1966; Gergen, 1985; Littlejohn, 1992).

Cuando las cuestiones de una disputa están en la superficie y reflejan una diferencia muy pequeña en la realidad social subyacente,
es más fácil resolverlas que cuando se despliegan en un nivel más
profundo. Si las diferencias involucran concepciones de la moral,
el conflicto y la justicia que no tienen una base común, pueden ser
realmente de resolución muy difícil (Kressel y Pruitt, 1989a, pág.
404). Es como si una persona jugara al ajedrez y su oponente, a las
damas, en el mismo tablero.

Los propios mediadores operan en una realidad social que puede corresponder o no a la de los disputantes. La mediación, entonces, supone una tríada de realidades entre los disputantes y el mediador, y el éxito o el fracaso de la intervención pueden depender
de la medida en que las tres realidades se corresponden o coordinan y del grado en que los mediadores y los disputantes tomen en
cuenta sus diferencias potencialmente profundas. Al mediador le
corresponde una responsabilidad especial; debe reconocer que
también él opera a partir de una realidad social construida, debe
comprender en qué consiste esa realidad, interpretar la realidad
del cliente y trabajar para conseguir algún tipo de coordinación entre estas posiciones. Como veremos en este capítulo, no siempre se
asume esa responsabilidad.

La investigación

La investigación sobre la que informaremos en este capítulo forma parte de una serie de estudios interpretativos de casos
de mediación realizados en la Universidad de Massachusetts (Littlejohn, Pearce, Hines y Bean, 1986; Littlejohn y Shailor, 1986; Shailor, 1992; Shailor y Pearce, 1986). La investigación interpretativa
aborda interrogantes distintos de los que se han planteado la mayoría de los estudios sobre la mediación. En lugar de centrarnos en
los efectos generalizables de la mediación y en las técnicas comunes
de los mediadores, nosotros enfocamos pautas de comunicación

particulares en episodios específicos de mediación, incluyendo en nuestro examen los modos en que los propios participantes experimentaron esos episodios. Este tipo de investigación exige el análisis del discurso real producido en casos particulares de mediación y una consideración cuidadosa de las circunstancias de cada caso. Cuando el discurso de los mediadores y los disputantes en casos reales se examina cuidadosamente, es posible revelar los diversos puntos fuertes y débiles de la práctica, y por lo tanto nuestra investigación tuvo una orientación crítica.

Esta investigación abarcó estudios de casos realizados en conjunción con el Proyecto de Mediación de Massachusetts en Amherst. Incluyó el examen de los métodos y el entrenamiento utilizados en el centro, la participación en sesiones de mediación simuladas, la observación en vivo y el estudio de vídeos de algunos casos de mediación, el análisis cuidadoso de ciertos segmentos del discurso producido en estos y otros casos, entrevistas con los mediadores inmediatamente después de las sesiones observadas e interrogatorios a los mediadores y a miembros del personal de mediación varios días después de cada caso.

Exploramos las dimensiones de la realidad social que operaban en las disputas mediadas, las diferencias entre las realidades sociales y las posibles dificultades de la mediación en disputas cívicas para abordar este estado de cosas. Nos concentramos también en los problemas de la coherencia y coordinación en la mediación (Cronen, Pearce y Harris, 1982; Pearce, 1989; Pearce y Cronen, 1980). La coherencia consiste en dar sentido, en el logro de claridad en la comunicación, y la coordinación supone armonizar u organizar las acciones de un modo tal que las pautas de la interacción les parezcan lógicas a los diversos participantes involucrados. Nos interesaba saber cómo se respondían los disputantes entre sí y de qué modo cambiaban esas respuestas en el curso de una sesión de mediación. También queríamos saber cómo la conducta del mediador generaba cambios en las respuestas de los clientes.

En esta fase de nuestra investigación abordamos ocho casos: 1) una disputa familiar en la cual la madre, el hijo y el padrastro del niño intentaron elaborar ciertas cuestiones que creaban problemas entre ellos; 2) el caso de un sastre y un cliente, que disputaban por la compensación monetaria que exigía el cliente pues a su juicio el sastre le había reformado mal un saco; 3) un caso en el que cinco compañeros de vivienda objetaban ciertas conductas de otro miembro del grupo; 4) una disputa entre dos compañeros de vivienda y un individuo al que le habían subalquilado el departamento durante el verano; 5) una agresión entre dos mujeres y un triángulo amoroso; 6) la disputa de una pareja cuya relación se deterioraba; 7) un acuerdo de división de bienes entre los socios de una relación; 8) un divorcio, en el que la pareja intentó elaborar las cuestiones de la propiedad de la casa y la tenencia de los hijos. La mediación en el divorcio se examina con más detalle en este capítulo, como un estudio de caso ampliado.

El modelo interpretativo

Sin pretender que agotamos el punto, podemos definir las realidades sociales importantes como compuestas por tres partes: la realidad moral, la realidad del conflicto y la realidad de la justicia. La realidad moral está compuesta por nuestros supuestos sobre lo que constituye una vida humana decente. La realidad del conflicto incluye los significados que una persona atribuye al conflicto en sí. La realidad de la justicia está formada por nuestros supuestos sobre los criterios que deben zanjar los conflictos. Tanto las semejanzas como las diferencias entre las realidades de los mediadores y los disputantes pueden analizarse en los términos de este modelo.

La realidad moral

Las realidades morales consisten en supuestos sobre la conducta correcta. Son profundos principios filosóficos que definen lo que significa ser una persona y vivir una vida (MacIntyre, 1981; Shotter, 1984) e incluyen nuestros supuestos morales fundamentales.

Partiendo del trabajo de Bellah y sus colegas (1985), nosotros identificamos cuatro posturas morales un tanto superpuestas que prevalecen en la sociedad norteamericana: la bíblica o autoritaria, basada en la dirección de la Escritura o la autoridad divina; la republicana, que supone la idea de los deberes cívicos y el servicio público; la utilitaria, que intenta la satisfacción de los intereses individuales negociando acuerdos con los otros, y la expresivista, que aspira al logro de derechos individuales y a la libre expresión.

Estas realidades no son necesariamente incompatibles, aunque pueden serlo algunos de sus elementos. Las realidades tradicional y republicana comparten una visión que atribuye importancia a la comunidad. Las realidades utilitaria y expresivista ubican a la persona por encima de la comunidad. Las realidades republicana y utilitaria suponen el trabajo conjunto con otros, aunque sus ideas de lo que ese trabajo debe incluir difieren sustancialmente. Aunque Bellah y sus colegas piensan que los individuos adoptan por lo general un estilo predominante, basado en una de estas concepciones del mundo, los miembros de una sociedad pluralista pueden asumir elementos de diversas cosmovisiones y pasar periódicamente de una cosmovisión a otra.

La realidad del conflicto

La segunda parte de nuestro modelo es la realidad del conflicto. Ésta consiste en los significados que los participantes atribuyen al conflicto en sí. Está compuesta por dos elementos: una definición del conflicto y una idea de cómo hay que manejarlo. Puede haber numerosas realidades del conflicto. Las obras de Zartman (1978) y Kilmann y Thomas (1975) han sido útiles para identificar los elementos de la realidad del conflicto. En nuestros análisis, nosotros empleamos nueve categorías. A los fines de la discusión, estos modelos pueden agruparse en tres tipos.

La confianza en ajenos. Dos modelos caen en esta categoría. Para el *modelo judicativo,* el conflicto está constituido por reclamos diferentes en torno a un estado de cosas que debe ser resuelto por un funcionario, sobre la base del peso de las argumentaciones. Son ejemplo los juicios en tribunales y el arbitraje. El *modelo de autoridad* define el conflicto como una diferencia de opinión o acción que debe ser zanjada por una autoridad, en concordancia con preceptos culturales o religiosos. Estos conflictos aparecen a menudo en sociedades primitivas y tradicionales, y en las religiones conservadoras, casos en los que un chamán, un sacerdote o un anciano toman una decisión basándose en un conocimiento especial de las leyes y reglas.

Manejo del conflicto. El manejo del conflicto incluye cinco modelos. El *modelo de mantenimiento* ve el conflicto como sano, funcional o inevitable, y como algo que hay que promover, mantener, manejar o soportar. El *modelo de la negociación económica* aplica un enfoque de intercambio, para el cual el conflicto está constituido por objetivos opuestos y debe ser resuelto por medio de la negociación y las soluciones de compromiso. La negociación colectiva es un ejemplo, y la mayoría de las mediaciones siguen este ideal. El *modelo del poder* ve el conflicto como una lucha por los recursos, en la cual prevalecerá el más fuerte, como en una pelea o en la guerra. El *modelo de la coalición* define el conflicto como una diferencia de opiniones e intereses que se zanja en función del peso de los alineamientos, como en una elección. El *modelo del consenso* ve en el conflicto una diferencia de opiniones sobre soluciones alternativas, que se zanja mediante la discusión y la resolución creativa de problemas.

Evitación y prevención. Los dos modelos de la *evitación* y la *prevención* son el liberal y el de la evitación del conflicto. Para el *modelo liberal,* el conflicto es una diferencia derivada de la libertad del pensamiento o la acción individuales, que hay que zanjar creando condiciones en las cuales se minimicen la interacción y la intervención, con lo cual se evitarán los choques. El *modelo de la evitación* considera que el conflicto es destructivo y dañino o doloroso para las personas, y que debe ser evitado. La diferencia primordial entre estos modelos consiste en que la motivación del primero es un deseo de llevar al máximo la libertad personal, mientras que la motivación del último resulta del temor al conflicto o del malestar que provoca.

Estas nueve imágenes del conflicto no son incompatibles, y a menudo se las utiliza en conjunción. Por ejemplo, el poder y la negociación suelen ir de la mano. Además, en las diferentes etapas de un conflicto pueden entrar en juego distintos modelos. Lo que comienza como un conflicto de poder puede convertirse en una situación de negociación, y finalmente resolverse en un juicio. Pero cada uno de estos nueve tipos atribuye una importancia especial a una sola característica, o da más prominencia a cierto aspecto particular del conflicto, y no todos son compatibles. El mantenimiento del conflicto, por ejemplo, entra en contradicción con la evitación del conflicto.

Aunque no se ha encontrado una adecuación exacta entre la realidad moral y la realidad del conflicto, nosotros pensamos que ciertas correspondencias son más probables que otras. Por ejemplo, si una persona sustenta una realidad tradicional, es más probable que adopte un modelo autoritario o liberal. Los republicanos probablemente se sentirán más cómodos con los modelos judicativos, consensual o de coalición, y los utilitarios, casi por definición, prefieren la negociación económica.

La realidad de la justicia

La realidad de la justicia consiste en los principios utilizados para establecer desenlaces o las consecuencias correctas de una resolución del conflicto. En los diversos casos que nosotros examinamos, pudimos encontrar tres tipos de realidad de la justicia, basados en parte en la obra de Tedeschi y Rosenfeld (1980). Ellos son: el castigo, como criterio de justicia; la competición, realidad según la cual lo que determina la justicia es el triunfo, y la distribución, en la cual la justicia supone la distribución equitativa de los bienes.

La *justicia punitiva* apunta a castigar a los malhechores. Aunque la mayoría de las teorías de la justicia definen el *castigo* como antitético a la justicia, muchas personas, en los conflictos reales, adoptan fácilmente este punto de vista (Dikaioi, 1980). La *justicia competitiva* consiste en maximizar las ganancias y minimizar las pérdidas. La competencia en bruto, aunque definida por la mayoría de las teorías como injusta, también suele imponerse en el calor de la disputa. Esta postura puede defenderse, desde el punto de vista capitalista, relacionándola con los beneficios sociales globales que genera. Si todos tienen igualdad de oportunidades para competir, el esfuerzo de maximizar las ganancias y minimizar las pérdidas puede conducir a un efecto promedio socialmente justo en el largo plazo (Dikaioi, 1980).

El tercer tipo de justicia es la *distributiva*. La mayoría de las teorías de la justicia son distributivas, porque la justicia es con mayor frecuencia definida como una distribución justa de los recursos. Desde luego, la dificultad reside en establecer los principios justos que se aplicarán en la distribución (Perelman, 1963). Son comunes cuatro principios distributivos generales.

La justicia del título distribuye los recursos en concordancia con calificaciones previas tales como la propiedad, el rango, el rol o la clase. Por ejemplo, en la mediación en un divorcio, un cónyuge puede aducir que a él o ella le corresponde la casa porque era propiedad suya desde antes del matrimonio. Aunque este tipo de justicia prevalece en muchas sociedades tradicionales, las sociedades modernas aplican versiones propias de esta noción. Son ejemplo los derechos a ser incluido en los programas de acción afirmativa y asistencia social.

La justicia igualitaria divide los recursos en partes iguales, sin considerar ningún otro factor. Los factores externos no son tomados en cuenta en la fórmula de la división, porque todo se distribuye en partes iguales. Por ejemplo, en la mediación en un divorcio se podría reclamar que el dinero obtenido de la venta de la casa se divida en partes iguales entre los cónyuges, con independencia de sus ingresos y de cuál de ellos haya sido el propietario original.

El tercer principio de distribución es la equidad (por ejemplo, Folger, 1984; Perelman, 1963). Como "equidad" por lo general significa "distribución justa", hay poco acuerdo sobre qué es exactamente. A nuestros fines, adoptamos la definición de las teorías de psicologenia social de la equidad (Adams, 1965; Folger, 1984; Tedeschi y Rosenfeld, 1980; Walster, Berschied y Walster, 1973), según las cuales la división se basa en el aporte o productividad originales, en concordancia con el principio de "a cada cual de acuerdo con su trabajo". Quienes aportan más, reciben más. Por ejemplo, un cónyuge puede reclamar una porción mayor del dinero obtenido por la venta de la casa, en razón de haber aportado más para pagarla.

El principio final de la distribución es la justicia de bienestar social. Esta norma distribuye los recursos según algún beneficio determinado por un sistema global. La más conocida teoría contemporánea de la justicia (Rawls, 1974) es una teoría de bienestar social. Imagina una sociedad en la cual cada persona tiene la mayor libertad posible, sin limitar la libertad de los otros, y los bienes están distribuidos de tal manera que se beneficia a los menos favorecidos. Otra manera de enunciar este principio es "a cada uno según sus necesidades", aunque se podrían adoptar otras normas de bienestar social. Un ejemplo de justicia de bienestar social sería el del cónyuge que quiere quedarse con toda la casa, porque él o ella tienen la tenencia de los hijos, que necesitan un hogar.

Estudio de un caso

Para explorar los problemas de las realidades sociales divergentes en la mediación e ilustrar el modelo interpretativo, consideremos uno de nuestros casos más interesantes. El caso de divorcio debía abordar una disputa entre los miembros de una pareja, a quienes llamaremos Roy y Jane. Según la sentencia de divorcio, Roy se quedaría con los niños y la casa, y Jane debía pasar alimentos para los niños. Jane apeló esta sentencia, y el conflicto fue llevado a mediación; el procedimiento tomó siete horas, en tres sesiones a lo largo de un mes. En la época de la mediación, Jane vivía fuera del hogar, que era ocupado por Roy, los hijos y una nueva amiga del hombre. No se llegó a ningún acuerdo, y presumiblemente el caso volvió a los tribunales.

Uno de los coautores asistió a todas las sesiones, observando desde atrás de un espejo transparente. Tomó numerosas notas y gravó en vídeo toda la mediación. Además, ambos disputantes y los mediadores fueron entrevistados en el curso de los cinco días subsiguientes a la finalización del proceso. A continuación vimos toda la mediación en vídeo, escuchamos las cintas grabadas de las entrevistas, y juntos analizamos globalmente el caso, más o menos como lo habíamos hecho en oportunidades anteriores. Más tarde transcribimos varios segmentos de la mediación para realizar un análisis más cuidadoso.

Las realidades sociales del esposo y la mujer eran totalmente distintas, y esta diferencia explica en gran parte que hayan sido incapaces de llegar a un acuerdo. Aunque la realidad social de Roy es un tanto compleja y difícil de caracterizar, parece asignar importancia a tres conjuntos de supuestos sobre la moral, el conflicto y la justicia. Su postura moral es tradicional, en el sentido de que valora el hogar y la familia por sobre las necesidades y deseos individuales. Su concepción del conflicto es liberal, en cuanto quiere que lo dejen tranquilo con su nueva compañera, y "sacarse de encima" a su ex esposa. La versión de la justicia de Roy puede caracterizarse como "justicia de bienestar social", en cuanto él parece buscar un acuerdo que sea mejor para los niños y toda la familia, y no ya para los disputantes como individuos.

El discurso de Roy expresaba algunas creencias. Se refirió a los términos de la sentencia de divorcio como "una reivindicación". Se enorgullecía de haber convertido la casa, que era "un desastre", en "un hogar en el que se ahorraba energía", y tenía una visión prolija de su nueva familia, formada por su compañera de ese momento y sus hijos. Manifestó el deseo de permanecer "separado" de Jane y de no ser "manipulado" por ella. A su juicio, las acciones de Jane desde el divorcio, que incluían sus solicitudes al funcionaro que controlaba la *probation* familiar, su participación en decisiones sobre la escolaridad de los niños y su apelación de la sentencia de divorcio, eran intentos impropios de mantener una relación con él, que afectaban de modo directo su esfuerzo por construirse una nueva vida. Según la percepción de Roy durante el matrimonio, Jane lo manipulaba y engañaba de modos que lo hacían sentir incompetente. Según él lo veía, la mujer siempre había dirigido y hecho planes para la familia. Relató, como significativo, el episodio siguiente. Después de haberse separado, a los dos les costó encontrar *baby-sitters* confiables. Un día, Jane entró en la casa "de él" sin siquiera saludar, tomó el teléfono y llamó a una nueva cuidadora. A Roy no le gustó nada, porque estaba seguro de que ya Jane "le diría a todo el mundo" que ella tenía que encargarse de cuidar a los niños, a pesar de que Roy estaba pagando por esa tarea. Roy veía a Jane como hedonista, manipuladora y egoísta. Rasgos "que quedan impunes" porque ella es enérgica y sociable. Según las propias palabras del hombre,

> Ella lo hace a pesar de sí misma, y tiene una especie de personalidad carismática. Es realmente burbujeante, sociable, divertida, de modo que todo queda impune y ella puede hacer su pequeño juego con la gente por algún tiempo, hasta que se dan cuenta de lo que está sucediendo.

En el curso de la mediación, Jane propuso que Roy le entregara de inmediato la mitad que le correspondía a ella del valor de la casa, sin esperar a que crecieran los niños. Con un plan escrito, sugirió que el hombre tomara una segunda hipoteca para obtener el dinero. A Roy lo encolerizó esta propuesta; percibía a Jane como irrazonable y egoísta. Pensaba que sólo podría entregarle su parte si vendía la casa, en la cual reposaba gran parte de su autoimagen. En síntesis, la propuesta de Jane le parecía un intento más de controlarle la vida:

> Me indigna que, después de que yo haya dedicado tanto trabajo, tanto tiempo y esfuerzo a la casa para que la familia tuviera un lugar donde vivir, Jane aparezca de pronto y diga: "Bien, lo lamento, Roy, se terminó, y no quiero vivir más contigo; por lo tanto, todo lo que has hecho es nulo y vacío: yo voy a destruirlo llevándome la mitad".

Roy caracterizó a Jane como ingenua, por no haber considerado las consecuencias de abandonarlo y, después, por tratar de evitarlas. Con poca simpatía por ella, quería que dejara de pretender que la mantuviera; específicamente, pensaba que la mujer tenía que emplearse, y no dedicar todo el día a la escuela, mientras le exigía la mitad del valor de la casa.

Roy aceptó participar en la mediación con la esperanza de que Jane retirara su apelación de la sentencia de divorcio. No obstante, la experiencia real de la mediación tuvo pocas sorpresas para él. Percibió a Jane tratando de "hacer su juego" con los mediadores. Observó que lloraba para ganarse la simpatía de ellos y que fingía sentirse física y psicológicamente amenazada por él. Al mismo tiempo, Jane trataba de "correr el programa" que tenía para él, introduciendo una lista mecanografiada que detallaba cómo Roy podía manejar su dinero para pagarle la mitad de la propiedad. Por otra parte, él utilizó la mediación como el único foro en el que podía expresarle sus sentimientos a Jane, porque ella se negaba a verlo e incluso a hablar por teléfono con él. Roy quería explicar que no era la venganza lo que lo llevaba a negarse a renegociar el veredicto del juez, sino que tenía buenas razones para ser inflexible. Entre esas razones se contaban su precaria situación económica, las esperanzas que cifraba en su nueva familia y su sensación de que Jane era la única responsable de la situación difícil que ella atravesaba, y que ella misma tenía que resolverla. Roy creía tener un propósito claro (aunque no lo veían así su mujer ni los mediadores): "sacarse a Jane de encima, fuera desalentándola con su intransigencia", o bien aceptando alguna propuesta "creativa" de su ex esposa que le permitiera "compensarla" sin "ir a la quiebra".

En síntesis, Roy tenía una realidad social un tanto compleja, basada en una visión moral tradicional, una concepción liberal del conflicto y un principio de bienestar social de la justicia. En agudo contraste con él, la realidad social de Jane era simple y clara. Para Jane, el individuo quiere y necesita ser preeminente, y las relaciones deben basarse en la optimización del "crecimiento y desarrollo" de cada persona. Ella veía el conflicto como una negociación económica, en la que los disputantes negocian y llegan a soluciones de compromiso. Para Jane, la justicia era la igualdad, y no quedaría satisfecha con ningún acuerdo que no estipulara una división en partes iguales de los recursos y las responsabilidades.

Jane se percibía a sí misma como competente y racional, y los dos reconocían que ella actuaba y pensaba más rápidamente que Roy; también reconocían que solían estar "fuera de sincronía". Además, a Jane le parecía que Roy no apreciaba sus aptitudes, y que la insistencia de él en vivir en una casa de campo (en lugar de mudarse a una ciudad estudiantil cercana) había hecho que ella perdiera oportunidades de crecimiento. Jane caracterizó los últimos años de su matrimonio como una época en la que ella se volvió mucho más autoconsciente e independiente, en parte porque su trabajo le permitió conocer algunas de las personas del *college* cercano:

> Y decidí entrar en el […] departamento porque era allí donde todo estaba… Allí yo sentía que todo estaba relacionado. Era realmente trabajar para mí, para mi carrera… Creo que Roy estaba un poco resentido por esto. Yo conocía a gente nueva. Me sentía estimulada.

Jane creía que su creciente capacidad para expresar sus necesidades y actuar sobre la base de ellas había hecho que su esposo temiera y desconfiara. La mujer dijo: "Siempre sintió que yo tenía éxito a expensas de él".

Su competencia le permitía "hacer malabarismos con muchas cosas", y se sentía responsable por sus propias necesidades y las de las personas con las que estaba relacionada, incluso Roy y los niños. Para ella, la responsabilidad, sumada a la capacidad, la obligaban a tomar la iniciativa en todas las cuestiones de la vida familiar. Cuando la relación con Roy se estaba deteriorando, Jane inició conversaciones nocturnas sobre los problemas de la pareja, se encargó en concertar entrevistas de asesoramiento psicológico para los dos, y a juicio de Roy elaboró el problema. Ser una madre competente era muy importante para Jane, y se sentía obligada a participar en el cuidado de sus hijos y hacer planes para el bienestar de ellos. También se sentía amenazada por la presencia de otra mujer en la casa de Roy, y la horrorizó escucharla decir: "Yo haré de madre ahora".

La percepción que tenía Jane de Roy era más complicada y menos explícita que la percepción que Roy tenía de ella. Jane lo describió como no comunicativo, irracional, amenazante e irresponsable, en contraste con sus propias cualidades de expresividad, racionalidad y responsabilidad. No parecía comprender cuán importante le resultaba a Roy independizarse de ella.

Jane recurrió a la mediación para negociar un acuerdo más equitativo que la sentencia del tribunal, y quería la presencia de un tercero porque temía a Roy. Describió una pauta recurrente de peleas a gritos cuando intentaban discutir estas cuestiones, y recordó que en una oportunidad el hombre la golpeó a ella y golpeó a uno de los niños. Como resultado, dijo, se sentía demasiado amenazada por la "presencia física" de Roy como para tratar de elaborar las cosas sin un tercero presente.

Tanto Jane como los mediadores pensaban que Roy emitió "mensajes mezclados" durante la mediación. Por una parte, manifestó no estar dispuesto a ninguna transacción, y resentido por la "intrusión" de su ex mujer; por otro lado, insistió en que ella iniciara una solución "creativa" con la que él pudiera estar de acuerdo. Jane pensaba que los mediadores trabajaban del mejor modo realizando una especie de "diplomacia de ida y vuelta", y culpó a Roy por el hecho de que no se hubiera llegado a un acuerdo. Según ella, "sencillamente no quería abordar esta parte de la cuestión. Todavía está furioso y vengativo".

De modo que la realidad de Jane era individualista, económica e igualitaria. La realidad social de los mediadores era típica y congruente con su entrenamiento. Su postura moral era utilitaria. Apuntaban a lograr un acuerdo por medio de una acción práctica y responsable. Concebían el conflicto como una negociación económica, y su noción de la justicia era distributiva. En conjunto, la realidad de los mediadores era afín a la de Jane, y las intervenciones de ellos se adaptaban mucho más fácilmente a la realidad de la mujer que a la de Roy.

Las estructuras profundas de estas realidades son como lógicas para la acción; orientan el modo en que los participantes entienden y responden a los otros. La pauta de la interacción en la mediación es el producto de una mezcla de estas lógicas y, en este caso, la lógica de la acción del mediador podía armonizar más suavemente con la de Jane que con la de Roy.

Por esta razón, los mediadores quedaron atrapados en la pau-

ta de interacción aparentemente irresoluble de la pareja. Jane
quería negociar y Roy consideraba que ése era un intento manipu-
lativo. Como lo ilustra el siguiente fragmento de diálogo entre los
mediadores y Roy, ellos no parecían comprender la perspectiva
del hombre:

Mediador:	La pregunta es si usted tiene algo que dar, y que nosotros po- damos ofrecerle a ella.
Roy:	Bien, pueden decirle que sí, que jugaría a la pelota con ella, pero ah, no. No voy a jugar con ella si esto significa que ten- go que estropear mi vida o la vida de mi familia.
Mediador:	La pregunta, Roy, es si usted tiene algo que dar.
Roy:	No, me parece que en realidad no tengo nada para dar...
Mediador:	Me extraña. Porque, realmente, pienso que éste es el punto en el que estamos ahora. Usted tiene que dar algo...
Roy:	¿Qué va a darme Jane a mí?
Mediador:	Bien, quizás a usted no le guste la propuesta, pero ella trajo una. Y necesitamos escuchar algo.
Roy:	No, no puedo hacerlo esta noche. No. Porque, si lo hiciera, saldría de aquí sintiendo que me están haciendo precipitar... No voy a permitir nunca que esto vuelva a ocurrirme con Ja- ne, porque ya he estado en demasiadas situaciones sintiéndo- me así. Y me prometí que no se repetiría. De modo que, lo siento, y me gustaría tener algo más concreto... ¿Qué pien- san ustedes, muchachos? ¿Les parece que soy terriblemente recalcitrante? ¿Como un forúnculo en el trasero? Díganmelo francamente.
Mediador:	Por lo general, es necesario dar algo. Y una de las cosas que sucede... Esto no es bueno... es que alguien viene con una propuesta bosquejada, y la otra persona no tiene ninguna propuesta específica. La conversación... ah... tiende por lo menos a iniciarse en los términos que... Quien bosqueja los términos tiende a tener alguna ventaja en el juego. Usted tie- ne que plantear sus propios términos. Porque, en cierto sen- tido, nosotros estamos hablando en los términos de Jane. Hasta que conozcamos los suyos.

Adviértase en este fragmento la importancia de la palabra
"dar". En cuatro intervenciones del mediador, éste es el anzuelo

que le tiende a Roy. En el contexto de su realidad de negociación económica, de este modo lo están invitando a participar. En la realidad social de ellos, una contrapropuesta es el primer acto, básico, preliminar, que debe realizar quienquiera que entre en conflicto. La negativa de Roy los deja perplejos. No la perciben como un movimiento, como un acto necesario que en la realidad de él está destinado a salvarlo de caer en el juego habitual de Jane. En lugar de ello, concluyen que Roy es irracional y está fuera de control, como lo ilustra el siguiente fragmento de conversación privada entre los mediadores:

Mediador 1: ¿No es un tonto? Como un adoquín. A menos que sea tan emocional que no pueda ver…
Mediador 2: Es emocional… porque está celoso, está herido. En realidad me parece que se siente herido porque ella… quiero decir, él se está vengando.
Mediador 1: Y se está vengando a su propia costa… ¡Se está pegando un balazo en el pie!
Mediador 2: Sí, es así, pero el amor es ciego.
Mediador 1: ¿No lo oyes? ¿No tiene otra amante?
Mediador 2: Sí, pero el amor es ciego.

El problema no consiste tanto en que los mediadores hayan tomado partido por Jane, como en que comparten en gran medida la realidad social de ella. Al representar las demandas y sugerencias de la mujer, ellos se convierten en agentes de su dominio y manipulación. Al no prestar oído a las quejas de Roy como una manifestación de su realidad social profunda, no podían otorgarle poder y se convertían en agentes de su repliegue e inacción. En síntesis, la mediación pasó a ser una continuación y reconstitución de la pauta, sin lograr cambiarla mínimamente. Era paradójico que, aunque Roy se estaba sintiendo víctima de las manipulaciones de Jane, no percibía el papel de los mediadores en la prolongación de esa pauta. En nuestra entrevista con Roy posterior a la mediación, él dijo que los mediadores se habían limitado a hacer su trabajo. Desde luego, él no conocía las conversaciones reservadas de los mediadores sobre las reuniones con Jane, y no podía saber lo que ellos pensaban de la situación. Nosotros sospechamos que, en virtud de la autoridad institucional de los mediadores, los disputantes no siempre reconocen los modos sutiles en que ellos pueden influir y efectivamente influyen, bajo capa de no-intrusión.

Esta mediación fracasó por una variedad de razones relacionadas entre sí. Sin duda, los disputantes no lograron dar congruencia a sus realidades sociales. En este caso, llegar a una realidad común o a una comprensión conjunta habría sido muy difícil, si no imposible. Cuando las realidades sociales profundas de los disputantes divergen, la resolución del conflicto se convierte en una comunicación intercultural.

El manejo de las diferencias profundas

Vistas desde esta perspectiva, las diferencias entre las realidades sociales de los mediadores y los disputantes pueden abordarse de tres modos. Los dos primeros apuntan a lograr un terreno común entre las diversas realidades involucradas. Los mediadores intentan la asimilación de los clientes al juego de la mediación, o ajustan su enfoque a las realidades de los disputantes. La primera solución parece la más deseable, desde el punto de vista de la mediación tradicional, y se le dedica mucho trabajo de estructuración (Burrell, Donohue y Allen, 1990; Donohue y otros, 1988). En el caso descrito en este capítulo, está claro que los mediadores no pudieron "entrenar" adecuadamente a Roy en los procedimientos de la mediación.

La segunda solución, ajustarse a las realidades de los disputantes, es menos deseable desde el punto de vista del procedimiento de la mediación; no fue visualizada en este caso, y surgió muy pocas veces en los ocho estudios realizados por nosotros. De hecho, las orientaciones escritas y el entrenamiento para el centro de mediación prohibían expresamente la modificación de las normas o reglas del procedimiento.

El tercer método para abordar las realidades discrepantes no requiere que se entiendan recíprocamente, sino coordinarlas de un modo tal que permita el acuerdo, con independencia de la diversidad de significados asignados a ese acuerdo. En síntesis, la coordinación supone el desarrollo de una interacción en la cual las acciones de cada persona les parecen apropiadas a todos los participantes, aunque no necesariamente ellos atribuyan los mismos significados a lo que ha sucedido. Cuando se logra la coordinación, cada participante siente que el desenlace es adecuado y bueno, aunque quizá signifique otras cosas para los otros participantes.

Como el problema de las realidades divergentes aparece en muchas mediaciones, la coordinación puede ser un medio importante para alcanzar la solución. Los mediadores reconocen la dificultad de desarrollar una comprensión recíproca entre las partes, no la intentan y ayudan a cada disputante a comprender las cuestiones y los acuerdos potenciales desde los puntos de vista individuales de los otros. Es probable que este objetivo se alcance mediante algún tipo de reenmarcamiento. Por ejemplo, el mediador puede reenmarcar de distinto modo las cuestiones y las respuestas para cada disputante, sobre la base de la realidad social de esa persona, o bien crear un metamarco que pueda subsumir ambas realidades.

¿Cómo podría haberse logrado la coordinación en este caso de divorcio? Ciertos elementos comunes de las realidades del marido y la esposa podrían haberse usado como un metamarco de la cooperación. Por ejemplo, los mediadores podrían haber utilizado la independencia como un constructo general para desarrollar el acuerdo. En el seno de la concepción liberal que Roy tenía del acuerdo, la independencia era un medio para sacarse a Jane de encima; para la realidad expresivista e igualitaria de Jane, la independencia significaba obtener su parte de la propiedad común, para realizar su propio potencial como individuo.

Si se hubiera llegado a una solución así, podría haber satisfecho a ambas partes. Jane la habría visto como la satisfacción de algunos de sus objetivos y preocupaciones, mientras que para Roy habría sido la manera de evitar ulteriores interacciones con Jane. Ésta no hubiera sido una solución coherente desde el punto de vista interpersonal, pero ilustra de qué modo puede emplearse la coordinación para alcanzar un acuerdo.

Estas soluciones requieren dos prácticas por parte de los mediadores. Primero, ellos deben comprender la estructura profunda del conflicto. Esto significa que deben poder y estar dispuestos a interpretar las realidades sociales de las partes en un nivel más profundo que el de la identificación de las cuestiones superficiales y de la atribución de la falta de movimiento a las inadecuaciones psicológicas de los clientes. Este tipo de actividad interpretativa requiere que el mediador sea sensible a la diversidad de realidades sociales que los disputantes pueden llevar a la mediación, y que se comunique en términos interculturales. También le exige que de tiempo en tiempo salga de su propia realidad de negociación económica para "pensar como un nativo".

No obstante, lo más frecuente es que el mediador espere que el cliente se adapte a su propia concepción del conflicto y la mediación. Por ejemplo, Tan (1988) desarrolló un instrumento de evaluación para determinar si los clientes se adecuaban a las expectativas de la mediación, y si por lo tanto se beneficiarían con una mediación familiar. Este instrumento está destinado a medir en parte: 1) si los valores del cliente armonizan con los de la mediación, 2) si los clientes entienden la mediación del mismo modo que los mediadores, y 3) si tienen las aptitudes necesarias para participar en el proceso. En el caso de que se encuentren deficiencias en cualquiera de estas áreas, hay que aplicar diversos tipos de estrategias correctivas, que incluyen la clarificación de los valores, la información y el entrenamiento en habilidades.

Segundo, los mediadores pueden ser intrusivos y sugerir nuevos marcos y soluciones posibles a los disputantes. Los mediadores más exitosos que hemos observado en nuestros estudios de casos han podido hacerlo. Los mediadores no exitosos que observamos nos llevan a la conclusión provisional de que la adhesión rígida a un método y a un modo de ver el conflicto constituye un obstáculo para mediar en muchos de los tipos de casos que se encuentran en los centros de resolución alternativa de disputas.

Quizás el resultado más claro de estos estudios ha sido que las prácticas de la mediación pueden tener significados muy diferentes al actuar como interfaces entre las realidades sociales de los diversos disputantes. Desde luego, se puede considerar este fenómeno privilegiando el discurso de la mediación, y viendo a quienes no están a su altura (por ejemplo, Roy en nuestro caso de divorcio) como de algún modo deficientes en cuanto a comunicación o a habilidades para la resolución de conflictos. No obstante, otro modo de ver consiste en reconocer que la mediación de una disputa forma parte de una historia de vida y de una historia relacional de los participantes mucho más vastas, y reconocer la legitimidad de la rica variedad de realidades sociales construidas dentro de esas historias personales.

*¿De qué modo las conductas de los disputantes influyen
en las intervenciones de los terceros, movimiento por
movimiento? ¿Cómo responden los mediadores a las
reacciones de las partes durante estas intervenciones?
¿Cuándo los mediadores completan o abortan sus
movimientos de intervención?*

5

LA CONSTRUCCIÓN INTERACTIVA DE LAS INTERVENCIONES POR LOS MEDIADORES EN DIVORCIOS

David Greatbatch
Robert Dingwall

Como ha observado Simmel (1964), el conflicto es una de las principales fuerzas positivas en la construcción de las relaciones sociales. En contraste con la fuerza puramente negativa de la indiferencia, el conflicto proporciona un incentivo para la interacción, consista ella en unirse o en oponerse a los intereses de otro. En cualquier relación específica que se prolongue habrá momentos de acuerdo y momentos de conflicto. Aunque es posible que la mediación encare la disolución de la relación en el largo plazo, sólo puede lograrlo mediante su preservación en el corto término. Aunque cada participante persiga sus propios intereses, todos están subordinados a los principios generales de la mediación, de modo análogo (señala Simmel) a como la ley proporciona un marco de acuerdos en cuyo seno pueden manejarse los conflictos. Cada parte debe en alguna medida mostrar deferencia ante las otras, para que la interacción sea posible.[1] Como lo reconocerá cualquier mediador experimentado, si la mediación só-

---

1. Utilizamos la palabra "deferencia" en el sentido de Goffman (1956), como reconocimiento del *status* social del otro, sin que necesariamente tenga connotaciones de superioridad y subordinación.

lo está signada por el conflicto no puede haber sesiones. Si no hay
ningún acuerdo sobre principios de orden superior –el "marco", en
la terminología de Goffman (1975)– no puede haber mediación.
De modo análogo, si sólo hay acuerdo, la mediación carece de importancia. Toda mediación equilibra precariamente los conflictos
fundamentales que dividen a las partes y su acuerdo temporario sobre el proceso con el cual buscan alguna solución.

Este proceso se realiza necesariamente por medio de la interacción. La relación del mediador[2] con los disputantes se construye a
partir del trabajo que realiza con ellos, primordialmente mediante
la palabra. Comienza con la socialización *in situ* de los participantes
cuando se establece el marco, con la explicación de los supuestos
fundacionales a partir de los cuales se desarrollará la sesión. Continúa con la identificación de los parámetros de la disputa y la búsqueda paso a paso de los acuerdos. Finalmente, la sesión llega a algún cierre que, si no termina totalmente la tarea, por lo menos
cuida de la legitimidad del trabajo y del respeto de los participantes
al marco. Cada uno de estos elementos proporciona un contexto
para lo que sigue, y puede llevar a la reinterpretación de lo que ha sucedido antes (Garfinkel, 1967). Nuestros estudios de la mediación
deben reflejar el carácter interactivo, secuencial y episódico del fenómeno en sí.

No obstante, en su reseña de las cuestiones metodológicas del
estudio de la mediación, Kressel y Pruitt (1989a) subrayan que se
suele pasar por alto su carácter interactivo:

> Es importante que no sólo se mida lo que hace el mediador sino
> también lo que están haciendo *las partes* cuando el mediador intervie-
> ne, y lo que hacen después de una intervención. La mediación es una
> situación de influencia recíproca. La concentración exclusiva en el
> mediador viola esta realidad (pág. 429, cursivas del original).

Esto puede atribuirse por lo menos en parte a dos de las debilidades metodológicas específicas que estos autores identifican: la

---

2. Aunque hablamos genéricamente del "mediador" o "los mediadores", en
nuestra base de datos prevalecían las mediaciones realizadas por mujeres.

confianza en los informes de los mediadores sobre sí mismos, más bien que en la observación directa, y la tendencia a evaluar la conducta del mediador por la frecuencia de algunos de sus actos discretos. Aunque desde el momento en que se escribieron estos comentarios ha habido un mayor uso de datos observacionales (por ejemplo, Cobb y Rifkin, 1991a; Dingwall, 1988; Donohue, 1989; García, 1991; Greatbatch y Dingwall, 1989; Rifkin y otros, 1991; Silbey y Merry, 1986), el análisis de la conducta de las partes sigue siendo poco común. La principal excepción es la obra de Cobb y Rifkin (1991a) sobre las narraciones en la mediación. Estos autores, por ejemplo, muestran de qué modo las partes que narran su historia de la disputa en primer término, logran en la sesión una posición privilegiada, pues a continuación la otra parte se ve obligada a presentar su propia historia como respuesta a la anterior. Sin alguna acción positiva por parte del mediador, la segunda historia se convierte en una subtrama, una reacción a la primera o una revisión de ella, más bien que una verdadera alternativa. Éste es un descubrimiento importante, aunque no depende necesariamente de un análisis del discurso: por ejemplo, en su conferencia del 30 de abril de 1970, Sacks discutió con algún detenimiento los problemas particulares que enfrentan los narradores de segundas historias. Pero la obra de Rifkin y Cobb también ejemplifica las limitaciones metodológicas de muchos análisis del discurso que, en particular, no plantean una relación clara entre los relatos y su producción interaccional, y confían en interpretaciones condicionadas de los datos.

Por ejemplo, en Cobb y Rifkin (1991a), la disputa entre Kate, encargada de un transporte escolar, y Frank, un niño acusado de mala conducta en el vehículo, se presenta casi enteramente a través de la redescripción de los analistas. Aunque se reproducen algunos pasajes de la "segunda historia" de Frank, las transcripciones han sido purgadas de importante información sobre la interacción –las vacilaciones, las pausas, los recomienzos, las enmiendas, y así sucesivamente–, que tienen una importancia esencial para las ideas de las autoras sobre la conformación de esa historia. Esa expurgación grosera resulta particularmente frustrante en vista de la importancia que las propias autoras asignan a la incoherencia original de la historia del niño (pág. 81). La atribución de significado e intención se basa en un *fiat* de las analistas:

> Para identificar una posición positiva, buscamos en el texto ejemplos de la atribución de buenas intenciones o características por parte de un interlocutor, a sí mismo o a otros. (El "bien" es definido dentro de la narración, según el orden moral establecido por ella.) Para identificar una posición negativa buscamos en el texto ejemplos en los que un interlocutor atribuya malas intenciones o características negativas a otro (Cobb y Rifkin, 1991a, pág. 78).

Esta metodología supone la lectura de la narración por los observadores para definir su orden moral, y la proyección de esta comprensión sobre ciertas participaciones, para establecer su valencia. Pero de este modo no se demostraba que *ésa* fuera la comprensión de *las partes*. Para caracterizar la comprensión de las partes se necesitaba un análisis mucho más atento de las participaciones que rodeaban a los enunciados supuestamente evaluativos. En la práctica, Rifkin y Cobb son hábiles analistas de la interacción, y es muy probable que el resultado del aprovechamiento de su propia capacidad, tanto técnica como de sentido común, produzca algo que se aproxime mucho al orden construido por los disputantes. Por ejemplo, esto explicaría por qué es persuasivo su análisis de la primera y la segunda historias, aunque la pertinencia de la documentación sea cuestionable.

Nuestro propio trabajo toma una dirección levemente distinta, debido a que arraiga en el análisis de la conversación. Ésta es una rama principal del programa investigativo de la etnometodología (el estudio de la competencia que subyace en la interacción inteligible, socialmente organizada). Aunque el análisis de la conversación parte del estudio de las conversaciones corrientes, se ha aplicado cada vez más a otras formas de interacción, como las consultas médicas, las confrontaciones en tribunales y las entrevistas emitidas en medios de comunicación electrónicos.[3] Algunos investigadores

---

3. Véase una reseña amplia de la literatura reciente sobre el análisis de la conversación en Maynard y Clayman (1991).

de este campo también han comenzado a ampliar sus principios para aplicarlos al estudio de la conducta visual, de modo que, a pesar de su nombre, el análisis de la conversación aborda de modo general la interacción cara a cara. Utilizando grabaciones de audio o vídeo de interacciones espontáneas, los analistas de la conversación apuntan a describir los procedimientos, las reglas y las convenciones que emplean los interlocutores al producir su propia conducta e interpretar y tratar con la conducta de los otros. Los modos de análisis utilizados tienen la finalidad de explotar el hecho de que los hablantes, "intencionalmente o no, despliegan su comprensión o análisis de lo que está sucediendo a medida que ocurre" (Heritage, 1988, pág. 129).

En nuestro propio trabajo hemos preferido formas más detalladas de análisis secuencial, para garantizar que estamos examinando los fenómenos construidos interactivamente por quienes participaron en sesiones de mediación. Aunque necesariamente nuestras caracterizaciones adquieren el *status* de tipificaciones de segundo orden (Schutz, 1962) según nuestra propia formulación y nomenclatura, sostenemos que ellas se basan en análisis de la conducta interaccional que demuestran que las personas, para generar las pautas observables de interacción, deben orientarse hacia rasgos de esta clase. En un artículo anterior (Greatbatch y Dingwall, 1989), por ejemplo, hemos descrito un procedimiento que denominamos *facilitación selectiva*: el modo en que las opciones posibles para las partes en ciertos turnos de la conversación eran restringidas por su relación secuencial con la construcción del mediador en el turno anterior. Ese artículo se basó en un único caso, una sesión de mediación de unos trece minutos en un organismo británico independiente. El análisis demostró que, en una serie de puntos críticos, el mediador se expresaba de un modo tal que la perspectiva de una parte quedaba sin explorar (lo cual recuerda las ideas de Cobb y Rifkin sobre la poca atención brindada a las segundas historias), y ciertos turnos se construían de un modo tal que sólo podían ser seguidos por concesiones o repliegues, para no dañar seriamente el carácter moral del siguiente interlocutor designado. Por ejemplo, en un pasaje (Greatbatch y Dingwall, 1989, pág. 632), el mediador empleó la referencia del esposo a los hijos para concluir que el curso de acción preferido por el hombre suponía que los niños abandonaran su hogar. Si el hombre no quería que se lo considerara un padre irresponsable, tenía que dar vía libre al desenlace deseado por su esposa.

Este capítulo representa el reverso del análisis de la facilitación selectiva. Está destinado a responder al desafío que han planteado Kressel y Pruitt al examinar de qué modo la conducta del mediador es influida por la conducta de las partes. También es posible que los mediadores encuentren limitadas sus opciones por su relación secuencial con los dichos anteriores de una parte. Aquí consideramos momentos en los que existe un conflicto entre el mediador y una de las partes sobre el enmarcamiento del encuentro (Dingwall, 1988, 1990; Dingwall y Greatbatch, 1990). Quizá las partes busquen distanciarse de las atribuciones de carácter moral incorporadas en el marco, atacándose verbalmente; tal vez se aparten de las reglas de pertinencia que definen ciertos temas como inadmisibles (por ejemplo sus estados emocionales) o no respeten la orientación temporal impuesta a la sesión, tratando de introducir cuestiones de la conducta pasada, en lugar de concentrarse en los ordenamientos prácticos para el futuro. En estos fragmentos, los mediadores tratan de mantener el marco, criticando o desaprobando las desviaciones de las partes. Nos interesan principalmente los efectos de conversación obediente o resistente producida por las partes en el contexto de estas intervenciones. Pero también comentaremos algunas de las consecuencias más generales para el estudio de la conducta del cliente y para la práctica específica de la comediación.

Datos

Los datos provienen de un banco de grabaciones de mediaciones en divorcios que existe en Inglaterra. Hay ya un total de unas ciento veinte sesiones grabadas en diez organismos diferentes. Este capítulo considera nueve sesiones registradas en cada uno de dos organismos en los años 1990-1991. Uno de estos organismos es un servicio de control de *probations*, que utiliza la mediación en el contexto de investigaciones concernientes a la tenencia de hijos.[4] El otro es un servicio independiente que recluta clientes espontáneos o derivados por abogados. Estas organizaciones están situadas en áreas adyacentes, lo que permite un control considerable de las fuentes sociodemográficas y otro tipo de fuentes ambientales de variación; además, las hemos escogido como representantes de los principales ámbitos en los que se realiza mediación en divorcios en el Reino Unido. Aunque éste no es un tema principal del capítulo, la comparación entre los dos sitios también aborda una cuestión importante planteada por McEwen y Maiman (1986), sobre la medida en que los diferentes foros están asociados con distintos procesos, idea sostenida con mucha fuerza por algunos mediadores británicos (por ejemplo, Roberts, 1992).

Sólo un mediador, del servicio de control de *probations*, estableció explícitamente un procedimiento para organizar la conversación en la sesión, limitándose de todos modos a que cada una de las partes comenzara presentando su versión de los hechos. Seguía a continuación un dispositivo más abierto. Este mediador también dio algunas pruebas de tener un enfoque más estructurado de la comediación, aunque, debido a la enfermedad circunstancial de su compañero, sólo una de las tres sesiones presenta este método. En ella, el mediador actuó como consultor, realizando observaciones sólo cuando se lo invitaba a formularlas. En todas las otras sesiones de comediación, ambos trabajadores intervenían regularmente cuando lo consideraban adecuado. En los dos organismos, los mediadores utilizaron principalmente un estilo de trabajo "negociador/orientado hacia la tarea".

No pasaban revista a la relación de la pareja ni alentaban el desahogo de sentimientos como precursor de la búsqueda de acuerdo.

4. Éste es un rol tradicional del servicio de control de *probations* en Inglaterra. Se pueden encontrar descripciones del "servicio de asistencia social de los tribunales" en Davis (1988), Davis y Bader (1985), Dingwall y James (1988) y James (1988).

Cuando los disputantes planteaban cuestiones emocionales, los mediadores volvían a ubicar rápidamente el foco de la atención en la tarea de negociar un acuerdo (Dingwall y Greatbatch, 1991, pág. 294).

Los registros del servicio de control de *probations*, cuyas duraciones oscilan entre media hora y una hora, corresponden a ocho casos, con siete mediadores (cuatro varones, tres mujeres). Seis de las sesiones se realizaron con comediación. En todos los casos participó el funcionario de control de *probations*, responsable de redactar un informe sobre la tenencia. Los registros del organismo independiente abarcan cinco casos, con ocho mediadores (cuatro varones, cuatro mujeres), todos ellos trabajadores sociales calificados. Las sesiones tenían una duración de aproximadamente una hora y, con la excepción de dos, se realizaron con comediación.

Los propios mediadores realizaron todas las grabaciones, para minimizar los efectos del observador, con conocimiento y consentimiento de los clientes. La mayoría de los clientes de este grupo provenía de la clase trabajadora. Se tomaron como muestra los primeros N casos en los que las parejas estuvieron dispuestas a participar en fechas acordadas: esperábamos diez sesiones en cada lugar. Aunque ésta no es una muestra al azar, no hay ninguna razón para atribuir algún sesgo a la selección, excepción hecha del consentimiento de los clientes. En todo caso, el objetivo de la investigación no es tanto describir la difusión del fenómeno (en cuyo caso el muestreo sería crítico) como contribuir al desarrollo de una taxonomía de los hechos, de un lenguaje para comprender la mediación. Para esta tarea sólo es necesario demostrar que algunas conductas se producen con una frecuencia suficiente como para que valga la pena identificarlas y rotularlas. Los datos de este tipo pueden también utilizarse en el seno de una lógica popperiana de falsación para poner a prueba ciertas hipótesis generales: en este caso, por ejemplo, que las sesiones de mediación son impulsadas por los mediadores.

La influencia de los dichos del cliente sobre el desarrollo de las intervenciones

Las estructuras relativamente laxas adoptadas por los mediadores de esta muestra significan que, si bien a menudo los clientes se comunicaban a través del mediador, no era tampoco infrecuente que hablaran entre ellos de modo directo. También ocurría a menudo que los clientes hablaran superponiéndose a los mediadores. A veces los mediadores abandonaban lo que estaban diciendo, cedían la palabra o reaccionaban a las intervenciones de los clientes. En otras oportunidades no se detenían, y no parecían reconocer lo que acababa de decirse. No obstante, la inspección más atenta permite a menudo descubrir de qué modo los mediadores respondieron realmente a intervenciones que parecían ignorar. En esta sección ilustraremos ese proceso, considerando dos conjuntos de casos en los cuales la extensión de las intervenciones del mediador parece haber sido influida por las respuestas de los clientes. En el primero, los mediadores extendieron sus intervenciones más o menos simultáneamente con la iniciación de las respuestas por los clientes. En el segundo, los mediadores extendieron sus intervenciones en el curso de las respuestas de los clientes.

[Completamiento posible de una intervención]

↓

[Iniciación de una respuesta] + [Extensión de la intervención]

Figura 5.1. La extensión de las intervenciones simultánea con la iniciación de las respuestas

La extensión de las intervenciones simultánea con la iniciación de las respuestas

En los casos en que se produce simultáneamente la extensión de las intervenciones y la iniciación de las respuestas, los mediadores extienden sus intervenciones más allá de los puntos posibles de completamiento, agregando una nueva declaración sintácticamente coherente o iniciando una nueva unidad sintáctica. No obstante, más o menos al mismo tiempo, los clientes comienzan a responder a sus palabras anteriores. Esta configuración puede expresarse como se muestra en la figura 5.1. En muchos de estos casos, los mediadores no reconocían los dichos del cliente ni acortaban su propia intervención, prefiriendo completar lo que habían empezado a decir. Pero existen diferencias observables, según sea la respuesta intentada: obediente o resistente.

Respuestas resistentes

Cuando los clientes producen respuestas resistentes, los mediadores por lo general siguen adelante con una postura confrontativa. Éste se puede considerar el caso paradigmático del control por el mediador. Ejemplo:[5]

5. En este y todos los fragmentos que siguen, H indica esposo o compañero; E esposa o compañera; M, mediador o mediadora. En las transcripciones se emplean signos convencionales de análisis de la conversación (Jefferson, 1984) y en la presentación se ha cuidado el carácter confidencial y reservado de las sesiones. Los principales símbolos utilizados aquí son los siguientes:

[	El corchete de apertura indica el punto en que se inicia una superposición de intervenciones verbales.
]	El corchete de cierre indica el punto en que la superposición cesa.
(0,5)	Los números entre paréntesis indican la duración de los silencios en décimos de segundos.
(.)	Un punto entre paréntesis indica una pausa de menos de dos décimos de segundo.
Palabra	El subrayado indica alguna forma de énfasis, por el tono, la amplitud o ambos.
Pala:bra	Los dos puntos indican la prolongación del sonido precedente.
. , ?	Estos signos de puntuación son utilizados para indicar una entonación descendente, incompleta y ascendente, respectivamente.
( )	Los paréntesis vacíos indican que el transcriptor no entendió las palabras grabadas.
(Palabra)	Las palabras entre paréntesis indican audiciones posibles.

(1) [*Probations*: 1-1]

1   E: Pero usted (tiene que) ponerse en contacto con el detective sar-
        gento
2   Jo:hnson hhhh en la comisaría de Dewsbury.
3   (1,4)
4   E: Él puede decírselo. .hhhh
5   M: Qué qué qué va a decir:me:.
6   E: Le dirá por qué yo- por qué lo dejé.
7   M: Pero (.) eso ah no tiene importancia para mí [(por qué él)-
8   E: [ESTO ES
        IMPORTANTE PARA MÍ
9   PORQUE- YO Y MIS CHICOS hemos sufri:do.
10   M: Sí me atrevo [a decir que (ustedes) han suf-
11   H: [(   ) [puta
12   M: [ey ey ey ey ey=
13   E: =To:dos hemos sufri:do.=
14   M: =Estoy seguro pero (.)   [en-
15   H: [Que Johnson no se meta.
16   M: resumidas cuenta:::s por qué ustedes rompieron
17   (0,06) es cuestión de ustedes do:s, (0,2) no es
18   a [sí. L- l- l- l- la verdad e:s que ustedes dos=
19   E: [.j Todos hemos sufrido con esto.
20   M: =están- ustedes ya no están viviendo juntos, (.) y tienen dos
21   hi:jos, (.) y hay que tomar: algunas decisiones sobre lo que
22   va a suceder con los ni:ños.

En las líneas 16 a 18 el mediador intenta controlar una disputa entre los padres proponiendo que la cuestión planteada por E (por qué rompieron) cae fuera del marco de la sesión. La mediación se orienta hacia el futuro, no hacia el pasado. No obstante, cuando el mediador comienza a extender esta intervención, línea 18, E continúa enfocando la cuestión emocional que el mediador quiere excluir, y repite su afirmación previa de que "todos hemos sufrido con esto" (línea 19). El mediador no cede la palabra ni reconoce lo que

---

(( ))   Los paréntesis dobles contienen comentarios o descripciones del trans-
            criptor.

E ha dicho; en lugar de ello, sigue apresurándose con la unidad en
progreso, o por lo menos con un enunciado formulado como su
continuación sintáctica (líneas 18 y 20 a 22).

Hay otro ejemplo en el fragmento que sigue, donde H intenta
resistir al mediador, comenzando a hablar de un modo que implica
un desacuerdo en ciernes. Una vez más, el mediador prosigue con
la intervención en progreso.

```
      (2) [Independiente: 2/1-2]
 1   H:   Él dice que no importa lo que haces él dice que es- sólo por
 2        maldad, ahora.=
 3   E:   =No es por maldad.
 4        (0,2)
 5   E:   Yo [dije   [(no es por maldad).
 6   M2:     [(Bien [ah-)
 7   H:            [(Bien cómo es que tu mejor ami[go dijo eso.
 8   M2:                                    [Sí pero usted tiene=
 9   M2: =que es[cucha:r lo que- usted tiene-
10   H:        [Él dijo que es por maldad.
11        (0,3)
12   M2: =[Nosotros vamos-
13   H:  =[Que no me los van a dar porque los quiero.=No
14         voy a conseguirlos
15   M1: Usted no está [escuchando a Sue.=
16   M2:              [Sí pero-
17   M2: =usted no está (0,3) lo que estamos escuchando (.) es lo que se
18        dice en esta
18        habitación Dave.
19   H:  [Sí:
20   M2: [No nos interesa lo que haya dicho algún o:tro.
21   ( ):  .jjj
22        (.)
23   H:   Me parece que a mí sí.
24   M2: (Sí pero) [lo que nosotros queremos es descubrir lo que dice
             Alison=
25   H:          [(eso- vuelvo a recordarlo todo).
26   M2: =y lo que dice us:ted.=
27   H:  =Sí. Vuelve [a mí demasiado.=
```

```
28   M2:              [Y si-
29   M2: =Sí:.
30   H:   Sabe [así que-
31   M2:             [Qué es lo que cree usted que puede hacer: por Alison que
32         la ayude a ella: a tener confianza en que
33   H:   Na [da para ser sincero. Porque ella está obstinada en que yo=
34   M2:      [( )
35   H:   =no llegue a tenerlos.
```

Lo mismo que antes, una parte (H) trata de llevar a la sesión las opiniones de una persona ajena y ausente. En concierto con M1 (véase la línea 15), M2 trata de impedirlo, invocando principios similares de enmarcamiento: lo importante es lo que digan las partes en esa situación y en ese momento (líneas 16 a 18). H no está orientándose adecuadamente hacia los dichos de su compañera. En cuanto H comienza a responder (línea 19), M2 se lanza a una nueva unidad negativa (línea 20). Adviértase que la respuesta de H, "sí", reconoce la afirmación anterior de M2, pero no indica su disposición a acompañarla (como lo harían, por ejemplo, las palabras "De acuerdo", "Está bien", "Sí, estoy de acuerdo", etc.). Este hecho, combinado con su tono de voz, sugiere que H quizá se resista a aceptar los límites que el mediador está tratando de imponerle a la discusión. Como en el fragmento 1, el mediador impulsa su intervención emergente, y completa la unidad negativa que ha iniciado.

Respuestas obedientes

Cuando los clientes producen respuestas obedientes, las intervenciones del mediador tienen por lo general una orientación distinta. En estos casos, lo típico es que los mediadores modifiquen la estructura emergente de sus intervenciones, abortando o reiniciando la unidad en progreso, y adoptando una postura menos confrontativa, o no-confrontativa. En otras palabras, aunque no cedan la palabra ni aborden directamente la respuesta del cliente, dan una nueva forma a sus propios dichos, de un modo que demuestra sensibilidad a lo que acaba de expresarse. Ejemplo:

(3) [*Probations*: 8-1]

```
1   H:   Pero nosotros siem:pre hemos estado de acuer::do.
2        (1,0).
3   H:   Yo no voy a hhh
4        (.)
5   E:   No siempre [hemos estado-
6   H:              [A mí no me van .hh a eh hh
7   E:   No siempre hemos estado de acuer[::do
8  (M):                                   [.hhh=
9   M:   =ne- No tenemos que olvidar que se trata de los niños
10       no es [así.=Es-
11  E:         [Si lo [sé:.
12  M:                [así [:
13  H:                     [Sí.
14  M:   no es así: .hhhh (0,6) tal vez sería más fácil para mí se-
15       separar por comple::to a los- los niños y sus
16       intere:ses (0,4) u:hm
17       (.)
18 (E):  hhhhhh
19       (0,5)
20  M:   a partir de un enunciado con el que usted tiene que estar de
         acuerdo (.) usted obviamente:
21       (0,6)
22  E:   Hay muchas co:sas que [eh:
23  M:                         [Sí:
24  E:   que no me gus::tan .hh relacionadas con los niños y mi esposo y
25       muchas otras cosas que me reser:vo.
```

La intervención de la que se trata comienza con la crítica del mediador a los padres después de que ellos comenzaran a examinar la factibilidad de una tenencia conjunta (líneas 9 y 10). Él parece comenzar a extender su intervención con una estructura contrastante que es común en todos nuestros datos. El mediador había establecido el tema de la sesión (los niños), de modo que está en condiciones de decir cuál no es el tema (líneas 10, 12 y 14: "Es así"). Si comparamos estas líneas con las 14 a 23 del fragmento 6, y con las 5 a 10 del fragmento 7, podemos prever algo que describirá a los progenitores como preocupados por sus propios intereses, y no por el bienestar de los hijos. No obstante, cuando la crítica de las líneas 9 y 10 llega a un posible punto de completamiento, E reconoce y acepta la afirmación anterior del mediador (línea 11). Éste reinicia la extensión (línea 12), pero el completamiento de E es seguido por H, que también produce un reconocimiento y concuerda con la afirmación de las líneas 9 y 10. Ambas partes han suscrito el enunciado del mediador y socavado la segunda parte del contraste proyectado. A continuación, el mediador retoma la extensión ("es así"), aspira hondo (.hhhh), hace una pausa (0,6), y después, en lugar de continuar en su línea negativa, inicia otra que no sólo se abre de un modo menos crítico ("sería más fácil...") sino que además se va diluyendo a medida que se despliega ("se- separar por completo"): mantiene la necesidad de concentrarse en los niños, pero reconociendo abiertamente lo difícil que les resulta hacerlo a los padres (líneas 14 y siguiente). A ellos no se los puede culpar por su fracaso parcial en algo que un ajeno distanciado puede realizar fácilmente. Esto tiene el efecto de mitigar la crítica iniciada en la línea 9.

El reconocimiento por el mediador de las dificultades de los progenitores parece reaccionar a sus respuestas obedientes, aunque él lo construye como una extensión de su turno en las líneas 9 y 10, sin vincularlo claramente con los aportes de ellos. El mediador ha retenido la segunda parte crítica proyectada por la estructura contrastante, pasando a una postura menos confrontativa.

Podemos ver la misma conducta en el fragmento siguiente.

(4) [Independiente: 4-6]
```
1   D:   Y es mi opinión que tú le contagiaste un bloqueo mental acerca
2        de la escuela y que ahora (0,6) lo está superando.
3   M1:  Bien vamos a- vamos a volver [a
4   E:                                 [Sí:.
5   M1:  discutir sobre eh
6   H:   Mm [:
7   M1:      [Sólo (1,3) pongamos a Gerra:rd en el centro del escenario:
             (.) ¿podemos?
8        Uh::m (0,3) puede usted- (1,0) porque después de todo lo que
         tenemos que hacer aquí
```

```
 9        es examinar eso (creo). (0,5) Puede usted describir a Gerrard
10        (0,2) para nosotros Lucy.
11        (0,5)
12  E:    Él es (.) un niño muy: (.) dul:ce...
```

Al comenzar este fragmento, las partes habían empezado a disentir sobre las razones de que su hijo tuviera problemas en la escuela. El mediador se mueve para controlar estas secuencias, criticando la conducta de los cónyuges. Cuando el mediador dice "a discutir" (líneas 3 y 5), E produce una muestra de acuerdo ("sí") en respuesta a la sanción ("Vamos a volver"). En otras palabras, precisamente cuando M1 está por desarrollar una elaboración crítica de la propuesta inicial, porque los padres han emprendido una discusión que está fuera del marco, en lugar de, por ejemplo, negociar, surge algo que implica asentimiento. A continuación el mediador vacila (línea 5: "eh"), y retoma la palabra inmediatamente después de que H empezó una respuesta que implica que él también probablemente coincida ("Mm"). Una vez más, el mediador no aborda directamente la respuesta de los padres. No obstante, en lugar de continuar con el anterior componente negativo inicia una nueva unidad, cuyo tono sigue siendo crítico pero no tanto como el de la que ha abortado. Esta vez se concentra en lo positivo ("Lo que tenemos que *hacer aquí*"), y no lo negativo ("Lo que ustedes *están haciendo*"). Hay entonces una actividad en la que pueden participar los tres, en lugar de otra que se había apartado del marco del mediador, dejándolo como observador de un juego lateral sin pertinencia para su trabajo.

Una vez más, el mediador parece haber contenido enunciados críticos sobre los padres. En el fragmento 3 esto supuso reorientar la unidad en progreso; en este caso el mediador corta una unidad en progreso y produce otra nueva. Pero en las dos situaciones el cambio de curso sigue a respuestas favorables de los clientes. Los componentes negativos proyectados han sido acortados o rediseñados en el contexto de las respuestas obedientes. Aunque los dichos ulteriores de los mediadores aparecen como una continuación de la intervención en progreso, su carácter ha cambiado. La forma final ha sido modificada, en respuesta a los cambios producidos en el ambiente de la interacción.

Los fragmentos considerados aquí ilustran una pauta más general que surge cuando los mediadores comienzan a extender sus intervenciones, más o menos en simultaneidad con la iniciación de respuestas por los clientes. En el caso de las respuestas resistentes, los mediadores presionan con componentes de crítica a los padres, y en ocasiones intensifican esa crítica. En el caso de las respuestas obedientes, puede observarse que el mediador cambia de dirección, adoptando una postura menos coercitiva o no coercitiva. Por lo tanto, aunque no reconoce abiertamente las respuestas de los clientes, se orienta en función del carácter de dichas respuestas (véanse las figuras 5.2 y 5.3). Entre los casos que examinamos, hay algunos en los cuales los mediadores *no modifican* observablemente sus intervenciones en el contexto de las respuestas obedientes, sino que siguen impulsando una postura confrontativa (muy análoga a la que adoptan en el contexto de las respuestas resistentes). No obstante, esto ocurre por lo general cuando los componentes del acuerdo aparecen antes de que se haya articulado el impulso principal de una intervención o, alternativamente, si los produce un cliente que no ha sido el objeto primario de la intervención de crítica. En otros ambientes, las respuestas obedientes son seguidas por dichos que suponen una postura menos confrontativa, o no confrontativa, por parte del mediador. Por ejemplo, consideremos el caso siguiente, en el que M1 comienza a criticar a E por volver al pasado, en lugar de atender al presente o el futuro. El mediador diseña la objeción en las líneas 8 y 9, en forma de pregunta. El acuerdo de E en la línea 10 indica la aceptación del impulso de la intervención.

    (5) [Independiente: 3/1-2]
    (Conclusión de un relato "largo"]
1   E: Y creo que se trata de eso. De nada más:. (0,5) Ya tenemos bastante. .hh
2   Si él quiere la vida de soltero si quiere su gran empresa o
3   quiere .hhh quiero decir que todos sus amigos y jugadores de squash eran

```
 4          (.) tenían sus propios negocios y todos están en la-
 5          hombres de negocios trepando en la pirámide. =Y yo tenía muy
            buen concepto
 6          de ellos. (.) Es el modo de hacer negocios y eso pero (.)
 7          [muchos de ellos perdieron a sus espo:sas y
 8    M2:   [Me parece que corremos el peli:gro de volver al matrionio
 9          otra vez [Melanie de algún [modo.=Y de lo que se trata es=
10    E:             [Sí.            [Sí:.
11    M2:   =de cuánto está- está- Chri[s libre: de usted:
12    E:                               [Bien esto es lo que temo [realmente
13    M2:                                                         [capaz de
14          no tener celos ahora no es así. .jj Y precisamente me pregunto
            cuánto usted
15          siente que aún la ronda.=Que él todavía
16          [está celo:so
17    E:    [Bien usted ve que no hay nadie en el horizonte por el momento
18          no hay ningún: .jj no hay ningún auto estaciona:do afue:ra.
19          (0,7)
20    E:    [En mi ca:sa?
21    M2:   [Así que usted no lo sa:be.=
22    E:    =así que no lo sé::.
```

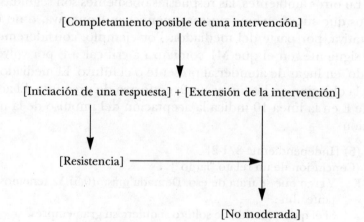

Figura 5.2. Respuestas resistentes

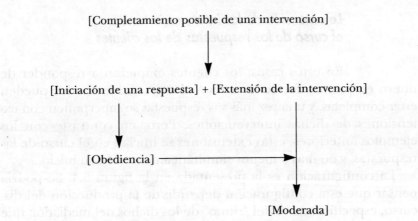

Figura 5.3. Respuestas obedientes

El mediador no cambia visiblemente de dirección ante la primera respuesta que implica acuerdo (línea 6). La unidad en progreso no es abortada ni observablemente reorientada, aunque el mediador la concluye con una expresión que tiende a moderar, mitigar o suavizar la crítica ("de algún modo"). Esto puede compararse con las líneas 14 a 16 del fragmento 3 y con los modos de restar intensidad a las intervenciones críticas. El proceso continúa de modo más obvio después de la segunda muestra de acuerdo. El mediador extiende aún más su intervención con un enunciado de la agenda programada, identificando la cuestión en la que era correcto que se concentraran. Esto es relativamente adecuado para evitar cualquier crítica directa a una u otra de las partes. También en este punto el mediador pasa a una postura menos confrontativa, al seguir las repuestas obedientes del cliente. No obstante, en contraste con los fragmentos 3 y 4, el proceso no incluye ninguna modificación observable de la estructura de la intervención emergente.

La extensión de las intervenciones en el curso de las respuestas de los clientes

En estos casos, los clientes empiezan a responder de nuevo en puntos donde las intervenciones del mediador pueden estar completas, y una vez más sus respuestas se superponen con extensiones de dichas intervenciones. Pero, en contraste con los ejemplos anteriores, estas extensiones se inician en el curso de las respuestas, y no más o menos simultáneamente con su inicio.

La configuración es la presentada en la figura 5.4. Se podría pensar que esta configuración depende de la producción del discurso, específicamente del "ritmo" de los dichos del mediador, que introduce pausas entre los componentes de una intervención, y cuando comienza a producir el segundo componente ya está en marcha una respuesta del cliente. Sin embargo, el análisis más atento sugiere que esas extensiones pueden estar otra vez relacionadas con el carácter de las respuestas emergentes. En todos nuestros casos, aparecen asociadas con respuestas resistentes y se producen en el punto donde se puede advertir el carácter negativo de la respuesta que se está desplegando. Ejemplo:

```
(6) [Probations: 1-3)
 1  H:          ¿A ella no le gustaría ser madre durante parte del [día?
 2  M:                                                             [No::.
 3  M:          (.)
 4  M:          Es posible que no:?=
 5  H:          =no le gustaría a ella que yo [los tuviera toda la semana=
 6  M:                                        [( )-
 7  M:          =pero   [u-
 8  H:                  [.hhh y ella los recogería a las cinco los días
 9             viernes [.hh y los traería de nuevo el do- (1,2) a las cinco=
10  M:                 [pero-
11  H:          =el domingo.=
12  M:          =Pero  [to:do
13  H:                 [Veamos si a ella le [gustaría.
14  M:  1 →                                 [Pero usted está hablando
15             de lo que usted quie:re. De lo que usted sien:::te.
```

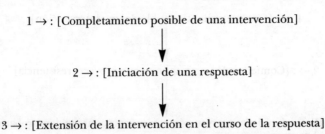

1 → : [Completamiento posible de una intervención]

2 → : [Iniciación de una respuesta]

3 → : [Extensión de la intervención en el curso de la respuesta]

Figura 5.4. La extensión de las intervenciones en el curso
de las respuestas de los clientes

16 H: 2 →   Sí ella no quiere ponerse [al margen.
17 M: 3 →   Sí ella no quiere ponerse [y lo que ella siente.= usted es-
              tá- [usted sabe.=
18 H: [(Yo)-
19 M: =es- esto- es- esto es sobre usted::.
20   (0,4)
21 M: Yo: estoy hablando de Tristan y Siegfried. =¿Qué será de e:llos?
        (.)
22   Lo que e::llos sentirán: al ir de un lado al otro como paqueti:tos.
23   Sin saber con quién van a vivir.
24 H: Ellos no saben dónde está su hogar:.
25 M: Correc:to. Bien qué sentirán ellos.= que vamos a hacer
26   sobre e:so.

En este caso, H se está refiriendo negativamente a la situación presente y, en particular, a su mujer. El mediador critica a H porque sólo atiende a sus propios intereses y preocupaciones, y por lo tanto no a los de sus hijos (líneas 14 a 15). Al responder, H se resiste a la objeción del mediador, y continúa criticando a su esposa (línea 16). Inmediatamente después del punto en el que carácter potencialmente resistente de su respuesta se vuelve claro, el mediador extiende su propia intervención, añadiendo un componente desaprobatorio adicional (línea 17).

Tenemos otro ejemplo en el fragmento que sigue.

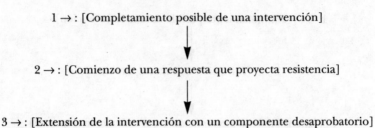

1 → : [Completamiento posible de una intervención]

2 → : [Comienzo de una respuesta que proyecta resistencia]

3 → : [Extensión de la intervención con un componente desaprobatorio]

Figura 5.5. La extensión de las intervenciones en el curso
de respuestas resistentes de los clientes

(7) [Independiente: 2/1-1]

1	M2:	Esto [es así::.
2	E:	[pero lo que digo es que él nunca escuchó quiero decir que [en los diez=
3	M:	[si usted pudiera-
4	E:	=años que vivimos juntos nunca me escuchó.
5	M2: 1 →	Si usted creyera que es posible que los dos- ustedes dos
6		pensaran en sí mismos como.h mamá y papá: de los dos niños, .h
7		y se olvidaran de la relación entre ustedes [dos.
8	E: 2 →	[No
9		por ciertas co[:sas
10	M2: 3 →	[y eligieran [lo mejor para ellos.
11	E: →	[Yo- yo- pienso
12		(0,2)
13	E:	que el hecho mismo de que seamos quienes somos y lo que so:mos
14		(.)
15	M2:	Sí.
16	E:	tiene mucho que ver con el mo:do (0,2) en que vemos a los niños.=

M2 desaprueba a la pareja por concentrarse en cuestiones concernientes a la pobreza de su relación, y no en el bienestar de los hijos (líneas 5 a 7). E se resiste a este "requerimiento" ("No"), y comienza a justificar su respuesta ("por ciertas cosas") (líneas 8 y 9).

En la mitad del razonamiento, M2 extiende su intervención con una afirmación adicional del interés de los niños (línea 10).

De modo que en ambos ejemplos encontramos la configuración ilustrada en la figura 5.5. Los mediadores de estos casos, por supuesto, podrían haber planeado extender sus intervenciones antes de que los clientes hablaran. No obstante, en este conjunto de datos no encontramos casos comparables en los que una extensión de este tipo se produzca a continuación de una respuesta positiva u obediente. Esto sugiere que la aparición y el carácter de las extensiones están relacionados con lo que proyectan los dichos de los clientes: principalmente, con una respuesta desfavorable que se resista al impulso de la desaprobación precedente del mediador. Las extensiones parecen estar destinadas a contrarrestar respuestas desfavorables en progreso, mientras parecen ignorarlas. Si las respuestas se dirigieran a la aceptación, y no a la resistencia, es probable que las extensiones habrían sido retenidas o mitigadas.[6]

Sostenemos, en consecuencia, que casos como éstos demuestran que los mediadores modifican su conducta en respuesta a las intervenciones del cliente. Pero el ambiente de la interacción también puede influir de algunos otros modos sobre lo que el mediador hace, y a continuación examinaremos brevemente dos de ellos.

Otros factores involucrados en la construcción interactiva de las intervenciones

Hasta este punto hemos examinado de qué modo la aparición de dichos obedientes o resistentes de los clientes gravita sobre la estructura de las intervenciones del mediador. No obstante, es importante subrayar que la palabra no es el único vehículo involucrado en la construcción interactiva de las intervenciones. Las

6. Véase en Jefferson (1981) una discusión de fenómenos similares en la conversación corriente.

intervenciones pueden ser influidas no sólo por los clientes, sino también por los colaboradores.

Extensiones provocadas por la falta de respuesta verbal

No sólo la aparición, sino también la ausencia de manifestaciones verbales del cliente puede gravitar sobre la estructura de las intervenciones. Por ejemplo, una falta de respuesta verbal puede generar silencios que, a su vez, conduzcan a nuevas manifestaciones verbales del mediador. En el caso que sigue, el mediador reconoce la respuesta de H a su intervención anterior (línea 5) y continúa criticando la conducta de los clientes, insistiendo en que no se comportan como padres responsables. Esta intervención es extendida en tres ocasiones (flechas "e"), después de que los clientes contuvieran cualquier forma de respuesta oral (flechas "s").

(8) [*Probations*: 1-3]
(Continuación del fragmento 3)

1	M:	<u>Yo</u>: estoy hablando de Tristan y Siegfried. =¿qué será de e:llos? (.)
2		Lo que e::llos sentirán: al ir de un lado al otro como paqueti:tos.
3		<u>Sin</u> saber con quién van a vivir.
4	H:	Ellos no saben dónde está su hogar:.
5	M:	Correc:to. Bien qué sentirán <u>ellos</u>.= qué vamos a hacer
6		sobre e:so. Lo que <u>uste:des</u> como madre y padre van a hacer acerca de
7		<u>sus hi</u>:jos
8	s →	(1,0)
9	M: e →	<u>No</u> lo que- lo que ustedes: van a hacer acerca del <u>dolo</u>:r que sienten o el dolor que siente:n.
	s →	(.) Pero lo que ustedes van a hacer acerca de esos po::bres (2,0) <u>niños</u>
10		que se ven priva:dos de sus <u>padres</u> porque ellos están muy
11		ocupados peleándose.

```
12       s →    (2,0)
13  M:   e →    [Esto es lo que a mí: me preo[cupa.
14  H:   e →    [Yo podría decir-            [yo podría decir algo pero
                ella
15                no estaría de acuerdo.
```

Este proceso se encuentra en numerosas ocasiones en nuestro material: los mediadores extienden sus intervenciones después de que los clientes dejan pasar sus oportunidades de responder. Tanto la ausencia como la aparición de declaraciones verbales de los clientes pueden ser un factor central en la determinación de la forma que en última instancia toma una intervención. Ciertos componentes de cualquier intervención pueden ser suscitados por la falta de respuesta de los clientes, con la finalidad de abordarla.

El efecto sobre las intervenciones de la conducta del comediador

La mayoría de las sesiones se realizan con una comediación, en la cual ambos mediadores se relacionan activamente con los clientes. Como lo hemos señalado en otro lugar (Dingwall y Greatbatch, 1991), hemos encontrado que cuando un trabajador ejerce presión sobre los clientes para modificar su conducta (o para que acepten propuestas, etcétera), a menudo sus colaboradores lo subrayan, interviniendo antes o después de las respuestas de los clientes. Ejemplo:

```
    (9) [Independiente: 2/1-5]
1   M2:    No estamos escuchando nada sobre lo que- estamos escu-
            chando que cada uno de ustedes dos
2           quiere que ellos vean al otro. .hhh Pero ah- lo que no estoy
            oyendo e:s
3           (1,0) cómo van a conseguir que suceda.
4           (.)
5   M1: →  Por ellos.
6   M2:    Por ellos.
```

No obstante, los mediadores pueden también colaborar intensificando recíprocamente sus intervenciones; lo hacen formulando términos de acuerdo y reconocimientos que implican acuerdo. En el fragmento siguiente, M2 produce dos veces muestras de reconocimiento que implican acuerdo, mientras M1 desaprueba a los clientes por discutir. Mientras M1 se dirige a los clientes, M2 subraya lo que ella está diciendo.

```
      (10) [Probations: 5-1 (b)]
1   H:        si fracasamos esta vez con estos ni [ños
2   M1:                                           [Mm:
3   H:        y [no podemos hacer nada mejor que:
4   M1:          [entonces ustedes no tendrán otra oportunidad::.
5   H:        que=
6   M1:       =no tendrán otra oportunidad::.
7   H:        N[o:
8   M1:         [lo mejor- lo único que realmente ayudará a sus hi:jos
9             (.) es que sepan (.) que su mamá y su papá (.) han ordena-
              do su
10            vida y seguirán haciéndolo y que ellos les pueden hablar a
              cualquiera de ustedes
11            sobre cualquier cosa que marche mal dentro de algún tiem-
              :po, (.) y que
12            ustedes siem:pre (.) dan prioridad a los intereses de ellos
13            (0,2)
14  M1:       Y que ustedes hablarán so:bre los niños.
15  M2: →     Sí.=
16  M1:       =Esto es lo que sus hijos necesitan saber. .j y éste es el único
17            mo:do (.) de que ustedes tengan éxitos con ellos.
18  M2: →     Mm=
19  M1:       =Si ustedes siguen así: (.) no irán a ningún lado.
20            (0,4)
21  M2:       Aceptarían ser incluso más exactos.= aceptarían
22            que (0,7) si ellos pudieran volverían a
23            unirlos a ustedes.
24            (0,3)
25  H:        Si ellos pudieran [sí
26  M2:                         [Sí. Es así.
```

Los comediadores emprenden diversas actividades responsivas durante las intervenciones del compañero. Surge que tales actividades pueden llevar a 1) la continuación o extensión de las intervenciones de los colaboradores; 2) el mantenimiento, y a veces la intensificación, de las posturas confrontativas de los colaboradores, y 3) la represión de la respuesta de los clientes, lo que puede acrecentar aún más la probabilidad de que el comediador continúe hablando. Está resultando claro que, en el contexto de la comediación, las actividades de los colaboradores pueden estar tan implicadas como las de los clientes en el proceso dinámico de interacción a través del cual emergen las intervenciones.

Observaciones finales

Hemos visto que las intervenciones de los mediadores pueden sufrir la influencia del carácter de la respuesta o de la falta de respuesta de los clientes y colaboradores, a medida que se despliegan. Cualquier análisis de la conducta del mediador debe por lo tanto tomar en cuenta los modos en que ella responde a su ambiente de interacción. Este ambiente consiste en fenómenos que sólo es posible localizar y analizar mediante registros grabados de las sesiones y transcripciones de "grano fino". Los datos de vídeo pueden ser útiles para refinar el análisis, en particular para considerar en qué medida, por ejemplo, las respuestas de las partes suscitan cambios en las miradas de los mediadores; para tomar nota de las intervenciones del mediador modificadas por los cambios de expresión o mirada de las partes; registrar hasta qué punto los silencios se llenan con actividades mudas, y cómo los comediadores coordinan sus turnos. No obstante, es sin duda posible llegar a resultados útiles utilizando solamente grabaciones de audio.

El análisis presentado aquí tiene consecuencias especiales para los tipos de estudio que consideran el turno del mediador como la unidad básica para clasificar su conducta comunicativa. Los turnos del mediador tienen que ser ubicados como respuestas a los turnos precedentes y como abiertos a la reconstrucción en el curso de su producción. Por ejemplo, al desaprobar la conducta de los clientes, los mediadores se refieren a veces a los intereses de los hijos, y otras veces no. El simple recuento de estas alternativas es sin embargo engañoso. Aunque algunas intervenciones comienzan refiriéndose a los intereses de los niños (por ejemplo los fragmentos 3, 7 y 8), otras no lo hacen: las referencias sólo aparecen estando ya avanzada la intervención. En el ejemplo siguiente, el mediador extiende su intervención cuatro veces, después de que los clientes declinaran responder (por lo menos verbalmente).

(11) [*Probations*: 1-5]

1	M:	Y ustedes ah- ah- ah- ejem- tienen mi per<u>m</u>iso (0,2) para comporta:rse
2		razonableme<u>nt</u>e entre sí.
3	s →	(0,6)
4	M: e →	Muy bien (.) ustedes no- ustedes- no estoy impresio<u>na</u>:do porque us-
5		saben porque us<u>te</u>:des (0,2) se peleen entre sí.
6	s →	(0,7).
7	M2: e →	Y sería de una <u>e</u>norme ayuda para los chicos (.) sea cual fuere
8		el resultado de esto que ustedes pudieran cooperar. Por
9		bien de ellos.
10	s →	(1,3)
11	M2: e →	Eso [sería muy bueno
12	E:	[((suspiro))
13	s →	(0,4)
14	M: e →	Ustedes no <u>van</u> a (0,9) saben que no van a unirse
15		de nue:vo ( ) pero sin embargo pueden coope<u>rar</u>: entre
16		[sí
17	H:	[( )
18		(.)
19	H:	Me gusta<u>rí</u>a.

La referencia al interés de los niños no es introducida hasta que el mediador extiende su intervención por tercera vez después de silencios sustanciales (en los términos de la interacción), de modo que sería erróneo tratar este episodio de la metodología de los trabajadores como lo hace Donohue (1989), considerándolo una simple intervención que desaprueba un tipo particular de conducta, haciendo referencia a los intereses de los niños, con algún efecto específico. Es necesario tener en cuenta cómo se va construyendo la intervención en el contexto de una falta de respuesta de los clientes. Vistas en estos términos, se puede considerar que las intervenciones del tipo presentado en el fragmento 11 no operan igual que las realizadas invocando los intereses de los niños.

Este análisis nos ayuda a identificar una importante habilidad para el entrenamiento del mediador profesional. Las diversas reacciones a las intervenciones de los clientes parecen gravitar de distinto modo en las secuencias, y ser más o menos eficaces como medios para mover la sesión en una dirección positiva. Los mediadores disponen de diversos modos posibles de modificar sus intervenciones en el contexto de las respuestas obedientes. Por ejemplo, en el fragmento 3 el mediador, al adoptar una postura menos confrontativa, formula la conducta de los clientes como algo comprensible (y, por lo tanto, no totalmente irrazonable en esas circunstancias), mientras sigue presionando para modificarla. En contraste, en el fragmento 4 el mediador no incorpora el reconocimiento de las posiciones de los padres, y trata de minimizar las consecuencias de sus errores. Estas actitudes alternativas permiten iniciar una taxonomía de las opciones del mediador, que podría conducir a una evaluación de su eficacia en contextos particulares.

Las respuestas de los mediadores al silencio son otros tantos ejemplos de procedimientos posibles. En este material, los mediadores emplean toda una gama de técnicas cuando abordan la falta de respuesta de los clientes. En un extremo del espectro, mantienen una postura confrontativa, a menudo intensificando o fortaleciendo la crítica, como en el fragmento 9. En el otro extremo, pasan de inmediato a una postura no confrontativa.

(12) [*Probations*: 7-1]

```
1       M1:     ... A nosotros nos interesa (0,2) (ese aspecto), y no sus
2               sentimientos acerca del tema
3       s →    (0,5)
```

```
4   M1: e →   No hay ningu:na alternativa a la natación. Si- si la nata-
                ción es un
5                 problema porque ninguno de ustedes sabe nadar (0,5)
                no hay ninguna
6                 alternativa. Podrían recogerlos en otra parte.
7                 (0,4).
8   H:          .hhhh (.) Bien yo (los) recogeré el domingo:.
```

O bien el mediador se limita a solicitar una respuesta:

```
(13) [Probations: 5-7]
1   M2:       El problema es que ustedes dicen que hay que poner
2                 a los niños en un primer plano y esto es así estoy de
                acuerdo con esto. Pero
3                 tengo la sensación de que quizá lo que estén haciendo
4                 por el momento es librar sus propias batallas.
5       s →     (1,9)
6   M2: e →    Es así,
7                 (0,8)
8   H:          (En cuanto a lo que yo quiero)...
```

Una vez más, el trabajo adicional sobre los efectos del empleo de estas técnicas en diferentes contextos ofrece la posibilidad de ayudar a los practicantes a identificar soluciones eficaces para un problema muy común.

Este material también arroja alguna luz sobre las consecuencias posibles de las acciones de los comediadores. La comprensión de los modos en que cada comediador puede afectar el desarrollo de las intervenciones del otro, así como la conducta de los clientes, ayudaría a los practicantes a hacer un uso más eficaz de esta técnica costosa. En particular, se puede recurrir al desarrollo de algún reconocimiento de la manera en que cada comediador puede interferir o promover el esfuerzo del otro. En algunos casos, las intervenciones no atinadas de un comediador inhiben las respuestas de los clientes, prolongan el tiempo perdido en una postura confrontativa, o ambas cosas. En otros casos, el equipo colabora, con un considerable beneficio estratégico.

El balance final, sin embargo, aunque este análisis debe sin duda precavernos de subestimar la contribución de las partes disputantes al curso de la interacción en una sesión de mediación, no está claro que comprometa fundamentalmente la idea cada vez más difundida de que la mediación deja a las partes una autonomía mucho menor que la que pretenden los defensores del método (C. F. Forester, 1992; Rifkin y otros, 1991). Las intervenciones de las partes crean el ambiente en el cual los mediadores tienen que trabajar, pero la verdadera capacidad para mediar consiste en tomar esas intervenciones y reorientarlas de modo que mantengan el progreso hacia la resolución de la disputa subyacente. El mediador sigue siendo el "custodio del marco", el arquitecto de los acuerdos de corto plazo *in situ*, a partir de los cuales puede construirse una unidad en el largo plazo. Al reconocer los aportes de las partes, también señalamos el profundo talento para la improvisación del mediador hábil, que se aferra a esas fruslerías como a la materia prima de su trabajo.

¿Cómo utiliza el mediador el lenguaje y el proceso para crear su rol de tercero? ¿Qué imágenes tratan los mediadores de crear para sí mismos durante las intervenciones? ¿De qué modo ayudan estas imágenes a los mediadores a desarrollar acuerdos sin tener un poder institucional formal para hacerlo?

6

"HABLANDO COMO UN MEDIADOR"
Movimientos conversacionales de los mediadores experimentados en divorcios

Karen Tracy
Anna Spradlin

¿Qué significa hablar como un mediador? ¿Cuáles son las semejanzas y diferencias? ¿A qué se deben esas semejanzas y diferencias? En este capítulo ampliamos lo que se ha aprendido en estudios etnográficos clave (por ejemplo, Kolb, 1983, 1985; Rifkin, Millen y Cobb, 1991; Silbey y Merry, 1983), mediante el análisis del discurso de cuatro mediadores experimentados en divorcios que abordan "el mismo" caso. Comparando y contrastando los movimientos conversacionales de esos mediadores, llegamos a una comprensión más profunda y compleja de lo que significa "hablar como un mediador".

En la primera parte de este capítulo nos concentramos en las semejanzas. La mediación surge ante una dificultad en la interacción. Se espera que los mediadores lleven a un acuerdo a las partes disputantes, pero ellos no tienen ninguna base institucional de poder (Silbey y Merry, 1986). Por lo tanto, para ser eficaces, deben hablar en términos que les procuren un poder interaccional: el derecho supuesto de influir sobre el desenlace y darles forma. Demostramos que los cuatro mediadores experimentados utilizaron movimientos conversacionales análogos para obtener este poder interaccional. Al presentarse como expertos y equitativos, reclamaban el derecho a influir. Establecían su pericia rotulándose como profesionales, y aduciendo experiencia y conocimientos; trabajaban para establecer su equidad dando a entender que eran personas imparciales, utilizando movimientos conversacionales de árbitro y mediante el lenguaje que empleaban para reenmarcar las amenazas a las imágenes personales de los disputantes (Volkema, 1988).

El foco de la segunda sección está en las diferencias, y demuestra que las acciones conversacionales observadas en los cuatro mediadores experimentados amplían, tanto como cuestionan, las caracterizaciones pasadas de los estilos del mediador. Se destacan tres diferencias conversacionales: en el uso del lenguaje, en el manejo de los temas y en la estructuración interaccional. Demostramos que las diferencias observadas respaldan y amplían la caracterización realizada por Silbey y Merry (1986) del estilo negociador, pero llevan a cuestionar la descripción que dan estos autores del estilo terapéutico. Comenzamos con una descripción de los materiales y el método.

Los materiales de la mediación en divorcios

Antecedentes

En 1989, la Academy of Family Mediators (1989a, 1989b) creó dos vídeos de noventa minutos cada uno como ayuda para la formación de mediadores. En esos vídeos se presentaban diversos estilos de mediación para los mediadores en entrenamiento. Tres mediadores individuales y un equipo de comediación demostraban sus estilos con un mismo caso. Había dos hombres (los Mediadores A y B), una mujer (la Mediadora C) y un equipo de comediación formado por una mujer y un hombre (los Comediadores D). Otros miembros de la Academia interpretaron los roles de marido y mujer.

Se abordaba el caso supuesto de una pareja en divorcio que había estado casada durante veintidós años, y cuya disolución se veía complicada por cuestiones concernientes a los hijos, los bienes y la desproporción de las capacidades para ganar dinero de uno y otro miembro. En cada una de las mediaciones se presentaban dos fases del proceso: 1) el encuentro inicial, y 2) la discusión sobre la división de bienes.

Estos vídeos parecieron materiales adecuados para explorar las prácticas verbales del mediador. Se trataba de mediadores experimentados que recurrían a su experiencia para enfrentar una situación nueva. Como la "situación nueva" era la misma en las cuatro mediaciones, estas cintas proporcionaron una oportunidad excelente para identificar diferencias en la acción comunicativa de los mediadores. Aunque una simulación no tiene tanta complejidad como los casos reales, permite no obstante precisar la diversidad de estilos y distinguirla de las diferencias de contextos. En efecto, gran parte de la conceptualización de las diferencias entre los mediadores proviene de la observación de profesionales en diversos contextos organizacionales (por ejemplo Kolb, 1983; Silbey y Merry, 1986). Parece valioso examinar si la descripción de las diferencias de estilo se sostiene cuando los mediadores enfrentan *el mismo* contexto. Ocurre también que los trabajos previos (por ejemplo, véase Silbey y Merry, 1986) no nos permiten excluir la posibilidad de que las diferencias entre los mediadores observados se deban a distintos niveles de experiencia y habilidad.

En este caso teníamos fuertes indicadores implícitos de que todos los mediadores individuales y el equipo de comediación eran competentes. Aunque la Academia puede no estar de acuerdo con los procedimientos específicos de un mediador escogido, resulta difícil imaginar que un grupo profesional elija individuos que considera novatos o ineptos en términos generales para presentarlos como ejemplos en el entrenamiento. En consecuencia, parecía promisorio interpretar que las diferencias reflejaban distintas preocupaciones subyacentes, y no distintas habilidades de los mediadores.

El caso

La pareja en divorcio estaba compuesta por Jane y Keith Summer. Keith, médico y profesor en una facultad de medicina, había iniciado un juicio de divorcio contra su esposa Jane, después de veintidós años de matrimonio. Jane había sido ama de casa durante la mayor parte de su vida, pero poco tiempo antes había obtenido un Master en asesoramiento psicológico y buscaba empleo. La pareja tenía dos hijos: Samantha, de veinte años, que estudiaba en el *college* y no vivía en el hogar, y Geoffrey, de diecisiete años, que cursaba el último año de la escuela secundaria. Jane era ambivalente en cuanto al divorcio, y prefería seguir casada hasta que Geoffrey egresara de la escuela secundaria. Keith era inflexible en cuanto a lograr el divorcio lo antes posible. A ambos los preocupaba la división de bienes, sobre todo, lo que se haría con la casa.

La primera fase de la mediación era la sesión inicial. En este primer encuentro, los mediadores se reunían con la pareja para explicar el propósito de la mediación, sus procedimientos típicos, y obtener la formulación inicial de las cuestiones por parte de los disputantes. En un "avance rápido", la mediación pasaba entonces a las sesiones dos y tres, que se suponía generaban acuerdos sobre los hijos y las responsabilidades económicas. El vídeo de entrenamiento continuaba con la sesión cuatro y el tema de la división de bienes. A esta sesión, ambos cónyuges llevaban declaraciones financieras que contenían información sobre los bienes y las deudas. En la segunda fase, la meta de los mediadores era negociar cuestiones concernientes a la división de la propiedad y a la distribución de los bienes del matrimonio.

Procedimientos analíticos

Comenzamos con la transcripción de los vídeos. Esta transcripción fue realizada en un nivel no demasiado detallado; se registraron las palabras exactas, las expresiones de relleno ("¿sabe?", "quiero decir", "está bien"), las pausas vocalizadas ("ah", "hum") y las palabras enmendadas, pero, con la excepción de unos pocos casos, no tratamos de captar pautas de énfasis, pausas, la ubicación exacta de las superposiciones e interrupciones o patrones de mirada. Varios analistas del discurso (Coupland, 1988; Craig y Tracy, 1983) han señalado que no existe ningún nivel "correcto" para transcribir los detalles; el nivel adecuado depende del propósito del análisis, y supone un trueque general entre el detallismo de la transcripción y la cantidad de texto examinado. Nosotros optamos por transcribir en "grano grueso" una mayor cantidad de interacción.

Nuestra meta al analizar las ocho sesiones de mediación era identificar las semejanzas y diferencias de los movimientos conversacionales de los cuatro tipos de mediación. En esencia, encaramos las transcripciones con un conjunto inicial de supuestos sobre las metas y los propósitos de la mediación en divorcios, y acerca de los tipos de diferencias advertidos habitualmente. Estos supuestos derivaban de textos anteriores sobre la mediación, y también de la experiencia directa. Al estudiar las transcripciones tratamos de identificar qué acciones conversacionales podían entenderse como dirigidas hacia un propósito específico, y cuáles indicaban diferentes creencias sobre la naturaleza de la mediación. La meta era ampliar las investigaciones anteriores, proporcionando una descripción de las estrategias generales (establecer la pericia) o las diferencias de estilo, basadas en mayor medida en la conversación. Entendemos que esta meta es deseable en sí misma (Tracy, 1991) y también a los fines de realizar una crítica de las afirmaciones teóricas sobre la práctica de la mediación.

Semejanzas de los mediadores en divorcios

Todos los mediadores encaran un dilema interaccional análogo: tienen que generar un acuerdo, pero para lograrlo no cuentan con ninguna base formal de poder. Por lo tanto, tratan de remediar esa falta comunicándose de modos que generan poder interaccional. Por medio del modo de presentarse y de presentar su programa de mediación, el mediador incita suavemente al acuerdo. Silbey y Merry (1986) caracterizan este proceso como sigue:

> Hay un reclamo de autoridad e implícitamente de deferencia cuando el mediador se presenta en sus introducciones, e intermitentemente a lo largo de la sesión de mediación, cuando ofrece consejo, da información sobre las alternativas posibles y las cuestiones de hecho, o

condena el lenguaje y los símbolos asociados con el derecho o las profesiones de ayuda (pág. 12).

Kolb (1985) proporciona la descripción más detallada de cómo los mediadores laborales realizan este proceso de obtención de poder, un proceso del cual, a juicio de esta autora, la mayoría de los mediadores son sólo oscuramente conscientes. Basándose en el marco dramatúrgico de Goffman (1959), Kolb identifica un conjunto de movimientos conversacionales que los mediadores utilizan para dar la impresión de expertos, amistosos y equitativos. La autora dice que esa impresión refleja las tácticas utilizadas por los mediadores para influir sobre las partes, en el sentido de que lleguen a un acuerdo. En la obra de Kolb encontramos una buena caracterización general de las semejanzas en los movimientos conversacionales de los mediadores. Pero, como el trabajo de ella se basa principalmente en entrevistas con mediadores, no tenemos una sensación precisa de lo que los mediadores dicen, ni de los tipos de variaciones que se presentan. El estudio del discurso de los mediadores refina el cuadro con respecto a cómo los mediadores establecen habitualmente 1) su pericia, y 2) su equidad.

Establecimiento de la pericia

Lo mismo que Kolb (1985), nosotros encontramos que los mediadores realizan un trabajo interactivo para establecer que ellos son profesionales experimentados y conocedores de un proceso complejo. Consideremos, por ejemplo, lo que dijo el Mediador B después del saludo inicial.

Fragmento 6.1

Muy bien, la razón por la cual pido a las parejas que vengan aquí, a lo que yo llamo una consulta inicial, es básicamente que necesito cubrir, hum, tres puntos principales y, ah desde luego, otras cosas. Pero, a lo largo de los años he descubierto que, hum, las parejas que piensan en la mediación, que consideran la posibilidad de usarla, en primer lugar creo que necesitan tener la oportunidad de reunirse con el mediador e interactuar, y ver cómo se sienten. De modo que me gusta usar esta sesión como oportunidad para que los tres sencillamente hablemos. Y en segundo lugar porque la mediación es algo que, si bien se la está conociendo mejor, me parece que muchas personas tienen todavía algunos interrogantes acerca de cómo funciona. Cada uno hace las cosas de un modo un poco diferente de los otros. Y me gusta tener tiempo para explicar exactamente lo que yo haría para tratar de ayudarlos a ustedes dos.

En el monólogo de apertura, este mediador reclama que se reconozca su pericia, realzando la experiencia que tiene. Lo hace 1) subrayando que ha hecho mediación durante muchos años ("a lo largo de los años…"), y 2) expresando su comprensión del punto de vista típico de las parejas que encaran la mediación. Obsérvese que semejante tipificación de los puntos de vista sólo es posible si se tiene experiencia. Al emprender un monólogo de apertura como éste, el mediador también transmite el mensaje que está al mando de ese proceso en el cual inicia a la pareja. Sus referencias a la experiencia lo establecen como una persona con derecho a influir sobre lo que suceda en la situación.

La idea de la pericia fue transmitida por otros dos movimientos conversacionales. Uno consistía en enunciados explícitos del mediador sobre la posesión de tipos técnicos de conocimiento ("Estoy plenamente familiarizado con las cuestiones empresariales" o "Les puedo decir lo que dice la ley… Puedo proporcionarles alguna información jurídica"). Otro método era revelar hechos que se podía considerar improbable que los participantes conocieran ("Es muy inusual que las dos partes decidan por mutuo acuerdo seguir adelante y conseguir el divorcio. En más o menos el 75 por ciento de los divorcios, sólo una parte decide o realmente inicia el proceso, mucho más que la otra").

Además de estos dos tipos de movimientos conversacionales, documentados con respecto a los mediadores laborales (Kolb, 1985), los mediadores en divorcios se establecen como expertos contrastando su trabajo con el de otros tipos de profesionales. Veamos cómo lo hace cada mediador. La Mediadora C dijo:

Fragmento 6.2

Necesito explicarles que yo no tomaré las decisiones por ustedes, y que, en este sentido, la mediación es diferente del arbitraje, en el que ustedes le presentan su caso a alguien, y ese otro es el que decide. La mediación también es diferente de la psicoterapia, porque nuestra meta es ayudarlos a llegar a un acuerdo, y no a explorar, ah, sus problemas psicológicos personales o, ah, los problemas matrimoniales que han creado el tipo de sufrimiento y conflicto que ustedes han descrito. En este sentido, esto es diferente. Por otro lado, yo tampoco soy abogada, de modo que ustedes tienen que saber, entre otras cosas, que no les proporcionaré asesoramiento legal.

En este ejemplo, la Mediadora C contrasta su rol con otros tres roles –el de árbitro, el de psicoterapeuta y el de abogado–, subrayando lo que ella considera la diferencia notable. El Mediador A realiza un enunciado análogo.

Fragmento 6.3

Permítanme decirles que yo soy, ah, abogado, y también trabajador social, por formación. Pero probablemente más importante es que voy a funcionar como mediador. De modo que para ustedes no voy a ser ni un abogado ni un consejero.

Los Mediadores A y C fueron los que más detallaron los contrastes, pero todos los profesionales señalaron estas diferencias. El Mediador B repetidamente señaló que no era un consejero, y los Comediadores D indicaron que la mediación no se involucraría en una actividad altamente asociada con otro foro y rol ("No estamos en realidad aquí para analizarnos recíprocamente, para comprender todas nuestras motivaciones subyacentes").

Estas caracterizaciones establecen al mediador como "un profesional". Ninguno de los mediadores intentó establecer lo que hacía como una extensión de las actividades realizadas rutinariamente por las personas en su vida personal; ninguno dijo "Lo que vamos a hacer aquí es análogo a lo que hacen ustedes cuando tratan de ayudar a dos amigos a elaborar un desacuerdo". Al comparar la mediación con otras profesiones más establecidas, los mediadores se ubican a sí mismos en la amplia categoría de "los profesionales", una categoría de personas que saben más que la gente común y que merecen que se sigan sus sugerencias.

Establecimiento de la equidad

En la mediación en divorcios, una obligación central del mediador (y una fuente central de su poder) es ser neutral, actuar como "un tercero imparcial", "no tendencioso", "equitativo", "equilibrado". Aunque a nuestro juicio estas distintas expresiones no se refieren exactamente al mismo rasgo, consideramos que orientan hacia una constelación de cualidades interaccionales que son esenciales para los mediadores. A menos que el mediador pueda establecer su equidad, las probabilidades de que consiga el acuerdo son limitadas.

En los vídeos de entrenamiento todos los mediadores utilizaron tres estrategias conversacionales para establecer su equidad: 1) implícita o explícitamente se caracterizaron como equitativos; 2) realizaron movimientos conversacionales de tipo arbitral, y 3) intentaron reenmarcar las amenazas abiertas de los disputantes en un lenguaje menos hostil o inculpador.

Caracterizarse explícita o implícitamente como equitativos. Los mediadores trataron de establecer su equidad afirmando explícitamente o dando a entender con fuerza, implícitamente, que eran equitativos ("equilibrados", "neutrales"). El Mediador A fue el más explícito en esta acción conversacional.

Fragmento 6.4

La otra cosa que necesito que ustedes comprendan es que mi rol como mediador es "yo no soy neutral". Esto a veces sorprende a la gente… Mi tarea es ser equilibrado. De modo que si hago bien mi trabajo, en realidad los dos estarán convencidos en un momento u otro de que en realidad me he colocado del lado del otro.

Aunque el mediador puede tratar de establecerse como equitativo caracterizándose como lo hizo el Mediador A, hay razones para proceder de un modo más sutil. En la interacción cotidiana suele suceder que una persona se caracteriza a sí misma cuando se siente amenazada. Si alguien se caracteriza como equitativo, pone de relieve que quizá los otros lo vean de distinto modo. El Mediador A minimiza las consecuencias negativas potenciales de la autocaracterización planteando un contraste entre dos cualidades presumiblemente positivas (la neutralidad y el equilibrio). Todos los otros mediadores afirmaron su equidad de un modo más indirecto.

La Comediadora D estableció su equidad reconociendo y dirigiendo sus comentarios a cada una de las personas por turno.

Fragmento 6.5

En primer lugar, vamos a asegurarnos de que cada uno de ustedes tenga la oportunidad de explicar la situación tal como la ve ahora, y de hacerle preguntas al otro, si tiene preguntas clarificadoras por hacer. Mientras tanto [el nombre del Comediador] y yo trataremos de decidir cuáles son los temas más importantes que es necesario que discutamos aquí y… Entonces atenderemos a esas, a esas cuestiones, a esos puntos, y trataremos de entender lo que es importante para usted [mirada dirigida a Jane] y lo que es importante para usted [mirada dirigida a Keith]. Ahora hum, quizá podamos nosotros presentar algunas opciones que satisfagan sus necesidades [comentario dirigido a Jane] y también las suyas [comentario dirigido a Keith].

Al reconocer explícitamente que cada parte tiene su propia historia que contar, y que estas dos historias no son idénticas, la Comediadora D enmarca la mediación como una situación en la cual habrá turnos. Al dirigirse sucesivamente a cada una de las partes, y hacer referencia a que ella controlará los turnos, la Comediadora satisface una dimensión importante de la equidad: que todas las partes tengan oportunidades razonables de hablar. Este enmarcamiento implica con energía que la Comediadora D será equitativa.

Los Mediadores B y C establecen implícitamente su equidad describiendo sus metas como mediadores. El Mediador B dice:

Fragmento 6.6

Estoy tratando de ayudarlos a que salgan de aquí con un acuerdo escrito detallado que, cuando lo miren, puedan decir entiendo lo que significa, entiendo lo que hicimos, ah, parece equitativo.

El Mediador B dice implícitamente que será equitativo, puesto que ayudará a los cónyuges a producir un acuerdo que a ellos les parezca equitativo. Ayudar a los otros a crear un documento equitativo no necesariamente entraña que el mediador también lo sea, pero la idea implícita es fuerte. Como el Mediador B, la Mediadora C trabaja para establecer su equidad describiendo el desenlace deseado de la mediación. Describe su rol, "ayudarlos a llegar a acuerdos, acuerdos mutuamente satisfactorios para los dos". Aunque nosotros pensamos que las diferentes opciones lingüísticas ("equitativos" por un lado, y por el otro, "mutuamente satisfactorios") son significativas, en este punto resulta notable la semejanza en los modos de establecer la equidad interaccional.

Movimientos conversacionales de árbitro. Un segundo tipo de movimiento conversacional utilizado para establecer la equidad era actuar como árbitro. Igual que en los deportes, los mediadores llamaban la atención de los disputantes sobre las violaciones a las reglas del juego. En la mediación, esto significaba señalar quién debía hablar o quién interrumpía al *partenaire*. En algunos casos, las reglas de la mediación se explicitaron al principio, como hemos visto que lo hizo la Comediadora D.

Fragmento 6.7

Esto no es fácil, y probablemente habrá cosas sobre las que debamos acordar desde el principio, sobre el modo de llevar nuestros asuntos aquí. Ah, esto, esto nos ayudará. Permítanme enunciar sólo un par para ustedes, y vean si piensan de otro modo al respecto... pero les vamos a pedir que no interrumpan al otro.

No obstante, también ocurrió que los mediadores no identificaban las reglas hasta el momento en que eran violadas.

Fragmento 6.8

Una de las cosas que me gustaría que hicieran, que me parece que los ayudará a alcanzar un acuerdo, es pedirles que cada uno hable por sí mismo. [A Keith] Usted ha dicho un par de veces lo que tiene en mente Jo, ah, Jane. [A Jane]. Usted dijo que sabe claramente por qué él abandona el matrimonio, y usted, Jane, me está diciendo lo que, por qué él hace las cosas. Me gustaría que cada uno de ustedes hablara por sí mismo.

Aunque es posible que el mediador sea percibido como un árbitro no equitativo, sugeriríamos que el mero acto de arbitrar constituye una parte significativa del modo de establecer la neutralidad.

Reenmarcar las amenazas abiertas. En un análisis de los casos de mediación en divorcios, Jacobs y otros (1991) han demostrado que las inculpaciones y las críticas de ida y vuelta se convierten a menudo en las actividades conversacionales centrales de los disputantes. En este contexto, nosotros observamos que los mediadores establecían su imparcialidad ante cada parte diluyendo los comentarios negativos de una parte respecto de la otra (Rifkin y otros, 1991). Veamos de qué modo lo hizo la Comediadora D en su respuesta a un comentario de Keith sobre Jane.

Fragmento 6.9

K: El hecho es que en realidad no hay ningún buen momento para divorciarse. No importa que uno tenga hijos pequeños, ya crecidos o intermedios. Ah, ah. Jane conoce mi preocupación por Geoffrey y Samantha. Ah, ah. No creo que ella cuestione mi capacidad como padre o mi amor a los niños, ah, pero cuando dice, por ejemplo, que éste no es un buen momento para Geoff, en su último año de la escuela secundaria, Dios mío, ¿es un buen momento para que vea a sus padres separados? O, o, o no viviendo realmente como marido y mujer. Yo no creo, no hay ningún buen momento.

M: Parecería que su principal preocupación, o por lo menos una de las principales, es Geoff.

El reenmarcamiento de la Comediadora D hace a un lado el sarcasmo del comentario de Keith. Lo dicho por Keith implicaba que Jane era muy poco razonable con su argumento de que el matrimonio no debería terminar hasta que Geoffrey egresara del secundario. La nueva enunciación de la Comediadora transforma la crítica de Keith a su esposa en una expresión de la preocupación del hombre por su hijo, una preocupación que Jane compartía.

Además de utilizar los reenmarcamientos para suprimir la información que reflejaba a uno de los cónyuges de modo negativo, los mediadores también trataron de que el disputante que hablaba compartiera los rasgos potencialmente negativos.

Fragmento 6.10

K: ((Nosotros)) probablemente lo elaboraremos y trataremos de resolverlo, pero Jane, cada vez que nos sentamos a discutirlo, se deja arrastrar por sus sentimientos

M: Oh está bien pero confiemos en que ahora

K: y por lo tanto ah por eso estamos tomando esta ruta

J: Por supuesto que soy emocional, no quiero que me conviertas en [el

M: [Los dos son emocionales. Nadie pasa por un divorcio si los dos miembros de la pareja no son emocionales.

En las palabras de Keith está implícito que Jane es la causa de la imposibilidad de que ellos elaboren los detalles de su divorcio sin buscar ayuda. El problema es la "emocionalidad" de ella. Jane responde claramente a esta cuestión de la culpa. No llega a terminar su oración debido a la interrupción de la mediadora, pero probablemente habría dicho: "No quiero que me conviertas en *el villano* o *el malo de la película*". El mediador intenta detener el segmento de esta inculpación, tratando la emocionalidad como algo normal y que ambos participantes deben estar experimentando. Al hacerlo, procura mitigar la crítica a Jane, y presenta la emocionalidad como una característica común a los dos cónyuges.

Los mediadores establecen su equidad cuando logran reenmarcar con éxito. Pero el reenmarcamiento no es siempre exitoso; a veces se deja arrastrar por las opiniones de uno de los participantes. Cuando esto sucede, es probable que una parte (él o ella) sienta que ha sido tratada de un modo no equitativo. Veamos cómo es un reenmarcamiento no exitoso.

Fragmento 6.11

J: Hay algunas cosas que no entiendo muy bien, y son las que me hacen sentir más incómoda.

M: Esto es importante, y es importante que yo las conozca y que usted me las haga conocer. Permítanme que se los diga de nuevo. Yo no me apresuro en la mediación, necesito estar muy en claro. Las dos personas tienen que entender, ¿comprenden? Nosotros podemos proponer el mejor acuerdo del mundo, quiero decir el acuerdo más decente y equitativo, pero si una de las personas no lo entiende es inútil, ¿no es así? Subsiste algún resentimiento.

K: Muy bien, pero espero que no perdamos el tiempo dando vueltas.

M: Bien sabe aprecio eso, aprecio esa preocupación. Jane usted sabe

J: No sé a qué se refiere él con dar vueltas

K: Bien si no quieres el divorcio puedes arrastrar esto hacerlo lento y fingir que no entiendes.

M: Umm hmm.

J: No me interesa jugar, Keith.

M: *Bien, muy bien, tengo que tomarles la palabra a los dos en este punto y pienso que se pueden controlar recíprocamente, ¿de acuerdo? Y si usted siente que éste es un problema puede plantearlo Keith. Con el mismo motivo Jane no tengo razones para creer que a cualquiera de ustedes no se le permitirá si dicen, hacer lo que dicen.*

En este intercambio, el mediador ha sido no equitativo con Jane. Jane había dicho que no quería que la apuraran; Keith expresó su preocupación por la posibilidad de que la mediación avanzara demasiado lentamente. Pero en el comentario final del mediador advertimos una mayor simpatía por Keith. El mediador enmarca este comentario como si significara lo mismo para ambas partes ("Bien, muy bien, tengo que tomarles la palabra a los dos en este punto"), pero esto se contradice con la secuencia de la conversación en curso. Jane acaba de expresar que no intentaría demorar el proceso para obtener ventajas estratégicas ("No me interesa jugar, Keith"). Ella es la única parte que ha dado su palabra de actuar de cierto modo. En consecuencia, el comentario del mediador sobre "tomarles la palabra" no tiene las mismas implicaciones para ambos cónyuges. El mediador podría haber dicho algo así: "Keith, si piensa que Jane le está dando largas al asunto, usted puede señalarlo; Jane, si le parece que Keith pretende llegar a un acuerdo tan rápido que usted no pueda entenderlo, señálelo también"; este enmarcamiento habría sido mucho más equitativo con ambas partes.

El reenmarcamiento es quizás el modo más rutinario y corriente que tienen los mediadores para establecer su equidad, pero a veces la cuestiona. En las cuatro mediaciones en divorcios se encuentran semejanzas en los movimientos conversacionales utilizados para establecer la pericia y la equidad. No obstante, también hubo una diversidad sorprendente en la manera de manejar la interacción.

Las diferencias en la comunicación del mediador

En el campo de la mediación, es un lugar común que los distintos mediadores tienen diferentes modos de "hacerla". Se ha dedicado una considerable atención a la naturaleza de estas diferencias (por ejemplo, Bernard, Folger, Weingarten y Zumeta, 1984). Lo más típico es que las diferencias observables entre los mediadores hayan sido formuladas como cuestiones de estilo. Estas diferencias de estilo han sido caracterizadas como diferencias en el grado de directividad (Blades, 1984), activismo o pasivismo (Marlow, 1987), formación de abogado o de terapeuta (Gold, 1984; Marlow, 1987), actitud de "generador de tratos" u "orquestador" (Kolb, 1986), orientación hacia la tarea o mediación socioemocional (Kressel y Pruitt, 1989a), enfoque de negociación o terapéutico (Silbey y Merry, 1986).

Entre estas caracterizaciones, la de Silbey y Merry (1986) es la única que estudia la mediación familiar y comunitaria basándose en una observación amplia y en diferencias interaccionales detalladas. Silbey y Merry sostienen que los mediadores presentan un estilo de negociación o terapéutico. Nuestro análisis respalda y amplía la descripción que dan estos autores del modo negociador. Dos de los mediadores experimentados (A y B) se comunicaban de modos congruentes con este estilo. Los estilos de los otros dos mediadores (C y D) sólo respaldaban en parte la caracterización del enfoque terapéutico. Aunque el discurso de los Mediadores C y D presentaba rasgos terapéuticos, también reflejaba un compromiso con la negociación basada en intereses. Por lo tanto, para retener el rótulo "terapéutico" de Silbey y Merry necesitaremos redefinir su manifestación en los mediadores *experimentados* en divorcios. En las sesiones que siguen destacamos las diferencias en los discursos de los mediadores. Mostramos que el examen de los dichos del mediador al mismo tiempo respalda y cuestiona las caracterizaciones de los estilos de negociación y terapéutico.

Silbey y Merry (1986) caracterizan como sigue el estilo negociador: 1) los mediadores reclaman autoridad como profesionales con pericia; 2) definen el propósito de la mediación como llegar a un acuerdo; 3) utilizan un alto grado de estructuración del proceso; 4) pasan por alto las demandas emocionales; 5) dan por sentado que los disputantes saben lo que quieren, y 6) se centran en las demandas susceptibles de trueques.

Los Mediadores A y B, cuyo estilo nosotros identificamos como negociador, realizaron movimientos conversacionales que lograban esas metas. Estos mediadores se establecían como negociadores y se distinguían de los Mediadores C y D por tres características primordiales: su empleo del lenguaje, el manejo de los temas y la estructuración de la interacción.

Empleo del lenguaje por el mediador. Los mediadores diferían en el lenguaje que empleaban para enmarcar las metas de la mediación, y también las metáforas raigales (Lakoff y Johnson, 1980) que daban forma a sus dichos. Los negociadores utilizaban un lenguaje que presuponía un mundo mucho más nítido que el encarado por los mediadores no-negociadores. Contrastemos los comentarios del Mediador B (fragmento 12) con los de la Mediadora C (fragmento 13).

Fragmento 6.12

En esta mediación, lo más importante para mí será que ustedes dos tengan la oportunidad de llegar a, ah, una decisión voluntaria informada. ¿De acuerdo? Y por esto entiendo que los dos tengan toda la información que necesitan y que hayan considerado básicamente todas las opciones.

Fragmento 6.13

Básicamente, la mediación es un proceso cooperativo de resolución de problemas en el cual la meta es, ah que ustedes dos lleguen a acuerdos sobre todas las cuestiones... mi tarea consiste en realidad en facilitar este proceso para ayudarlos a comprender todos los datos que necesitan considerar y comprender también lo que cada uno de ustedes siente acerca de estas cosas, cuáles son sus necesidades e intereses, también los de sus hijos, y ayudarlos a llegar a un acuerdo, acuerdos que sean mutuamente satisfactorios para los dos.

Consideremos las diferentes concepciones de la mediación implícitas en la descripción del proceso como orientado a proporcionar información, de modo que los disputantes puedan llegar a acuerdos equitativos e informados, o bien como reflejo de las necesidades e intereses de cada participante, de modo que puedan desarrollarse acuerdos mutuamente satisfactorios. El primer lenguaje enmarca el proceso como una toma de decisiones relativamente objetiva. Aunque las personas pueden disputar en los casos particulares acerca de lo que es equitativo, se supone que existe una norma de la equidad socialmente compartida a la que es posible apelar. El segundo lenguaje no da esto por sentado. En cambio, apunta a un proceso más complejo. Presupone que las personas no parten sabiendo lo que necesitan; tienen que reflexionar sobre "los datos". Además, al describir el acuerdo como "mutuamente satisfactorio", enmarca la meta en términos de consenso, y no de llegar a saber lo que es equitativo.

Además del lenguaje empleado para la mediación, los dichos de los mediadores ponen de manifiesto diferentes metáforas raigales. Las metáforas raigales son modos de enmarcar una actividad en los términos de otra (por ejemplo, Smith y Eisenberg, 1987). En contraste con los mediadores no-negociadores, que se basan en metáforas de entrenamiento y terapia, los negociadores utilizaron metáforas económicas para describir la mediación. Además de rotular a la familia como "una empresa" y enmarcar la mediación como algo que reestructuraría la relación de pareja, el Mediador A repetidamente empleó un lenguaje que recordaba la toma de decisiones económicas. En las empresas, a las personas les interesa el tiempo y el dinero, y toman en cuenta estos factores en todas sus decisiones. En las empresas se usan organigramas para describir las relaciones entre las personas. En las empresas la gente se empeña en clarificar las decisiones, suprimiendo la ambigüedad y la complejidad. El Mediador A hizo todas estas cosas. Se refirió dos veces al hecho de que la mediación cuesta dinero, algo que no hicieron los otros mediadores. En su enunciado de apertura puntualizó que proveería información sobre "el tiempo, los costos". Resumió una disputa entre Jane y Keith sobre el aporte de cada uno de ellos al cuidado de los niños diciendo: "Pero el *resultado neto* es que ustedes dos han cuidado muy bien a los niños, ¿no es así?". Su entrevista de apertura de veinte minutos estuvo salpicada con indicadores de sensibilidad al tiempo ("rápidamente", "muy brevemente", "no me voy a detener en...") que nos recuerdan que el tiempo es dinero y que es preciso racionarlo según la importancia de la tarea. En la sesión de apertura, sobre una gran hoja de papel, dibujó un diagrama de la estructura de la familia de Jane y Keith. Al final de la primera sesión de mediación enmarcó la opción que tenía la pareja con un enfoque de vendedor: "Aquí está la opción de ustedes, y ésta es la naturaleza de la mediación: rápida y simple". A través de todos estos modos de hablar, el Mediador A transmitía una concepción de la mediación como transacción económica.

En lugar de hablar de la mediación en un lenguaje económico, los Mediadores C y D se basaban en el idioma del entrenamiento y la terapia. Lo hacían mediante el reconocimiento frecuente de los sentimientos, el empleo de la escucha reflexiva y el aliento a que cada disputante controlara la comprensión que él o ella tenía de la perspectiva del otro.

Empleando el lenguaje de estos modos, los mediadores se establecían como negociadores o no-negociadores. El uso del lenguaje por los negociadores apuntaba a un mundo de cuestiones económicas claras susceptibles de evaluación, un mundo en el que podía darse por sentado que los disputantes sabían lo que querían, un mundo en el que la tarea de llegar a un acuerdo podía encararse de una manera relativamente directa. Las diferencias de estilo también se desplegaban en la estrategia del manejo de los temas.

Manejo de los temas. Los mediadores son custodios de la información, y deciden cuáles son o no son temas de conversación aceptables en la mediación. Una diferencia notable entre los cuatro mediadores fue la de las diversas medidas en que consideraban aceptables los temas concernientes a las emociones o a los estados afectivos de los participantes. Los Mediadores A y B señalaron explícitamente temas emocionales que estaban al margen del campo de la mediación. Veamos cómo lo hicieron. Después de que Jane se manifestara perturbada por la terminación de su matrimonio, el Mediador A comentó:

Fragmento 6.14

Quizás usted entienda Jane, yo no puedo hacer que Keith siga en el matrimonio, ¿no es así? Lo que puedo hacer es, si usted necesita atravesar este momento difícil, es tal vez darle una oportunidad de conservar algún tipo de control sobre eso... No voy realmente a demorarme en, en, conozco los sentimientos que usted tiene y las relaciones, las cuestiones de relación son extremadamente importantes, y hablaremos sobre ellas en algunos puntos. Pero no soy un consejero, de acuerdo de modo que no puedo ah, y no seré la persona que los ayude a elaborar eso.

El comentario del Mediador A tiene una estructura de "sí, pero", un modo típico de expresar desacuerdo (Pomerantz, 1984). El Mediador A indica al principio que los sentimientos son importantes, pero a continuación los caracteriza como inadecuados para la discusión en una mediación ("pero no soy un consejero"). El Mediador B hace varios comentarios de esta naturaleza.

Fragmento 6.15

Ah, yo no sé qué es lo que sucedía en sus sesiones con el consejero, pero como mediador no es mi propósito prolongar ese asesoramiento.

Fragmento 6.16

Soy sensible a las emociones y sentimientos relacionados con las razones de que el matrimonio termine, pero mi foco principal está en ayudarlos a llegar a un acuerdo estricto sobre los hijos, para cuidarlos e intercambiarlos.

Cada uno de los comentarios del Mediador D siguió a dichos de Jane sobre sus sentimientos de malestar por la conclusión del matrimonio. Dando por sentado que el mediador suscribe las expectativas de pertinencia conversacional (Grice, 1975), los comentarios del Mediador B funcionaron como un reproche a Jane por introducir temas inadecuados para ese escenario. De modo que los negociadores informan a los disputantes que los temas afectivos son inadecuados para la mediación, señalando explícitamente esos temas como ajenos al ámbito cuando alguna persona los introduce.

En contraste, los mediadores no-negociadores dedicaban un trabajo considerable a reconocer la legitimidad de los sentimientos. Poco después de iniciado el proceso, la Mediadora C dijo:

Fragmento 6.17

Bien, éstas son cuestiones difíciles. Ustedes dos están entrando en un período que para la mayoría de las parejas es muy duro. Hay mucha decepción, cólera y muchas heridas que a menudo crean muchos problemas y uno de los propósitos de la mediación es proporcionarles un foro a los dos en el que con suerte puedan como identificar y abordar todas esas cuestiones de un modo que les haga sentir que han sido escuchados al alcanzar algunos acuerdos y entiendo que éste es un proceso difícil.

Para los no-negociadores, las emociones parecían ser indicios que ayudaran a guiar la discusión hacia el descubrimiento del interés de cada parte. Veamos de qué modo un Comediador D respondió a un estallido emocional:

Fragmento 6.18

K: [A Jane, sobre su deseo de conservar la casa]. Es un museo. Tiene cinco dormitorios, y ahora vive allí un solo chico. Me pregunto para qué quieres una casa grande. Sentimentalidad. Creo que ella, pienso que es sólo un símbolo de ah, de ah, ah, ah, no renunciar al matrimonio.

M: [A Keith]. Sé que usted tiene algunas opiniones muy formadas sobre lo que tiene que ocurrir, pero yo realmente trato de ver qué es lo importante al respecto para usted, qué hacemos con la casa.

K: Para mí es importante vender esa casa porque tiene bastante valor y los dos podríamos comprar o por lo menos pagar una parte sustancial de otra casa...

De modo que allí donde los mediadores que empleaban el estilo negociador pasaban por alto las cuestiones afectivas marcándolas como fuera del tema, los mediadores no-negociadores legitimaban esas expresiones emocionales y trataban de utilizarlas para descubrir los intereses reflejados en ella.

Estructuración de la interacción. Los mediadores negociadores se orientaban hacia la mediación como un proceso mucho más estructurado que el que se advertía con los no-negociadores. Esto se desplegó interactivamente del modo más notable en la sesión centrada en el acuerdo sobre la propiedad. Los Mediadores A y B iniciaron la sesión produciendo un inventario del valor monetario de los bienes y deudas del matrimonio. Estos mediadores emplearon un tablero con hojas para asentar en números el valor monetario de los bienes matrimoniales. Las columnas tenían como encabezamientos las palabras "bien", "valor", "Jane" y "Keith". De hecho, el Mediador A utilizó materiales escritos que le habían proporcionado los cónyuges para confeccionar la tabla antes de que se iniciara la sesión. Explicó lo que iban a hacer de este modo:

Fragmento 6.19

Lo primero que me gustaría hacer esta noche es ver dónde estamos en los términos de un inventario y de los bienes. ¿De acuerdo? A continuación tendremos una especie de cuadro total. Después repasaremos y refinaremos estos números, asegurándonos de que sean los valores finales, de que estén bien las sumas, y así sucesivamente, cuando lo reunamos todo en el acuerdo final sobre la propiedad. La cuestión es qué principios se aplicarán para la división de bienes. ¿Cómo quieren dividir la propiedad? Luego consideraremos quién se quedará con qué, en una y otra columna, de modo que podrán ver cuán cerca están de su principio de división en cuanto a lo que los dos piensan que tiene sentido para ustedes en un acuerdo aceptable.

La explicación del Mediador A y el empleo del tablero con hojas de papel sugiere que él tenía una comprensión clara de los pasos que deben dar las parejas que se divorcian para llegar a un acuerdo sobre los bienes –el proceso interactivo se puede conocer de antemano–. El hecho de que al proceso se le atribuya una estructura predecible está implícito en la disposición del mediador a enumerar los bienes antes de la discusión y en su bosquejo sistemático de los pasos que los tres darían para confeccionar el balance y llegar a un acuerdo.

Esta práctica del Mediador A contrasta con el empleo del tablero y los papeles por la Mediadora C. En lugar de usar columnas, la Mediadora C escribió el primer bien, la residencia de la familia, y comenzó a hacer preguntas de clarificación. Después de registrar las cifras que le dieron los participantes, la Mediadora les preguntó: "¿Qué es lo que piensan ustedes sobre la casa?". Repitió este proceso a medida que iba anotando los principales bienes. Este dispositivo hizo emerger las preocupaciones relacionadas con cada bien. En esencia, la Mediadora C trataba de identificar las cuestiones basándose en la discusión. Con la hoja de papel y el marcador hizo algo análogo a lo que el Comediador D realizó verbalmente.

Fragmento 6.20

Tal como yo lo entiendo, lo que tenemos que hacer aquí esta noche es considerar sus ah bienes y ver cómo pueden dividirse, de un modo equitativo, de un modo que los dos puedan ver como equitativo y que satisfaga sus necesidades. Quiero decir que hay algunos bienes que son maritales, hay algunos bienes que son conjuntos, hay algunos separados, pero nosotros tenemos que considerarlos todos y ver cómo se pueden dividir de modo equitativo. ¿Cuáles son sus preocupaciones principales con respecto a este bien, cómo está dividido, qué es lo que se divide, qué es lo más importante para ustedes en toda esta cuestión de los bienes?

Los Mediadores C y D no supusieron que sabían cuáles eran las cuestiones antes de escuchar a las parejas. Al interrogar específicamente a cada parte sobre cómo veía las cosas y qué era lo más importante para ella, trataban la estructura interaccional como un emergente, algo a lo que se llegaba a través de la conversación. Los mediadores no-negociadores parecen ver la mediación como un proceso interactivo que debe controlarse en el lugar y de un modo fluyente, no usando un dispositivo preestablecido para guiar la interacción.

Resumen

Hasta aquí hemos mostrado de qué modo se desplegó en términos de conversación el estilo negociador de Silbey y Merry (1986). También hemos descrito el estilo no-negociador. Parte de lo que presentamos como el estilo no-negociador es congruente con lo que estos autores denominan "estilo terapéutico". En este estilo terapéutico se ponía de manifiesto que los no-negociadores 1) aceptaban una gama mayor de expresiones emocionales; 2) ampliaban la discusión para explorar los sentimientos y las relaciones pasadas, y 3) asumían el supuesto de que los disputantes no siempre sabían lo que querían desde el principio. No obstante, en la descripción de este estilo faltaba reconocer que por debajo de los diversos detalles había una justificación racional coherente.

Para Silbey y Merry (1986), los mediadores terapéuticos abrían las cuestiones, pero no iban a ningún lado con ellas. En esta caracterización nos da la impresión de que falta un rasgo esencial que nosotros observamos: *la razón de que se abriera el intercambio*. Esta razón estaba fuertemente implícita en los dichos de los mediadores no-negociadores. Los Mediadores C y D no se limitaban a abrir la comunicación, sino que practicaban la mediación como un foro en el que los disputantes tenían que expresar sus intereses antes de que se pudieran considerar las soluciones y decisiones. Los movimientos de apertura de estos mediadores intentaban ayudar a los miembros de la pareja a identificar sus necesidades.

Las acciones conversacionales de los Mediadores C y D reflejaban un fuerte compromiso con la negociación basada en los intereses (Fisher y Ury, 1981; Haynes, 1983; Moore, 1986). Este compromiso ya se vislumbraba en los fragmentos anteriores, pero es incluso más visible en el manejo por los Comediadores D de la sesión dedicada a los bienes. Al principio de esa sesión, Jane dijo que ella debería quedarse con la casa porque cuando la compraron la madre le había regalado los 25.000 dólares de la seña. La posición de Keith era que la casa se había pagado con el trabajo de él, y que había que venderla y dividir por la mitad el dinero que percibieran. Ambos disputantes estaban abroquelados en estas posiciones.

Observemos cómo, en el fragmento que sigue, el mediador trató de descubrir la necesidad subyacente en la posición de la mujer.

Fragmento 6.21

M: Lo que usted está haciendo ahora, Jane, yo yo pienso que es, es ah aducir sus razones para que se le reconozca la propiedad de la casa como como herencia. ¿Es así?

J: Bien, sí.

M: Dígame algo más sobre lo que es realmente importante para usted en esta cuestión de la casa.

Jane respondió con una prolongada reacción emocional que revelaba su deseo de contar con alguna continuidad y estabilidad en ese período de quiebra afectiva ("Exactamente ahora todo lo demás se está hundiendo bajo mis pies" y "Es un hogar"). La motivación subyacente en la posición de Jane era aparentemente su necesidad de tener alguna estabilidad en la vida.

A continuación de un intercambio en el cual Keith defendió su posición, el otro mediador también trató de sacar a luz el interés real que estaba detrás de la posición del hombre. En respuesta a la pregunta del mediador, Keith dijo lo siguiente:

Fragmento 6.22

Para mí es importante vender la casa porque obtendríamos un dinero suficiente para comprar, o por lo menos para realizar un sustancial pago a cuenta de otra casa. Una casa más adecuada a nuestras necesidades, ahora que Sam está grande y Geoff va a graduarse en la próxima primavera.

Un poco más adelante vemos a uno de los comediadores reenmarcando la necesidad expresada por Keith como sigue:

Fragmento 6.23

De modo que usted quiere tener algo propio, usted quiere, usted también quiere estabilidad. Usted quiere algo suyo y que sea su casa donde usted pueda vivir. Y esto es lo que representa el dinero. Esto por un lado. ¿Es correcto?

Mediante la apertura de los temas y la exploración de las expresiones emocionales en torno a la casa, vemos a los Comediadores D descubriendo o creando un interés personal que Keith y Jane comparten: ambas partes quieren estabilidad en sus vidas. Aunque los vídeos de entrenamiento eran demasiado breves (veinte minutos) para estudiar de qué modo se trató de satisfacer este interés mutuo enmarcado, parece probable que el resultado final de la mediación realizada con este estilo habría diferido del desenlace de una mediación realizada con estilo de negociación.

Este análisis sugiere que para conservar el rótulo que le han asignado Silbey y Merry (1986) al estilo de mediación que contrasta con la negociación es preciso que lo redefinamos. Los mediadores experimentados en divorcios con *estilo terapéutico* abren la interacción, pero lo hacen en la prosecución estructurada de los intereses de los disputantes que subyacen en sus posiciones expresadas inicialmente.

En contraste con la descripción de Silbey y Merry, nosotros *no* advertimos que los mediadores alienten la expresión *completa* de los sentimientos y actitudes, ni que partan del supuesto de que ese aliento produce empatía entre los disputantes, armonía y en última instancia consenso. Es posible que algunos mediadores de estilo terapéutico tengan este tipo de metas abiertas. Éste no era el caso de los dos equipos experimentados de mediadores de este vídeo de entrenamiento. En síntesis, sugerimos que un rasgo clave que distingue a los mediadores experimentados de estilo terapéutico, respecto de los de estilo negociador, es su compromiso con la negociación basada en intereses.

Está claro que nuestra posición respecto de uno y otro estilo no es neutral: estamos a favor del estilo terapéutico. Pensamos que la mediación realizada con enfoque terapéutico produce más soluciones creativas y una satisfacción más profunda entre los disputantes. Al mismo tiempo, no hay que subestimar las ventajas del estilo negociador. Consideramos probable que la mediación negociadora tome menos tiempo, cueste menos dinero y tenga porcentajes de acuerdo ligeramente superiores.

Conclusiones

En este capítulo hemos proporcionado una descripción de las semejanzas y diferencias de los movimientos conversacionales de mediadores experimentados. Todos los mediadores emplean una gama de tácticas conversacionales para poner de manifiesto su pericia y equidad. En consecuencia, nosotros concluiríamos que ser visto como experto y equitativo es una identidad destacada para todos los mediadores.

Otros aspectos de la identidad eran valorados de distinto modo por los diversos mediadores. Estas diferencias han sido tradicionalmente caracterizadas como "de estilo", pero esta rotulación minimiza su significado. No sólo las aborda como relativamente menores, sino que implica que los actores pueden cambiar con facilidad. Nosotros encontramos que estos supuestos son cuestionables. En contraste, enmarcar las diferencias entre los mediadores como diferencias de identidad deseada significa subrayar que lo que está en juego es una cuestión de valores. Es decir que para aprender a "hablar como mediador" es necesario optar entre definiciones competitivas de la naturaleza de la mediación y de la persona del mediador.

INFLUENCIAS CONTEXTUALES
SOBRE LA INTERVENCIÓN

Tercera parte

INFLUENCIAS CONTEXTUALES
SOBRE LA INTERVENCIÓN

¿Qué factores culturales determinan diferencias en la participación del tercero en las disputas? ¿Cómo abordan las diferencias culturales los diversos modelos de la mediación? ¿Cómo pueden los mediadores volverse más sensibles a las influencias culturales sobre las disputas y los procesos mediados por terceros?

7

CUESTIONES COMUNICACIONALES DE LA MEDIACIÓN EN CONFLICTOS CULTURALES

William A. Donohue
Mary I. Bresnahan

L a noche del 4 de noviembre de 1991, en Lansing, Minnesota, los radiorreceptores de la policía recibieron una llamada general, según la cual un varón hispano estaba amenazando a la gente con un arma en un motel de la localidad. Cuando la policía llegó al lugar, un hombre que concordaba con esta descripción salió de las sombras y apuntó con su arma al personal policial. En la confusión que siguió, la policía dijo haber oído una descarga, después de lo cual respondió con el fuego de veintiséis pistolas y una escopeta. Luego se supo que el hombre llevaba un rifle de aire comprimido sin cargar. La comunidad hispana, sintiéndose agraviada, pidió cuentas a la policía por lo que percibía como empleo excesivo de la fuerza. El Departamento de Relaciones Humanas de la ciudad fue encargado de negociar un acuerdo entre la policía y los hispanos. Resultaron dos soluciones. Primero, el Departamento auspició tres reuniones públicas en las cuales miembros de la policía y la comunidad expresaron su preocupación compartida por la violencia en la comunidad hispana. Segundo, el alcalde convocó a una comisión especial multiétnica de ciudadanos, que debía recomendar soluciones para las tensiones comunitarias.

En este capítulo examinaremos los factores de insensibilidad cultural que determinaron el fracaso de estos intentos de intervención de terceros en el caso Torrez. El capítulo tiene dos metas amplias. Primero, tratamos de explorar el papel de las diferencias culturales en la génesis y el manejo del conflicto entre miembros del grupo mayoritario y las minorías étnicas y raciales en Estados Unidos. Segundo, examinaremos las implicaciones de estas diferencias para la participación de terceros. El conocimiento de las diferencias culturales que impulsan la conducta individual puede ayudar a los mediadores a comprender la naturaleza del conflicto que enfrentan, así como facilitarles opciones estratégicas para dar a los disputantes un poder que les permita llegar a soluciones duraderas. Con estos fines, en primer lugar exploramos las investigaciones anteriores que se han centrado en las fuentes clave del conflicto intergrupal. A continuación sondeamos las fuentes de la resistencia a la intervención en dicho conflicto. El capítulo concluye combinando un modelo de las diferencias culturales con modelos de la mediación, para proporcionar al mediador orientaciones que le sirvan en el abordaje de las diferencias culturales. En toda esta discusión se subraya especialmente la importancia de los factores culturales en la elaboración de una intervención/solución sensible a la privación de poder y otras afrentas percibidas que las minorías han experimentado en su interacción con los miembros de la comunidad mayoritaria.

Fuentes del conflicto intergrupal

La violencia comunitaria intergrupal es un problema que no va a desaparecer en el corto plazo. En un ensayo provocativo sobre la panetnicidad en Estados Unidos, López y Espíritu (1990) sostienen que, aunque los principales grupos étnicos blancos se han asimilado de algún modo, la asimilación no es posible para la gente de color, en vista del clima actual del país. López y Espíritu establecen claramente que *por asimilación* no entienden la angloconformidad, lo que a su juicio sería una meta indeseable. Afirman en cambio que la asimilación significa un acceso completo al poder político, social y económico. Estos autores sostienen persuasivamente que "la cuestión de la etnicidad en los Estados Unidos es cada vez más una cuestión de raza. En las inmigraciones recientes han prevalecido los individuos no-blancos, y es probable que esto ocurra en la mayoría de las inmigraciones futuras. Es importante subrayar que ningún grupo no-blanco ha sido totalmente asimilado en la sociedad norteamericana" (pág. 220).

En contraste con la asimilación, el "pluralismo/diferenciación étnica" es el polo opuesto del *continuum* interétnico (Feagin, 1991). La *panetnicidad* es definida como "el desarrollo de organizaciones y solidaridades que tiendan puentes entre los subgrupos de las colectividades étnicas" (López y Espíritu, 1990, pág. 198). López y Espíritu documentan que el desarrollo de vínculos panétnicos entre las personas de color se ha visto impulsado por la violencia étnica y racial de la última década. En el contexto de este ambiente hostil, excluyente y a veces violento, las personas de color han tendido a desarrollar sus propias subculturas. El análisis perspicaz de estos autores sugiere que de las coaliciones de la gente de color surgirán los mecanismos futuros para la resolución del conflicto intergrupal. En el corto plazo, la hostilidad y las tensiones intergrupales entre los miembros de la mayoría y la gente de color crean algunos problemas reales para la mediación comunitaria. Se necesitan mejores programas de resolución de disputas para negociar las diferencias, manejar el desarrollo de las coaliciones panétnicas dentro de las comunidades minoritarias, y dar poder a los mediadores para negociar acuerdos armoniosos, culturalmente sensibles y relativamente duraderos, entre la minoría y la mayoría. Éste es el desafío de la intervención de terceros ante la creciente diversidad de Estados Unidos previsible para el futuro próximo.

No obstante, la creación de estos programas de resolución de disputas exige que se comprendan las principales fuentes del conflicto intergrupal. Según Tajfel y Turner (1986), muchos de los primeros trabajos sobre el conflicto intergrupal se centran en la discriminación y la agresión intraindividuales, más bien que en los procesos grupales. Estos autores sostienen que el conflicto intergrupal entra en una escalada cuando los miembros de un grupo estereotipan a los otros basándose en su pertenencia grupal, cuando tienen poco acceso a los otros grupos, atribuyen un alto nivel de ignominia a esos grupos, creen en la necesidad de un cambio social radical y piensan que los recursos están distribuidos desigualmente. Tajfel y Turner proporcionan pruebas de que estas condiciones conducen al etnocentrismo y al antagonismo con el exogrupo, lo cual, a su vez, facilita la agresión e incluso la violencia.

Por ejemplo, Ronald Ebens justificó su brutal ataque a Vincent Chin con un bate de béisbol, en 1982, diciendo que pensaba que Chin era japonés. Esta explicación recuerda las imágenes mediáticas de funcionarios responsables del Congreso aplastando con bates de béisbol automóviles y computadoras japonesas en las escaleras del Capitolio. Tajfel y Turner (1986) dicen además que estas situaciones de distribución desigual de los recursos y consiguiente antagonismo generan oportunidades para que los grupos minoritarios se lancen a la acción e intenten redefinir una autoimagen negativa que el opresor ha creado para ellos. El grupo dominante puede responder a esta gimnasia con esfuerzos renovados tendientes a realizar sus rasgos distintivos, para abroquelar aún más el statu quo. Tajfel y Turner dicen que no hay ninguna razón para suponer que la diferenciación intergrupal sea intrínsecamente conflictiva. Por otra parte, contrariar el deseo expresado de un grupo de conservar su distintividad positiva tiende a promover el conflicto y la hostilidad abiertos entre los grupos.

Feagin (1989), en un amplio estudio de la adaptación y el conflicto raciales y étnicos en Estados Unidos, identifican los temas recurrentes que acentúan la tensión entre la mayoría y la minoría. Estos temas son la desigualdad social, la explotación económica de las personas de color en beneficio de los blancos, y el papel de la estructura de clases y la ley en el mantenimiento de la desigualdad racial y étnica. En un estudio más reciente de la discriminación contra los negros en lugares públicos, Feagin (1991) encontró que el fenómeno seguía produciéndose según la gama de intensidades agrupadas en el *continuum* de Allport (1954), que va desde la acción de evitación, el rechazo, el ataque verbal, la amenaza física, hasta el ataque físico y, finalmente, el asesinato. Feagin sostiene que los negros enfrentan no sólo incidentes aislados de tratamiento degradante y agresión, sino toda una serie de tales actos de discriminación a lo largo de toda su vida, y señala que, si la discriminación es común en lugares públicos en los que hay responsables, cabe conjeturar que en las calles, donde las minorías no están protegidas y el agresor es anónimo, la hostilidad interracial debe de ser mucho más grave. Los transeúntes que presencian escenas de violencia callejera son por lo general renuentes a ayudar a la víctima o a atestiguar contra el agresor (Feagin, 1991). Si se realizan las predicciones sobre la diversidad, estos puntos de conflicto entre la mayoría y la minoría se amplificarán a medida que los blancos se sientan cada vez más amenazados por una minoría en expansión.

Blalock (1982) coincide en que las coaliciones panétnicas, que dan poder a las minorías para arrancar importantes concesiones al grupo dominante, pueden alimentar el conflicto. Estas coaliciones de minorías se vuelven particularmente amenazantes, según Blalock (1982), en las épocas de recesión persistente, que hace descender el nivel de vida promedio (pág. 115). Este autor dice además que, aunque sólo un pequeño segmento de las poblaciones mayoritaria y minoritaria es el responsable de la violencia intergrupal, la investigación demuestra que un segmento mucho mayor de ambas poblaciones suscribe secretamente, o incluso de modo abierto, los actos "de represalia" entre la minoría y la mayoría. Aunque la violencia intergrupal regularmente impulsa ciclos de represalia en escalada, Blalock concluye que el despliegue moderado de violencia por parte de las minorías étnicas y raciales tiene un significado simbólico.

Según Worchel (1986), en los primeros estudios sobre el conflicto interracial la hipótesis del contacto sugería que la reunión de personas distintas promueve la convergencia de actitudes. No obstante, estudios ulteriores revelaron la probabilidad de que el simple contacto también generara una escalada del antagonismo. Una segunda sugerencia para resolver el conflicto intergrupal propuesta en ese período temprano consistía en pedir a los líderes de los grupos opuestos que colaboraran en la negociación de un acuerdo. Como tenían que comprometerse a lograr una conciliación, a menudo esos líderes eran desdeñados y perdían influencia al volver a sus respectivos grupos. La amenaza de un enemigo común era un tercer factor asociado con la reducción del conflicto entre grupos. Estas coaliciones generalmente se disolvían al desaparecer la amenaza inmediata. La coalición centrada en una cuestión tenía una duración limitada y no representaba una solución duradera al conflicto. Worchel (1986, pág. 292) dice además que la cooperación intergrupal, que él define como "la disposición a compartir tanto el trabajo como la recompensa de una tarea", representa una salida de este dilema. Él concede que el manejo cooperativo del conflicto es mucho más probable cuando los grupos comparten un igual *status,* cuando también es probable que el desenlace sea exitoso, y cuando la interacción se extiende a lo largo de una serie de actividades interdependientes, y no a un hecho único.

Factores de la resistencia a la intervención en el conflicto intergrupal

Al comprender las fuentes del conflicto intergrupal, el mediador obtiene antecedentes esenciales para manejarlo constructivamente. Pero el manejo del conflicto intergrupal es obstaculizado por varios puntos de resistencia a la intervención del tercero. Por ejemplo, un importante desafío a la resolución cooperativa de problemas entre grupos de diversa raza puede ser la desconfianza que las minorías tienden a tener respecto de los representantes institucionales en general, y de la policía en particular. Feagin (1991, pág. 110) observa: "Para la mayoría de los blancos amenazados en la calle, la policía es una fuente de protección a la que pueden recurrir, pero éste no suele ser el caso para los hombres negros". En un interesante y provocativo estudio sobre el servicio policial y las minorías, Smith, Visher y Davidson (1984) encontraron que hay una probabilidad ligeramente mayor de arresto cuando el agresor es negro y la víctima blanca, y que la raza de la víctima influye más en la decisión policial de arrestar que la raza del agresor. Más específicamente, el estudio encontró que las víctimas negras y otras personas de color recibían una respuesta policial reducida, en comparación con las víctimas blancas. Estos investigadores dicen que es probable que la policía sea más responsiva a las víctimas blancas porque ve a las personas de color como más hostiles a ella y menos merecedoras de protección legal.

La tensión entre la policía y las minorías resulta claramente ilustrada en el caso Torrez. En general, la policía siente menos simpatía por los miembros de los grupos minoritarios, en particular por los negros. Es más probable que se realicen arrestos en los vecindarios de *status* inferior, porque los agresores en tales contextos son vistos como más merecedores de detención (Smith y otros, 1984). Según Black (1984), cuando la policía enfrenta una disputa violenta tiene tres opciones: 1) separar a los disputantes, 2) intentar mediar en la disputa, o 3) arrestar a la persona legalmente culpable. La primera opción es la más fácil, porque es la que exige la menor participación y seguimiento por parte de la institución. En las otras dos opciones, la policía tiene que comprometerse y participar más en los procedimientos del sistema legal después de la detención.

En un segundo estudio, Smith (1987) observó que, como los negros y otras personas que viven en vecindarios pobres tienden a comportarse con hostilidad hacia la policía, es menos probable que esta última emplee la mediación como medio para resolver las disputas violentas. También es improbable que realice arrestos. Lo más frecuente es que la violencia contra no-blancos sea manejada mediante una simple separación. Black (1984) llama "estilo evitativo" a esta opción exclusiva por la separación, que es la que requiere menor esfuerzo y participación policiales. Es más probable que se realice un arresto cuando los disputantes actúan abusivamente con la policía o cuando la víctima solicita específicamente esa acción. Hay también una leve preferencia estadística por el arresto cuando el sospechoso es negro y la víctima es blanca. Smith y otros (1984) llegan a la conclusión de que:

> la responsividad diferencial con respecto a las víctimas es una forma más invisible de discriminación policial. La tendencia racial proactiva de la policía contra los sospechosos negros puede ser compensada, en parte, por la negativa de los fiscales a seguir completamente estas causas. No obstante, si es menos probable que la policía realice detencio-

nes cuando quienes se quejan son negros, la cuestión queda cerrada (pág. 248).

Blalock (1982, págs. 112-113) observa: "En síntesis, la violencia policial en Estados Unidos es todavía un medio poderoso para el control de las minorías. Innecesario es decir que también constituye un irritante principal en las comunidades minoritarias, como lo indican con claridad las demandas de las minorías por responsabilidad policial y las juntas de revisión civil".

Los encuentros negativos con las figuras establecidas de autoridad han generado en las minorías pérdidas de poder, y suscitado desconfianza e incertidumbre. El mediador, que es un representante institucional, puede estar seguro de que se lo recibirá con escepticismo. El incidente Torrez es ilustrativo en tal sentido. El asesinato de este hombre desencadenó una avalancha de protestas en la comunidad hispana. Lo mismo que en el incidente con Rodney King en Los Ángeles, se trataba de saber si la policía se había excedido en el uso de la fuerza. La institución sostenía que todo su personal había cumplido con normas estrictas sobre el empleo de armas mortales, en el campo de tiro. La comunidad hispana quería saber por qué esos tiradores entrenados habían necesitado tantos disparos para neutralizar a un sospechoso. El personal del Departamento de Relaciones Humanas de la ciudad intentó resolver esta disputa entre la comunidad hispana encolerizada y la policía. Cuando la investigación del fiscal exculpó a la policía, los mediadores del Departamento no previeron la respuesta de los hispanos, y no supieron cómo abordar el reclamo expresado públicamente. Este desenlace también confirmó y fortaleció el escepticismo y la cólera de la comunidad hispana, separándola aún más de la policía y de las autoridades de la ciudad. La policía y los funcionarios municipales, ¿se habrían comportado tan insensiblemente si el joven abatido hubiera pertenecido a la clase alta de los blancos? Este incidente muy mal manejado ilustra el interrogante que está en el foco de este capítulo. ¿Qué postura de intervención deben adoptar los terceros para poder abordar las necesidades culturales de los disputantes?

Diversas concepciones del conflicto

Para abordar este interrogante es necesario comprender cómo tratan el conflicto las diversas culturas. Por ejemplo, en la literatura sobre la teoría del conflicto cultural se está trazando una distinción principal entre Oriente y Occidente (por ejemplo, Ting-Toomey, 1985, 1988). En las culturas de estilo occidental, los individuos tienden a ver el conflicto como una catarsis sana de la angustia, y también como un mecanismo positivo para vigorizar relaciones moribundas. Las reglas del juego limpio exigen que si uno tiene una querella con alguien, es obligatorio explicarse. Resulta más honesto expresar abiertamente el resentimiento y tratar de resolver las disputas. En las culturas de estilo oriental, la norma es la evitación del conflicto. Cuando las partes se acercan a una situación potencial de conflicto, se pasa por alto el desacuerdo o bien se llama a un intermediario para que resuelva la disputa antes de que se intensifique. La bondad de una persona se mide en parte por su capacidad para evitar el conflicto y por la capacidad para no herir los sentimientos de los otros. Además de estas concepciones diferentes sobre la aceptabilidad del conflicto, los estilos de conflicto de Oriente y Occidente difieren por sus modos de organizar y presentar la información, demostrar disposición y capacidad para explicar la conducta discrepante, desplegar solidaridad y amistad, mostrar disposición a reprender, y demostrar corrección y deferencia recíprocas.

El estilo de la resolución alternativa de conflictos se ilustra en un estudio sobre intervención de terceros en la República Popular China. Wall y Blum (1991) identifican los siguientes rasgos que caracterizan a doscientos intentos de mediación, exitosos y frustrados. Los mediadores chinos son conocidos por la comunidad y por los disputantes. Nadie espera que la mediación sea neutral. La mediación es ordenada por el estado. Antes de que un problema llegue a los tribunales, los disputantes deben intentar la mediación. Los mediadores tienden a ser los miembros más ancianos y confiables de la comunidad, por lo general mujeres. Primero se informan sobre los hechos y a continuación formulan un acuerdo equitativo. Después tratan de persuadir a los disputantes de que lo acepten. Una parte crítica de la intervención es la disculpa. Wall y Blum (1991) observan:

> Para los occidentales, la mediación es una excepcionalidad social. Recurrir a la mediación es como recurrir a la medicina occidental: se visita al médico cuando alguien está enfermo; se administra una cura para la enfermedad del paciente, y el médico, por lo general un extraño, desaparece del horizonte hasta la próxima enfermedad. Si la cura no da resultado, el paciente va a ver a un especialista. Para los chinos, la mediación está integrada en su sociedad (pág. 19).

En contraste, La Resche (1992) informa que el supuesto básico de la mediación norteamericana es que, aunque los conflictos pueden ser destructivos, también es posible que generen relaciones mejoradas entre disputantes disfuncionales. Lo típico es que los mediadores se vean a sí mismos como manejadores del proceso, como personas que ayudan a los disputantes a identificar varias opciones de acuerdo, y escoger una de ellas. El mediador prefiere permanecer profesionalmente distanciado, y considera discontinua su relación con las personas en conflicto. Por lo general recibe un entrenamiento sustancial en procedimientos para conducir la sesión de mediación y crear un acuerdo formal y escrito al final de su intervención. La Resche (1992) dice que este modelo podría no ser productivo para los norteamericanos de origen coreano, que según esta autora tienden a ver el conflicto como una incapacidad vergonzosa para mantener relaciones armoniosas con los otros. Para ellos, los conflictos no son sólo problemas de comunicación, sino que indican falta de respeto. Como en el ejemplo chino, se pone gran cuidado en elegir como intermediario a un miembro respetado de la comunidad. La mediación forma parte de una relación continua. Después de una amplia recolección de hechos, el intermediario norteamericano-coreano propone una solución y da tiempo a los disputantes para que encuentren modos de zanjar sus diferencias. Las disculpas indican que se ha llegado a un acuerdo.

En vista de estas diferencias culturales, los mediadores tienen que estar dispuestos a realizar ciertos ajustes en sus ideas sobre la mediación. Según sean las necesidades culturales de los disputantes, el mediador sensibilizado podrá reconocer que sus procedimientos preferidos de intervención quizá requieran una sintonía más fina o incluso modificaciones importantes. Es preciso considerar la identidad cultural y étnica del cliente. La Resche (1992) aconseja que, si se quiere manejar con eficacia los conflictos comunitarios multiétnicos, es preciso que el tercero, como mínimo, se familiarice con los diferentes valores y foros de la disputa, para poder responder con flexibilidad y competencia cuando personas que son distintas de él le pidan ayuda. Por ejemplo, los programas de mediación obligatoria enfrentan esta misma cuestión. ¿Deben estos programas obligar a la gente a seguir un proceso que viola sus valores culturales y étnicos, o que la perturba? Se necesita una comprensión más profunda de la diversidad, una comprensión que vaya más allá de las costumbres manifiestas. Documentarse sobre la orientación de un grupo étnico con respecto a los conflictos interpersonales y a los métodos para manejarlos es sólo el primer paso en la preparación de un complemento completo de verdaderos servicios de resolución alternativa de disputas.

Por ejemplo, es probable que los disputantes de una cultura que trata de evitar el conflicto estén mucho más angustiados e inseguros que lo que prevén normalmente los mediadores. En muchas culturas de orientación grupal, la norma es internalizar la cólera y la angustia, y nunca expresarlas públicamente. Es posible que los disputantes evitadores del conflicto ni siquiera manifiesten abiertamente, de modo reconocible, la angustia y la vergüenza que sienten durante la sesión de mediación, de modo que el mediador podría suponer, incorrectamente, que la situación es normal. El resentimiento que genera en estos disputantes el hecho de que se los haga padecer tal humillación acrecienta considerablemente la probabilidad de que terminen en un punto muerto o no cumplan con lo acordado. Es muy fácil que el silencio y la ausencia de protestas se tomen como cooperación. Pero en este contexto, el silencio es, con igual probabilidad, un indicador de baja satisfacción con la comunicación.

La necesidad de sensibilidad cultural

Cuando en la mediación participan disputantes de culturas diversas, tal vez el mediador deba dar por sentado que necesita examinar sus propios supuestos sobre la naturaleza del conflicto y acerca de cómo tiene que encarar a esas personas. Esta perspectiva es congruente con la filosofía de casi todos los entrenamientos de mediadores, que apuntan a que se sea sensible a las necesidades de los disputantes. En el conflicto transcultural, un punto de partida apropiado es que el mediador no se vea como "experto en acuerdos", sino como un estudioso que ansía adquirir conocimientos sobre la tensión entre los motivos subyacentes de los disputantes y los rasgos superficiales del conflicto. Además, es probable que en tales mediaciones no den resultado las estrategias habituales para suscitar la discusión y engendrar cooperación. Cuando los disputantes provienen de una cultura que desalienta la expresión abierta de los problemas, por manifiestamente individualista e impropia, si el mediador ha adoptado un enfoque "experto", y su propia cultura es otra, es muy fácil que llegue a la conclusión de que esas personas son obstinadas y no-cooperativas. Los mediadores deben precaverse de estas atribuciones desfavorables, que afectan su capacidad profesional. La conducta de los jurados nos proporciona un ejemplo paralelo y bien documentado de este contexto. Los jurados de un tribunal norteamericano son análogamente proclives a esta tendencia a asignar atribuciones negativas a la conducta inesperada de acusados nacidos en el extranjero (Bresnahan y Kim, 1991).

Además, la etnicidad y el género del mediador desempeñan un papel significativo en el conflicto. Por ejemplo, a los disputantes de una minoría étnica puede resultarles difícil trabajar con mediadores que parecen de clase media, educados y anglos. Lo más probable es que una herencia de tratamiento injusto haya socializado a los disputantes de minorías raciales y étnicas para que prevean su propio fracaso en toda interacción con un mediador del grupo dominante. La sensación de impotencia es definida como sentirse "controlado, manipulado y atrapado" (Hecht, Larkey y Johnson,

1992, pág. 215). Los mediadores deben tener conciencia de que sus relaciones con estos disputantes son mucho más complejas que lo que pueden parecer al principio. Aunque un mediador trabaje con empeño y distanciamiento profesional, su *status* de poder como miembro de un grupo dominante históricamente opresivo se entrometerá en la mediación. Este desequilibrio de poder inherente a la relación entre mediador y disputante puede inhibir cualquier intento del primero de dar poder al segundo. Puede también acallar la educción significativa y constructiva de un diálogo entre los disputantes. En muchos casos, el mediador designado por el tribunal es claramente un custodio del poder institucional. Donohue (1991) observa que "Este *status* oficial, vinculado al tribunal, le otorga al mediador un poder considerable, porque él está dentro del sistema que en última instancia decidirá el desenlace" (pág. 7). Incluso en la mediación de base comunitaria, en la que el mediador no tiene ningún poder como árbitro de la disputa, el tercero mediador sigue representando a la autoridad.

Las personas de color de Estados Unidos u otra cultura pueden ser justificadamente pesimistas acerca de lo que la mediación significará para ellas en términos personales. El desamparo aprendido las impulsa a menudo a prever que sólo conseguirán un trozo pequeño de la torta del acuerdo. Estas diferencias, mal manejadas por los mediadores, pueden transformarse en barreras reales. En la sección siguiente de este capítulo presentamos un modelo que dilucidará algunos factores clave que los mediadores pueden utilizar como punto de partida para comprender la significación de las diferencias culturales en la interacción. Aunque este modelo fue diseñado para comparar culturas de organizaciones, nosotros creemos que los factores culturales que identifican permiten también comprender situaciones que requieren la intervención de un tercero. Finalmente, Berg-Cross y Zoppetti (1991) nos advierten que los individuos a menudo presentan creencias que no corresponden a sus estereotipos culturales: "Los errores por estereotipar pueden por cierto generar más problemas que los errores debidos a insensibilidad cultural. El conocimiento cultural, privado de reconocimiento personal, inevitablemente conduce a la estereotipia y a la

incapacidad para relacionarse con empatía" (pág. 17). Es un delica-
do equilibrio el que el mediador tiene que lograr.

Un modelo para comprender las diferencias culturales

Debemos comenzar con una definición de cultura que
sea sensible al conflicto. Nadler y otros (1985) definen la cultura
como "el sistema socialmente creado y aprendido de normas para
percibir y actuar, compartido por los miembros de un grupo de
identidad" (pág. 89). La clave de esta definición es su foco en los
grupos de identidad. Estos grupos establecen las normas que determinan cuál es la comunicación aceptable o inaceptable, cooperativa o no-cooperativa. Cuando un ajeno no tiene acceso a estas
normas, corre el riesgo de caer en una mala comunicación y de
ampliar la distancia relacional. La incapacidad de un miembro del
exogrupo para predecir, anticipar e interpretar genera una mayor
incertidumbre comunicacional (Gudykunst y Nishida, 1984). Además, Nadler y otros (1985) sostienen que la cultura afecta al conflicto de tres modos: en el modo de concebirlo, en el modo de
conducirlo y en el modo de resolverlo. Esta conceptualización es
particularmente útil porque subraya que la cultura incide en la
manera de interpretar las diferencias, de comunicarse para manejar esas diferencias y de crear opciones para resolverlas. Este capítulo utilizará estas tres categorías culturales como marco para
examinar el impacto de la cultura sobre la mediación. Específicamente, combinaremos los modelos de la mediación de Donohue
(1991) con el modelo de la diferencia cultural de Hofstede
(1989), a fin de lograr una nueva comprensión de la relación de la
cultura con las elecciones de la mediación. Esta influencia será discutida desde el punto de vista del modelo del impacto en tres etapas de Nadler y otros.

El modelo de Hofstede de las diferencias culturales

Distancia de poder

Según Hofstede (1989), las cuatro dimensiones principales en las cuales puede diferenciarse la cultura son la distancia de poder, la evitación de la incertidumbre, el individualismo y la masculinidad. La distancia de poder es un indicador relacional que se centra en el modo de tratar su *status* de desigualdad por las personas sin poder. Esta desigualdad puede basarse en diversos factores, entre los cuales se cuentan las características físicas y mentales, el *status* y el prestigio sociales, la riqueza, la autoridad y el derecho. Hofstede desarrolló su índice de distancia de poder formulando sistemáticamente tres preguntas a miles de personas de cuarenta países: ¿Teme el desacuerdo con personas que tienen poder sobre usted? ¿Piensa que las personas que tienen poder sobre usted toman decisiones sin consultarlo? ¿Quiere que tomen decisiones sin consultarlo? Los países con baja distancia de poder valoran la independencia, la supervisión laxa, el manejo consultivo, el desacuerdo amistoso, la riqueza y la recompensa, la autoridad legítima y experta. Los países con alta distancia de poder valoran el conformismo, la supervisión estrecha, la dirección paternalista autocrática, la evitación del conflicto, la asociación negativa con la riqueza; prefieren un poder referente coercitivo, con más centralización y una aceptación más amplia de la autoridad. Como era de prever, Hofstede encontró que los países europeos y Estados Unidos tendían a tener una distancia de poder baja.

Incertidumbre

La incertidumbre es un bien documentado constructo comunicacional que examina el modo de tratar las situaciones de ambigüedad interaccional (Berger y Calabrese, 1975; Sanders y Wiseman, 1991). Una alta evitación de la incertidumbre sugiere intolerancia a la ambigüedad. Los países han sido caracterizados por su intolerancia a la incertidumbre y su necesidad de reglas. En las naciones con alta evitación de la incertidumbre, el cambio es visto como algo amenazante, hay menos motivación del logro, el temor al fracaso induce a no asumir riesgos, hay muchas reglas observadas, el conflicto es considerado indeseable y se desalienta la competencia. Los países con baja evitación de la incertidumbre dan la bienvenida al cambio, tienen una alta motivación de logro personal, inducen más a asumir riesgos, son altamente pragmáticos, consideran positivo el conflicto y presentan una alta tolerancia a la ambigüedad (Hofstede, 1989, págs. 132-133).

Individualismo

El individualismo es un constructo social ampliamente estudiado que aborda el concepto de la persona individual con respecto a los otros. Se llama colectivismo a las relaciones y obligaciones que tenemos con los otros (Bond y Forgas, 1984; Hui y Villareal, 1989; Triandis, Bontempo, Villareal, Asai y Lucca, 1988; Triandis, Leung, Villareal y Clark, 1985). La tensión entre la primacía del individuo y la primacía del grupo es un indicador claro de cómo se despliega el conflicto. El conflicto es una respuesta que protege y al mismo tiempo fortalece la individualidad de un desafío que puede socavarla (Ting-Toomey, 1985, 1988). Refuerza la autoestima, pero también puede ser muy destructivo. El conflicto es incómodo en situaciones de primacía grupal, en las cuales las metas individuales por lo general retroceden ante las metas grupales. Ting-Toomey (1988) sostiene que las culturas individualistas utilizan estilos de conflicto directos, dominantes, orientados a metas, mientras que las culturas colectivas tienden a preferir la evitación del conflicto. Leung y Lind (1986) encontraron, análogamente, que los sujetos norteamericanos preferían procedimientos competitivos, confrontativos, mientras que las culturas colectivistas propugnaban estrategias más pasivas, indirectas, sensibles a la preocupación por la imagen personal, para la resolución de conflictos. Trubisky, Ting-Toomey y Lin (1991) han observado que "Comparativamente, los miembros de culturas individualistas tienden a subrayar el valor del lenguaje directo y a verbalizar abiertamente sus deseos y necesidades individuales, mientras que los miembros de culturas colectivistas tienden a subrayar el valor del lenguaje reflexivo y la discreción en la expresión de las propias opiniones y sentimientos" (pág. 68).

Masculinidad

La "masculinidad" caracteriza un paradigma de estilos interactivos asociados al género socializado. El paradigma masculino incluye culturas que hacen hincapié en la asertividad, la confianza en sí mismo, la autorrealización, y da un trato preferencial a las tareas instrumentales. La contracara del estilo masculino es el estilo femenino. El estilo femenino incluye conductas de cuidado, afiliación y ayuda, más bien que competitivas, compasivas y conformistas. En el modo femenino se prefieren las tareas expresivas. Los hombres y las mujeres de otras culturas y de las minorías étnicas y raciales de Estados Unidos no necesariamente valoran la ambición, la competencia y el logro individual del mismo modo que los euronorteamericanos. Es posible que una enérgica orientación hacia metas y el deseo de recompensas materiales no sean los valores primordiales para ellos. La masculinidad determinará que el conflicto se vea como confrontativo o cooperativo.

El método de Hofstede (1989) para diferenciar las culturas es útil en la mediación porque proporciona un lenguaje que permite comprender las tendencias culturales intrínsecas en los diversos tipos de modelos que utiliza el mediador para ayudar a los disputantes. Por ejemplo, el mediador puede encontrar disputantes que parecen sentirse incómodos al discutir las diferencias, quieren que el mediador sea quien decida, expresan poco interés en asumir riesgos que podrían amenazar las normas grupales y evitan la competitividad. Por otro lado, es posible que el modelo de mediación requiera que los disputantes se comuniquen de modos incongruentes con estas orientaciones culturales. Quizás ese modelo exija enfrentar las diferencias, asumir riesgos, rechazar la toma de decisiones por el mediador y amenazar normas grupales. Si un modelo de mediación contradice o incluso rechaza las orientaciones culturales de los disputantes, ¿es inequitativo para ellos? Para respoder este interrogante, el mediador necesita primero saber algo sobre las tendencias culturales intrínsecas de sus propios modelos de mediación. A fin de proporcionar tal información, este capítulo examinará los modelos de la mediación de Donohue (1991), incluyendo una evaluación de su funcionamiento con respecto a las dimensiones culturales de Hofstede.

Modelos de la mediación

Modelo del control por el mediador

En su evaluación de la literatura sobre la mediación en divorcios, Donohue (1991) presenta cuatro distintos modelos de la mediación que aparecen ampliamente difundidos en la práctica. El primero, denominado modelo del control por el mediador, también ha sido rotulado como "modelo med-arb" (McGillicuddy, Welton y Pruitt, 1987). En este modelo, el mediador puede convertirse en árbitro si piensa que las partes están bloqueadas y son incapaces de crear un acuerdo por sí mismas. Este modelo se emplea sobre todo en los centros de mediación comunitaria no vinculados con un tribunal. La investigación de McGillicuddy y otros, que compara este modelo con la mediación directa, indica que las partes se comunican más productiva y responsablemente cuando saben que el mediador está evaluando sus aportes para un posible arbitraje. Además, quedan más satisfechas con el desenlace que en la mediación directa. El riesgo de este modelo es que el mediador pase demasiado rápidamente al arbitraje, induciendo de tal modo a los disputantes a no tener paciencia, sin realizar un trabajo empeñoso con ellos para crear una amplia gama de soluciones alternativas y escoger una. No obstante, los datos sugieren que estos riesgos son mínimos, y que los disputantes quedan más satisfechos con los desenlaces que produce este modelo.

El control por el mediador presenta algunas interesantes tendencias culturales basadas en las dimensiones de Hofstede (1989).

Primero, las personas procedentes de culturas con alta distancia de poder prefieren este modelo porque constituye un enfoque autocrático de la mediación, por lo menos cuando se pasa al arbitraje. De hecho, incluso es probable que prefieran que el mediador pase con más rapidez al arbitraje, en particular porque valoran la evitación del conflicto. Las personas provenientes de culturas con alta distancia de poder procuran que las decisiones sean tomadas por una autoridad centralizada. Como resultado, puede esperarse que graviten hacia el arbitraje, apartándose de la mediación.

Segundo, el modelo del control por el mediador presenta rasgos al mismo tiempo confortadores e inquietantes para las personas provenientes de culturas con alta evitación de la incertidumbre. El rasgo perturbador es que en la mediación en general se les pide a los disputantes que controlen los acuerdos. Esta falta de estructura y la necesidad de conservar la flexibilidad en la generación de soluciones creativas provocan mucha inseguridad sobre el proceso y los desenlaces opcionales. La cuestión resulta probablemente menos perturbadora para las personas provenientes de culturas con alta evitación de la incertidumbre si el modelo de mediación que se aplica es el del control por el mediador. Por lo menos si se producen atolladeros, el proceso se estrecha considerablemente cuando el mediador se convierte en árbitro. El arbitraje ofrece más estructura en cuanto a la determinación de los desenlaces, por lo cual podría ser más atractivo para personas que huyen de la incertidumbre. Por lo tanto, las personas que prefieren estas culturas podrían optar por no participar en la etapa de mediación, e impulsar al mediador a convertirse en árbitro y tomar la decisión.

Por otro lado, la mediación ofrece un aspecto confortador a esas mismas personas de culturas con alta evitación de la incertidumbre. Gran parte de la preocupación por la incertidumbre tiene que ver con los efectos de la disputa sobre las relaciones entre las partes. La incertidumbre acerca del proceso lleva a la incertidumbre acerca de los efectos de la disputa sobre la relación. En este aspecto, las personas provenientes de culturas con alta evitación de la incertidumbre podrían encontrar confortadora la mediación, porque se centra en generar una solución aceptable y lograda cooperativamente. Es probable que este rasgo de la mediación sea el que más atrae a los chinos en su amplio uso del procedimiento (Wall y Blum, 1991). En este sentido, el mediador puede prestar una especial atención a los objetivos relacionales cuando trabaja con personas provenientes de culturas con alta evitación de la incertidumbre.

Tercero, el modelo del control por el mediador se adecua a los rasgos valorados de la orientación cultural colectivista, por lo menos mientras el mediador actúa. En realidad, el espíritu de la mediación gira en torno al desarrollo de enfoques no competitivos de la resolución de problemas. El propio mediador aboga por los disputantes, de modo que ellos no se ven obligados a confrontarse directamente. Pero este modelo también pone el foco en la creación de una solución específica a un problema específico, atribuyendo importancia a la resolución del problema, y no necesariamente al desarrollo de la relación. El mediador quiere obtener soluciones específicas, y una relación reparada pero sin acuerdo le parece menos deseable que un acuerdo con la relación deteriorada. Desde este punto de vista, el modelo del control por el mediador sustenta una perspectiva cultural individualista que apunta más a alcanzar metas de la tarea, y atribuye poca importancia a los objetivos relacionales. No obstante, el interés primordial de la mediación es generar soluciones deseables para ambos disputantes, lo que sugiere una orientación más colectivista.

Cuarto, la importancia que este modelo atribuye a lograr los objetivos de la tarea sugiere una prioridad cultural masculina. Las orientaciones femeninas valoran más las tareas expresivas. Ahora bien, todo proceso de mediación apunta a crear un contexto comunicacional solícito, afiliativo, de ayuda, es decir, con virtudes femeninas. Pero el interés principal en la resolución del problema, en particular cuando los disputantes saben que el mediador puede arbitrar o imponer una solución si surge la probabilidad de un atolladero, sugiere que este modelo tiene, como decimos, una orientación más masculina.

El mediador puede encarar estas cuestiones culturales desde distintas perspectivas, la mayoría de las cuales suponen dedicar más tiempo a escuchar las preocupaciones y los enfoques de los disputantes. Por ejemplo, si el mediador intuye que las partes quieren un arbitraje sin mediación, puede prolongar la sesión de orientación y hablar sobre la necesidad de la mediación y de una resolución cooperativa del problema. Quizá le resulte difícil obtener respuesta de las partes acerca de esta cuestión, pero es probable que abordarla frontalmente sea lo más productivo. Para suavizar un tanto esta discusión y mitigar el miedo al cambio que acompaña a la evitación de la incertidumbre, el mediador puede considerar la alternativa de comenzar conversando en privado con cada disputante, para conocer mejor sus perspectivas sobre las cuestiones y sobre el conflicto. Si las partes valoran una orientación más colectivista que desalienta el conflicto cara a cara, las conversaciones reservadas pueden resultar particularmente útiles. Por último, el mediador puede morigerar el carácter competitivo de este modelo defendiendo más vigorosamente a los clientes que podrían ser renuentes a abogar por sí mismos. El mediador debe estar preparado para hacer esto por cualquier cliente, pero a los que provienen de una cultura de orientación más femenina ese tipo de defensa puede resultarles particularmente provechoso.

Modelo intervencionista

El modelo intervencionista también realza el papel poderoso de la mediación. Desarrollado sobre todo para la mediación en divorcios, este modelo asume la responsabilidad de defender los mejores intereses de las partes no representadas en el conflicto. En la mediación en divorcios centrada en la tenencia de los hijos, el régimen de visita y las cuotas de alimentos, lo típico es que el mediador asuma la responsabilidad de asegurar que las discusiones y los acuerdos de los disputantes sirvan a los mejores intereses de los niños. Como resultado, el mediador evalúa las opciones de los disputantes, crea opciones adecuadas, y de otros modos "mueve" a las partes en la dirección "deseada". El mediador no puede pasar al arbitraje en caso de bloqueo, pero ejerce un gran control sobre el proceso, y debe tener el cuidado de no desarrollar un rol confrontativo con los disputantes. La mayoría de las evaluaciones de este modelo revelan un muy alto grado de satisfacción de los usuarios y un muy alto porcentaje de cumplimiento de los acuerdos (Donohue, 1991). El alto grado de satisfacción deriva del considerable control que el mediador ejerce. Se impide que las partes se comprometan en un conflicto improductivo, porque ese tipo de discusión las distrae de forjar acuerdos que sirvan al mejor interés de los niños. De modo que los disputantes se aplican a la tarea y hacen las cosas.

En este modelo se ponen de manifiesto muchos de los tipos de tendencias culturales asociados al control por el mediador. La excepción es la alta distancia de poder, según el modelo de Hofstede (1989). El hecho de que el mediador no pueda convertirse en árbitro, ni siquiera ante la eventualidad de un atolladero, reduce la naturaleza autoritaria del proceso de la mediación. El mediador no puede actuar de modo paternalista en el control del desenlace. No obstante, el control del proceso asumido por una postura intervencionista le hace el juego a una orientación de alta distancia de poder. Los disputantes pueden volverse hacia el mediador para que él genere la mayoría de las opciones de acuerdo, e incluso alentarlo a escoger y crear un acuerdo. Puede ocurrir que el mediador valore mucho esta perspectiva, porque las partes parecen obedientes y "cooperativas". Sin embargo, el peligro de tragarse este anzuelo está en la creación de acuerdos que no hayan recibido suficientes aportes de las partes ni sean suficientemente aceptados por ellas. ¿Es el acuerdo un fruto legítimo de la resolución de cuestiones y la satisfacción de intereses importantes, o un producto autoritario del mediador?

Una vez más, el manejo de este problema exige que se dedique más tiempo al proceso de orientación y a la realización de conversaciones reservadas. El mediador debe asegurar una comprensión total de su papel y la plena exposición de las cuestiones que dividen a las partes. Sin este compromiso, no puede realmente saber si la mediación resuelve los problemas o crea otros nuevos.

Modelo del control por los disputantes

En el modelo del control por los disputantes, el mediador trata de facilitar un acuerdo que ellos mismos controlen. A diferencia del modelo del control por el mediador, este último no tiene la opción de pasar al arbitraje, ni siquiera en un bloqueo. Y, en contraste con el modelo intervencionista, al mediador no le interesa proteger a ninguna parte potencialmente afectada por el desenlace. Simplemente ayuda a los disputantes a crear el acuerdo que ellos consideren apropiado. Este modelo se utiliza a menudo en escenarios comunitarios, por ejemplo en las disputas vecinales, en las cuales el acuerdo afecta a muy pocas personas que no sean los propios disputantes. La mayoría de estas mediaciones se realizan en sesiones únicas, en gran medida porque los mediadores se atienen sólo a las cuestiones en disputa, evitando cualquier problema relacional o de otro tipo que pueda surgir durante la discusión.

A diferencia de los dos modelos anteriores, este modelo del control por los disputantes es más neutral con respecto a la distancia de poder. Como los mediadores se centran menos en la calidad de los desenlaces, comunican menos distancia de poder. Siguen claramente a cargo de un proceso que alienta el conflicto abierto y encuentra su legitimidad en alguna clase de autoridad centralizada. Pero el mediador es menos autocrático en el control del desenlace. En consecuencia, en este modelo son mucho menos aparentes las tendencias de la distancia de poder, aunque subsisten muchas de las otras tendencias culturales asociadas a la mediación. También en este modelo las partes son situadas en un contexto que promueve la incertidumbre, porque se encaran abiertamente cuestiones que generan división, lo cual puede resultar inquietante para disputantes con una orientación de evitación del conflicto. Además, el proceso de la mediación por lo general privilegia las metas individuales, y no las grupales, y sigue siendo relativamente masculino, competitivo y orientado hacia la tarea.

Modelo del desarrollo relacional

El modelo del desarrollo relacional se centra menos en cuestiones que implican tareas específicas, y más en abordar problemas de relación como los atinentes a la confianza, el control y la afiliación. Es típico que los mediadores empleen este modelo como paso preliminar en apoyo de algún otro procedimiento que intenta resolver cuestiones no-relacionales. Muchas veces los disputantes llegan a la mediación sin estar preparados para discutir cuestiones legales, debido a su animosidad recíproca. Cada parte quiere utilizar la mediación para castigar a la otra, en lugar de concentrarse en las cuestiones. Es posible que estas parejas sean derivadas a una mediación relacional que se asemeja a una sesión de terapia. En estas sesiones, los disputantes hablan abiertamente, en un proceso no-estructurado, sobre los principales problemas relacionales que enfrentan. En un divorcio es frecuente que una parte no quiera cooperar durante la mediación, que se aferre a la relación matrimonial. El mediador relacional busca una comunicación abierta entre las partes, para explorar las divisiones relacionales y el modo de hacerlas a un lado, a fin de centrarse en las cuestiones legales. No es muy habitual que las comunidades o los tribunales ofrezcan este tipo de sistema de apoyo. La mediación relacional es más frecuente en iglesias o en algún otro ámbito que ayude a las partes angustiadas. Estas mediaciones terminan cuando los disputantes sienten que ya no les es posible seguir progresando.

Lo más probable es que el modelo del desarrollo relacional reduzca la distancia de poder entre el mediador y los disputantes. Las partes que quieren comunicarse encuadradas en un marco autoritario encuentran que este modelo es el menos satisfactorio. Lo típico es que estos mediadores ejerzan poco control del proceso y del desenlace. Esperan conducir una discusión abierta de las divisiones relacionales, sin siquiera intentar el abordaje de cuestiones legales o sustantivas de otro tipo. Sin embargo, como el modelo promueve la discusión, no es fácil que se evite el conflicto. En consecuencia, subsiste alguna distancia de poder. Comparado con los otros modelos que hemos examinado, este último se concentra más en una orientación colectivista, porque apunta a mantener las relaciones grupales como prioritarias. Al promover el desarrollo relacional, brinda asimismo respaldo a muchas de las cualidades femeninas: la actitud afiliativa, solícita, expresiva y de ayuda. Sin embargo, también genera alguna incertidumbre, al encarar abiertamente el conflicto y pedir a las partes que asuman riesgos y cambien su conducta relacional recíproca.

La mediación en el conflicto comunitario de Torrez

¿Con cuál de estos modelos se podría abordar más productivamente un conflicto intergrupal, como en el caso Torrez? La respuesta lleva a encarar varias cuestiones. La primera y más importante es la cuestión de la cultura, central en esta disputa. Los grupos envueltos en ella son los funcionarios del municipio y la policía, que pertenecen en gran medida a la cultura dominante, y por otro lado la comunidad hispana. Con esta combinación, por lo general lo mejor es adoptar un modelo de mediación que dé más poder al grupo menos poderoso, para llegar a un equilibrio (Donohue y Kolt, 1992). En los términos del modelo de Hofstede (1989), la cultura hispana tradicional presenta una alta distancia de poder, evitación de la incertidumbre y colectivismo. Esto sugiere que quizá no prefiera enfrentar el conflicto, en particular porque la otra parte es la autoridad centralizada de la ciudad. Pero los hispanos valoran la cohesión de la comunidad, que el conflicto amenaza. En consecuencia, es probable que deseen un proceso de mediación informal, centrado en las relaciones, como lo es el modelo del desarrollo relacional.

Sin embargo, en esta disputa el municipio propuso una solución con vistas al desarrollo relacional en la que participaran funcionarios de la ciudad y líderes comunitarios hispanos, sin ningún mediador. La sesión realizada no logró reparar las relaciones entre la policía y la comunidad hispana, porque contrariaba varias orientaciones culturales de esta última. Específicamente, provocó que los hispanos militantes se opusieran a los líderes comunitarios más conciliadores, que habían aceptado la propuesta oficial y parecían estar cediendo a la presión. Este incidente había polarizado a la comunidad, contrariando su necesidad de colectivismo. También en contra de la orientación cultural, la reunión aumentó la incertidumbre en las relaciones entre los hispanos, la policía y el gobierno de la ciudad. La intensificación de la incertidumbre es ilustrada por el testimonio de una madre: "Estoy aquí para hacerlos responsables a todos ustedes. Tengo hijos, y mucho miedo de que ellos salgan a la calle y, porque no tienen el aspecto que se considera correcto, o no vistan del modo correcto, les pase lo mismo que a Torrez".[1] También se acrecentó la distancia de poder cuando la policía pidió a un grupo de líderes de la minoría que interrogara a los funcionarios policiales y examinara los informes sobre la investigación. Después la policía descartó las recomendaciones realizadas por ese grupo, lo cual agravó aún más la distancia de poder. De modo que la solución era culturalmente insensible en todos los aspectos: la policía fue exculpada sin siquiera una reprimenda, se dictaminó que el asesinato había estado justificado, los líderes de la minoría parecieron cooptados, la familia Torrez siguió colérica y apesadumbrada, y la comunidad hispana se fragmentó en facciones.

El fracaso de esta reunión sugiere que no se realizó un planeamiento suficiente para estructurar el proceso de resolución de la disputa. Por lo tanto, la segunda cuestión asociada con la creación de un proceso de mediación apropiado para esta disputa se centra en el foco primordial del conflicto: ¿debería estar en las cuestiones sustantivas o relacionales? Está claro que los problemas que dividían primordialmente a estos grupos eran relacionales. Los miembros de la comunidad hispana no confiaban en el sentido de la justicia de la administración municipal. La comunidad hispana sentía que no era respetada y que tenía pocas probabilidades de recibir un trato equitativo. Esta falta de confianza indica que la mediación debió comenzar con el foco en esta preocupación relacional básica.

---

1. "Police chief: FBI investigating Torrez slaying", *Lansing State Journal*, noviembre 13 de 1991, págs. 1A y 2A.

Sin encarar esta cuestión clave, era improbable que los grupos tuvieran algún éxito en llegar a una conclusión negociada sobre la medida en que la policía se había excedido. De modo que se diría que el modelo del desarrollo relacional habría sido un buen punto de partida, en vista del caracter disfuncional de la relación entre la comunidad hispana y los funcionarios de la ciudad.

Esta valoración sugiere que una forma más controladora de mediación puede generar una escalada de conflicto, en lugar de atenuarlo. El modelo de Hofstede (1989) permite algunas comprensiones interesantes de este tipo de conflicto intergrupal centrado en las relaciones. La distancia de poder queda ilustrada en el choque de Torrez con la policía, y también en la relación de la policía con la comunidad hispana. La policía buscaba a un sospechoso hispano de sexo masculino, armado y peligroso, en un vecindario pobre. Smith y otros (1984) dicen que el *status* del vecindario es muy importante en la decisión policial de responder a una llamada y en la estimación del nivel de intervención policial que se necesita. Por tal razón, las fuentes policiales y oficiales de poder suelen ser vistas como sumamente opresivas. Cualquier intento de recurrir a un modelo de mediación que reforzara la sensación de opresión experimentada por la comunidad hispana habría sin duda generado una escalada en la tensión relacional.

En tercer lugar, es también importante comprender que esta mediación involucró a grandes grupos comunitarios, y no a individuos que sólo se representaran a sí mismos. Según Bercovitch (1991), esta complejidad tiene dos consecuencias primordiales. En primer lugar, la selección del mediador. Dice Bercovitch que el mediador debe ser alguien muy poderoso y respetado por ambas partes. Lo típico es que esta persona sea un líder político fuerte con el que los dos lados hayan trabajado en el pasado. Segundo, el mediador debe trabajar ampliamente con conversaciones reservadas con cada parte y otras estrategias previas a la negociación para planificar cuidadosamente un ordenamiento de la mediación que aborde las necesidades de ambos disputantes. Bercovitch subraya la importancia de la comunicación y del planeamiento de prenegociación cuando se trata de cuestiones relacionales complejas. Donohue y Ramesch (1992) insisten en la necesidad de la prenegociación en su examen de los modos de mejorar las relaciones durante la negociación. Por lo tanto, el mediador debe ser neutral, prestigioso, y poner empeño en la preplanificación y en las conversaciones reservadas. En el trabajo con este caso, quizá también se podría considerar la alternativa de la comediación con un miembro de cada comunidad. Pero, con cualquiera de estas opciones, está claro que la situación debió haber sido manejada de un modo muy distinto por todas las partes, sobre todo por el municipio y el departamento de policía, porque ellos eran los participantes con mayor poder y los primordialmente responsables de equiparar el poder en esta disputa.

Conclusiones

La mediación en los conflictos entre grupos se volverá más desafiante a medida que nos acerquemos al próximo siglo y Estados Unidos se vuelva más complejo desde el punto de vista étnico, y por lo tanto relacional. Según López y Espíritu (1990), la nueva inmigración, que llegó al país desde 1965, ha facilitado y al mismo tiempo obstaculizado el desarrollo de una conciencia panétnica. Algunos sectores de la mayoría han reaccionado con violencia a esta transformación de la inmigración. Esa violencia ha impulsado el desarrollo de coaliciones panétnicas más fuertes. Como hemos visto en Worchel (1986), las coaliciones que se desarrollan frente a la violencia y otras amenazas tienden a ser de corta vida.

Blalock (1982) dice que algunas minorías son vistas como "intermediarias". Se trata de grupos minoritarios que comparten características con el grupo dominante y ocupan una posición intermedia entre ese grupo y las minorías más desfavorecidas. En épocas de prosperidad, todo está bien, pero "durante los períodos de tensión, la minoría intermediaria se convierte en una víctima propiciatoria ideal, en la medida en que es la fuente aparente de la frustración, se hace notar pero no tiene protección política, y parece análoga al grupo de elite con respecto a la posición y función económica" (Blalock, 1982, pág. 84). La mayoría mantiene a la "minoría intermediaria" como fuente de mano de obra barata y para realizar las funciones necesarias que son peligrosas o sólo dejan un beneficio marginal (Yu, 1983, pág. 36).

Para poder actuar con eficacia, el mediador debe mantenerse actualizado en cuanto a las cuestiones de la diversidad cultural cambiante. Por ejemplo, puede juzgar el grado de compromiso e interés de los disputantes basándose en varios criterios. ¿Es el disputante de distinta cultura un residente temporario, o un interesado permanente? La relación entre los disputantes, ¿es temporaria o de largo plazo? ¿Tiene el mediador la posibilidad de tomar la decisión, o su rol es sólo facilitador y consultivo? ¿Qué pueden ganar y perder las partes en la mediación? ¿Cuán importante es la imagen personal para los disputantes que participan en la mediación? Si los disputantes están acostumbrados a la evitación del conflicto, quizá la presencia de un ajeno les resulte estresante y embarazosa. En tales casos, pueden ocurrir varias cosas. Es posible que el disputante evitador del conflicto se niegue a hablar y en su fuero íntimo decida no cumplir con el acuerdo. El mediador debe saber que el silencio no significa asentimiento. Si las partes se niegan a participar, el mediador debe lentificar el proceso y conversar por separado con ellas para conocer sus posiciones. Otra posibilidad es que, llevado al límite de su tolerancia por una mediación incómoda, el disputante culturalmente distinto se aferre a una posición extrema que impida cualquier solución de transacción, porque él ha perdido toda esperanza de salvar su imagen. El mediador debe saber que la agresión y defensividad pueden ser indicadores tempranos de que el disputante está comenzando a experimentar esa sensación de desprestigio extremo. Una vez más, el mediador consciente y sensible debe intervenir y detener el proceso antes de que desemboque en un punto muerto. En todos los casos, el mediador debe observar con cuidado y permanecer atento a las necesidades individuales cuando trata con disputantes provenientes de distintas subculturas. Finalmente, el mediador expresa su sensibilidad cultural evaluando cuidadosamente sus propios valores de intervención, para ver si son apropiados en el conflicto que tiene entre manos y en ese contexto de la mediación.

¿Por qué es esencial comprender cómo interactúan los niños en la elaboración de programas escolares de mediación? ¿Qué factores culturales y sociales hay que tener en cuenta en la mediación entre condiscípulos?

8

"ENSEÑEN A SUS HIJOS"
Recomendaciones para los programas
de mediación entre condiscípulos

Tricia S. Jones
Heidi Brinkman

En respuesta a la violencia y la inquietud crecientes en las escuelas norteamericanas, los educadores deben enfrentar cada vez más las cuestiones globales en la responsabilidad y la adaptación sociales. En las escuelas elementales y secundarias, ese interés se pone de manifiesto en una variedad de programas que apuntan a enseñar a los niños a abordar con más eficacia las situaciones conflictivas. Sea que estas habilidades se enseñen bajo el rótulo de "educación para la paz" (Swadener, 1988; Tabachnick, 1990), "entrenamiento en habilidades sociales" (Maag, 1990), "educación relacionada con la ley" (Departamento Estadual de Educación de Hawai, 1985), "aprendizaje cooperativo" (Levy, 1989; Manning y Allen, 1987; Margolis, 1990; Slaving, 1991) o "entrenamiento general en conflictos" (Harms, 1987), en todos los casos un componente clave ha sido la institución del entrenamiento en mediación y los programas de mediación entre condiscípulos.

Los programas de mediación entre condiscípulos son todavía nuevos y no han sido suficientemente puestos a prueba. La incorporación de los conocimientos actuales sobre la comprensión y la respuesta de los niños al conflicto puede mejorar el diseño y la administración de estos programas. En este capítulo presentamos varias recomendaciones, basadas en textos de ciencia social, para los administradores, maestros y padres interesados en optimizar los beneficios de la mediación entre condiscípulos para sus alumnos e hijos.

Visión general de los programas de mediación entre condiscípulos

La historia de los programas de mediación aplicados en las escuelas es breve, no llega a tener tres décadas. Maxwell (1989) ha hecho la crónica de su génesis con la forma del proyecto cuáquero de no-violencia en las escuelas de la ciudad de Nueva York, y de su progreso respaldado por los centros de justicia comunitarios, Educadores por la Responsabilidad Social y la Asociación Nacional por la Mediación en Educación. Según estimaciones recientes, actualmente están funcionando más de trescientos programas de mediación entre condiscípulos (Brinkman, 1991).

¿A qué se debe este interés explosivo y sostenido por la mediación entre condiscípulos? Al principio, algunos programas se elaboraron para reducir la violencia y la conducta antisocial entre los niños, especialmente entre los niños "en riesgo" de deserción escolar, y pasaron a apuntar al abuso de drogas, las pandillas u otras formas de delincuencia juvenil (Social Science Education Consortium, 1987). Otros programas buscaban un mecanismo para reducir los problemas de disciplina en las escuelas y permitir que los maestros pasaran más tiempo enseñando (Burrell y Vogl, 1990). Algunos programas reflejan la creencia de los educadores en cuanto a que el conflicto es un aspecto importante de la socialización y maduración de los alumnos, y debe ser abordado como tal (Koch y Miller, 1987; Maxwell, 1989).

Debajo de todas estas motivaciones está la percepción compartida de que los niños escolares tropiezan con conflictos pero no saben cómo manejarlos productivamente. Tienen más conflictos con sus compañeros de estudios que con cualquier otro grupo, incluso el de los hermanos (Venkataramaiah y Kumari, 1975, 1986). En general, confían más en estrategias antisociales (coacción y manipulación) que en estrategias pro sociales (razonamiento y discusión) (Krapp-mann y Oswald, 1987), lo cual a menudo genera fuertes sentimientos de culpa e infelicidad (Venkataramaiah y Kumari, 1975, 1986).

Los ciclos de estrategia antisocial y displacer concomitante pueden engendrar malas relaciones entre compañeros de estudios, en las cuales el rechazo de los otros motiva una conducta destructiva en el aula, afectos y actitudes negativos respecto de los demás estudiantes (Johnson, 1981). Más grave es incluso el hecho de que este ciclo está relacionado con tasas más altas de deserción escolar, más delincuencia juvenil y un mayor riesgo de problemas de salud mental (Callias, Frosh y Michie, 1987).

La clave para quebrar este ciclo consiste en enseñar a los niños modos más constructivos de abordar el conflicto. Se ha sugerido la mediación como una de tales técnicas. Los programas escolares de mediación entre condiscípulos entrenan a los niños para actuar como terceros neutrales que intervienen y ayudan a otros alumnos en la resolución de sus disputas. No obstante, estos programas no siguen un patrón único. Difieren en cuanto a las poblaciones a las que apuntan, a la naturaleza del entrenamiento y a la formalidad de la mediación.

Se ha intentado administrar estos programas en escuelas elementales, medias y secundarias (Lam, 1988), abarcando desde el jardín de infantes hasta el último año. Pero la mayoría de los programas de las escuelas elementales limitan la participación a los grados tercero a sexto (Kaufmann, 1991).

En general, el entrenamiento tiene dos objetivos. Primero, un programa general de entrenamiento en habilidades para el manejo del conflicto (sólo con alumnos de los grados a los que se apunta, o bien con toda la comunidad escolar y los padres) enseña los conceptos y las técnicas básicos para el manejo del conflicto, usualmente con quince a veinte horas de instrucción (Davis y Porter, 1985; Lam, 1988); este programa incluye resolución de problemas, entrenamiento en asertividad, habilidades para la comunicación interpersonal, pensamiento crítico y habilidades de escucha (Hutchins, 1990).

A los alumnos elegidos, o que se han ofrecido para actuar como mediadores, se les proporciona un entrenamiento en mediación más específico. Además de los dispositivos de la instrucción y la información a los que nos hemos referido, se les enseña a utilizar un proceso de mediación simple, como el siguiente (Brinkman, 1991, pág. 9):

1. Presentarse y preguntar si se desea mediación.
2. Obtener acuerdo acerca de las reglas de procedimiento (no interrumpir, no insultar, ser sincero, tratar de resolver el problema).
3. Pedirle a cada parte una descripción del problema.
4. Parafrasear lo que se ha escuchado.
5. Preguntarle a cada parte qué es lo que él o ella puede hacer.
6. Preguntarle a cada parte qué es lo que él o ella necesita que haga la otra.
7. Exponer lo que se ha escuchado.
8. Generar ideas con las partes.
9. Preguntarle a cada parte qué es lo mejor para ella.
10. Exponer lo que se ha escuchado.
11. Preguntar si la resolución es equitativa y puede ponerse en vigencia.
12. Felicitar a las partes.

El entrenamiento puede ser realizado por instructores externos (Salfrank, 1991), maestros, o unos y otros. En la mayoría de los casos hay consultores externos que entrenan a los maestros, los que a su vez entrenan a los alumnos y a los otros miembros de la comunidad educativa (Kaufmann, 1991). Los alumnos mediadores son en general escogidos por los maestros, los administradores, o unos y otros, y se trata de que representen a una sección transversal del cuerpo estudiantil (Davis y Porter, 1985; Lam, 1988).

Al principio, el programa de mediación entre condiscípulos se aplicó a conflictos del "patio de juegos" o del "salón comedor". En este modelo informal, los mediadores, por lo general en equipos de dos, vigilaban el patio o el comedor, cuidando que la erupción de conflictos o discusiones no generara luchas o violencia física. A continuación los mediadores les preguntaban a los disputantes si estaban interesados en una mediación. Si la respuesta era afirmativa, se aplicaba el procedimiento.

Sin embargo, algunos programas, como el del Sistema de Escuelas Públicas de Milwaukee, proyecto piloto puesto a prueba en escuelas elementales medias y secundarias, emplean un sistema más formal (Burrell y Vogl, 1990), en el cual los conflictos son derivados a mediación por los propios alumnos, maestros o administradores. Si los participantes acuerdan respetar los procedimientos de la mediación entre condiscípulos estipulados para la interacción, se realiza la mediación en un ámbito privado y confidencial.

Las investigaciones sobre la eficacia de estos programas son sorprendentemente escasas, tal vez porque por el momento se dedica más energía a establecer dichos programas que a evaluarlos. Los resultados preliminares, basados en gran medida en pruebas anecdóticas y evaluaciones cualitativas, sugieren que los programas de mediación entre condiscípulos reducen los incidentes de violencia (Social Science Research Consortium, 1987) y de conflicto (Davis y Porter, 1985), mejoran las actitudes de los alumnos con respecto al conflicto (Lam, 1988) y aumentan la autoestima de los mediadores estudiantiles (Kaufmann, 1991).

Recomendaciones para los programas de mediación entre condiscípulos

Un principio básico de toda forma de intervención es adecuarla a la actividad de la persona o personas involucradas. Los programas de mediación entre condiscípulos pueden proteger las oportunidades de aprendizaje social y aumentar los beneficios del conflicto, siempre y cuando estén diseñados para ser sensibles a la etapa evolutiva y al contexto social de los niños de los que se trata. Las secciones siguientes reseñan algunas de las teorías e investigaciones clave sobre los niños y los conflictos, para extraer recomendaciones sanas y concretas aplicables al diseño y la administración de la mediación entre condiscípulos en las escuelas.

Aunque los niños difieren de los adultos en su percepción del conflicto y en su reacción a él, no son actores sociales ingenuos. Los niños utilizan el conflicto para producir organización social, crear alineamientos políticos y negociar sus intereses prácticos en un conjunto cambiante de relaciones sociales (Maynard, 1985a, 1985b). Las interacciones en el conflicto pueden también aumentar la autonomía e independencia en las interacciones con no-iguales, y especialmente entre niño y adulto (Kuczynski y Kochanska, 1990; Kuczynski, Kochanska, Radke-Yarrow y Girnius-Brown, 1987).

Ajuste a la etapa evolutiva de los niños

La idea más importante que tomamos de los textos de ciencia social es que los niños operan en diferentes niveles de competencia con respecto al conflicto. A medida que crecen y se desarrollan cognitivamente, van comprendiendo y respondiendo de distintos modos al conflicto.

Según Piaget, el conflicto social entre el niño y sus iguales reduce el egocentrismo y estimula la diferenciación (Aboud, 1981). Al principio el niño (hasta los seis años) es muy egocéntrico, incapaz de distinguir entre él mismo y otro, de lo que resulta el foco en las propias necesidades y en el propio desarrollo. Después aprende a adecuarse a las normas sociales (hasta los diez-once años), primero rígidamente (entre los cinco y ocho años), pero a continuación sobre todo por deseo de cooperar (entre los ocho y once años). Cuando el niño entra en la adolescencia temprana, se diferencia de los otros, reconoce las necesidades y los intereses de cada uno, e intenta conciliar estos intereses en una interacción fluyente.

Además del desarrollo cognitivo, los niños tienen también un proceso de desarrollo moral (Colby y Kohlberg, 1981; Colby, Kohlberg, Gibbs y Lieberman, 1983). A medida que crecen, son más capaces de integrar puntos de vista diversos sobre los conflictos morales, y es más probable que evalúen y aprecien los factores contextuales-situacionales cuando responden al conflicto moral.

Trabajando con una apreciación del desarrollo cognitivo y también del desarrollo moral, Selman y sus colegas han contribuido significativamente a nuestra comprensión de los niños y el conflicto. Selman (1980, 1981) postula tres dimensiones subyacentes de la cognición que cambian con el desarrollo: la orientación temporal (pasa del aquí y ahora al futuro); el foco del conflicto (pasa de los actos físicos a las personas como seres psicológicos y a la relación en sí), y las concepciones de la relación (pasan de unilaterales a bilaterales y mutuas). Sobre la base de esta teoría, Selman y Demorest (1984) han creado un modelo en cuatro niveles de las estrategias de negociación interpersonal utilizadas por los niños.

En el *Nivel 0*, el desarrollo evolutivo más bajo (que usualmente se prolonga hasta los tres años), los niños operan con orientaciones momentáneas y fisicalistas. Este nivel se caracteriza por *reacciones primitivas de lucha o fuga*. Los conflictos se resuelven mediante la fuerza física o interrumpiendo la interacción. Las estrategias de negociación interpersonal típicas de esta etapa se describen como sigue. Las estrategias de transformación del otro incluyen abrumarlo verbalmente, aferrarlo impulsivamente o repelerlo enérgica/físicamente. Las estrategias de transformación propia incluyen huir, utilizar una retracción afectiva automática o responder con obediencia robótica.

El *Nivel 1* (que opera entre los tres y seis años) añade una apreciación de los efectos subjetivos y psicológicos del conflicto. No obstante, se considera que estos efectos sólo se aplican a uno mismo, y no al otro; el conflicto no es aún entendido como un desacuerdo mutuo. En el Nivel 1 la orientación respecto del conflicto puede describirse del mejor modo como un *egocentrismo competitivo o de gano-pierdes*, e involucra estrategias de transformación del otro del tipo de las órdenes y las amenazas; por su parte, las estrategias de transformación propia incluyen iniciativas débiles o tentativas, el acomodamiento al otro, presentarse como victimizado o apelar a partes externas.

En el *Nivel 2* (entre los siete y doce años), el conflicto es visto como bilateral, pero no mutuo. El niño comprende que hay que lograr el acuerdo de ambas partes, pero no que ese acuerdo debe ser mutuamente satisfactorio. Por lo tanto, el niño se ve envuelto en una *cooperación estratégica para proteger su propio interés*. Las estrategias de transformación del otro Nivel 2 incluyen el empleo de la persuasión amistosa, la búsqueda de aliados en respaldo de las propias ideas, impresionar al otro con los propios talentos y aptitudes. Las estrategias de transformación propia en el Nivel 2 son la afirmación de las propias necesidades, pero como secundarias respecto de las necesidades del otro, y la confrontación con la desigualdad acentuada.

Finalmente, en el nivel evolutivo más alto, el *Nivel 3* (que generalmente se inicia entre los doce y quince años), los conflictos se atribuyen a la relación, de modo que sólo resultan aceptables las soluciones mutuamente satisfactorias, que requieren una verdadera *negociación colaborativa.* En este nivel no hay distinción entre las estrategias de transformación propia y de transformación del otro. En cambio, debido a la orientación evolutiva integrativa, el niño prevé e integra las posibles reacciones del otro, estabiliza el foco en la relación, prestando atención a las luchas individuales, y negocia teniendo en cuenta la coherencia de la relación a lo largo del tiempo.

Selman y Demorest (1984) destacan que el niño puede utilizar estrategias representativas de su más alto nivel de desarrollo, así como otras representativas de los niveles más bajos. Pero no puede emplear intencionalmente o comprender estrategias de un nivel de desarrollo sociocognitivo más alto que el que él mismo ha alcanzado (Selman, Beardslee, Schultz, Krupa y Podorefsky, 1986; Stone, 1981).

Los estudios sobre las estrategias de persuasión y transacción de los niños proporcionan un respaldo indirecto a este modelo. El nivel del empleo de la estrategia persuasiva, más o menos adaptativa (Delia, Kline y Burleson, 1979) y la frecuencia del empleo de la apelación persuasiva se elevan significativamente con la edad (Finley y Humphreys, 1984), mejorando de tal modo las probabilidades de resoluciones más refinadas de los conflictos (Eisenberg y Garvey, 1981). De modo análogo, los niños utilizan estrategias para obtener obediencia más frecuente y adaptativamente (Haslett, 1983), demostrando una mayor tendencia a las soluciones de transacción a medida que crecen (Clark, O'Dell y Willihnganz, 1986; Levya y Furth, 1986).

Además de describir los niveles evolutivos de la competencia para el conflicto, una meta importante de este trabajo es promover la competencia social del adolescente, o "la capacidad de crear estrategias de negociación que satisfagan las necesidades compartidas y mutuas de uno mismo y el otro o los otros, y [...] apuntalar la formación de relaciones interpersonales duraderas, estables y constructivas en la primera juventud" (Brion-Meisels y Selman, 1984, pág. 291).

Se han creado instrumentos de evaluación para determinar los niveles operativos de las estrategias de negociación y diseñar estrategias de intervención que promuevan un nivel de funcionamiento más alto (Yeates y Selman, 1989). Estos instrumentos se emplearon en la observación de interacciones en el aula (Brion-Meisels, Lowenheim y Rendeiro, 1982) y en el estudio de las respuestas de los niños a la crítica del maestro y los compañeros (Adalbjarnardottir y Selman, 1989), o del manejo del conflicto en reuniones de aula (Selman, 1980).

El modelo de las estrategias de negociación interpersonal también ha dado forma al diseño de los currículos escolares y los programas de intervención destinados a mejorar la competencia interpersonal de los niños en el conflicto. Los análisis de la competencia individual proporcionan una base para la evaluación de la conciencia interpersonal y las habilidades funcionales. Se trata después de que las intervenciones se adecuen al nivel de competencia de los niños (Brion-Meisels, Rendeiro y Lowenheim, 1984; Selman y Glidden, 1987; Yeates y Selman, 1989).

Está claro que la orientación y la conducta de los niños respecto del conflicto está en función de su nivel evolutivo. Como el nivel evolutivo es por lo general específico de la edad, esta información sugiere tres recomendaciones básicas para los programas de mediación entre condiscípulos.

Primero, los programas de mediación entre condiscípulos deben apuntar a los niveles de grado adecuados. Incluso los modelos más simplistas de la mediación asumen el supuesto de que el procedimiento es más eficaz cuando los participantes pueden entender y apreciar las orientaciones integrativas. Algunos dirían incluso que no puede haber verdadera mediación si los disputantes no han alcanzado este nivel de competencia. La mayoría de los estudiosos de la mediación coinciden en que, si los disputantes no son capaces de una orientación y una conducta colaborativa, la mediación es menos beneficiosa para ellos y probablemente menos eficaz para alcanzar la resolución de la disputa (Moore, 1986).

La teoría del desarrollo indica que en los primeros grados de la escuela elemental es probable que los niños no hayan alcanzado competencia integrativa en el conflicto. Incluso aceptando los parámetros de edad imprecisos y generales que se estipulan para los niveles evolutivos, puede decirse que la mayoría de los niños no están preparados para comprender e instrumentar verdaderas estrategias colaborativas hasta el final de la escuela elemental o el inicio de la escuela media.

Sin embargo, algunos programas de mediación entre condiscípulos han apuntado incluso a niños de jardín de infantes, y la mayoría se aplican en escuelas elementales, con la participación como mediadores de niños de tercero a sexto grado. Probablemente carezca de realismo esperar que entre el jardín de infantes y el segundo grado los niños puedan comprender y realizar esfuerzos de mediación. Según los parámetros de edad ya examinados, también es cuestionable involucrar a niños de tercero, cuarto y quinto grados.

Un enfoque alternativo consiste en introducir un entrenamiento en habilidades básicas para el conflicto (escucha, comunicación y pensamiento crítico) en los primeros niveles de grado, reservando el entrenamiento y la actividad de mediación para los grados superiores. Este diseño permite que todos los alumnos de la escuela tengan una comprensión básica del manejo constructivo del conflicto, y ayuda a asegurar que la mediación logre los mayores beneficios evolutivos.

En segundo lugar, los paquetes de entrenamiento en habilidades generales para el conflicto, así como el entrenamiento del programa de mediación entre condiscípulos, deben elaborarse y ponerse a prueba a la luz de los niveles evolutivos. Una lectura rápida de los materiales de entrenamiento con los que se cuenta (Kaufmann, 1991; Kriedler, 1984) indica que el ajuste a la competencia relacionada con la edad es poco frecuente. Con el tiempo se podrán desarrollar materiales de entrenamiento específicos para cada edad, que permitan a los programas de mediación entre condiscípulos optimizar el potencial de aprendizaje por nivel de grado. Es preciso que la adecuación evolutiva de los ejercicios, los currículos de instrucción y los dispositivos de entrenamiento se evalúen antes de su uso.

Finalmente, se podrían evaluar los niveles de las estrategias de negociación interpersonal para apreciar mejor el impacto de los programas de mediación entre condiscípulos y mejorar la selección de los mediadores para este procedimiento. Mediante la evaluación inicial de los niveles de las estrategias de negociación interpersonal se podrá confirmar cuál es el nivel del material de instrucción necesario y establecer una base para medir el cambio. La verificación empírica de que el entrenamiento en habilidades para el conflicto y la mediación entre condiscípulos va generando mejores resultados con la edad, podría alentar un respaldo más concreto a estos programas.

De modo análogo, la evolución de la competencia en las estrategias de negociación interpersonal podría servir como criterio para la selección de niños mediadores. Si se mantienen los criterios de representatividad, esta adición aseguraría que los estudiantes ubicados en esas posiciones sean capaces de comprender el proceso y presentar su modelo de modo más eficaz ante los compañeros.

Al adecuar los programas de entrenamiento en habilidades para el conflicto y la mediación entre condiscípulos a la competencia evolutiva de los alumnos, todas las partes ganan. Quienes defienden los programas verán que aumenta la probabilidad de que las metas estipuladas se alcancen. Los administradores escolares observarán un uso más eficaz de los recursos, y estarán más dispuestos a dedicar su escaso tiempo y dinero a la continuación de tales programas. Y, lo que es más importante, los niños tendrán la máxima oportunidad de aumentar su competencia para el conflicto interpersonal.

Apreciar la influencia del contexto social

El conflicto entre los niños no se produce en un vacío. Los niños son influidos por contextos sociales que dictan la conducta normativa, las consecuencias de su violación y el margen para el cambio dentro de las estructuras sociales globales. Cuando se diseñan programas de mediación entre condiscípulos, es importante considerar por lo menos dos aspectos del contexto social: 1) el contexto cultural o las fuentes sociales de las reglas que los niños utilizan para identificar y remediar el conflicto, y 2) el contexto institucional, o la influencia de las instituciones educativas.

Contexto cultural

El conflicto es un acontecimiento comunicacional con las reglas de la interacción enclavadas cultural y contextualmente. Estas reglas determinan qué tipos de acontecimientos se convierten en conflictos, de qué modo la relación entre los disputantes modifica las tácticas y estrategias en el conflicto, y cómo influyen en la conducta de conflicto los factores culturales amplios.

Los niños tienen conflictos por diferentes razones, pero habitualmente debido a que perciben la violación de alguna regulación, costumbre cultural o principio moral (Much y Shweder, 1978). Los factores culturales influyen a través de las reglas que los niños utilizan para juzgar su propia conducta y la conducta de los otros.

Las estrategias de los niños en el conflicto varían con el tipo de regla violada. Por ejemplo, como encontraron Much y Shweder (1978), cuando se desobedece una regulación, los niños emplean un razonamiento legalista y discuten sobre las reglas competitivas que podrían aplicarse a la situación, poniendo el foco en la validez misma de la regla en las condiciones de las que se trata. Pero cuando se viola una norma moral, los niños discuten la medida en que esas acciones constituyen una violación clara. La moral no está en discusión; sólo se considera la medida en que se la ha violado.

Por otra parte, los niños desarrollan también un "concepto de la regla" o refinamiento que les permite juzgar qué reglas deben privilegiarse en ciertas situaciones. Shantz y Shantz (1982) sugieren cuatro niveles de conceptos de las reglas, aproximadamente equivalentes a los niveles de las estrategias de negociación interpersonal de Selman. Estos niveles van desde asignar igual peso a todas las reglas hasta el reconocimiento de que las reglas morales son más prominentes que las convenciones o costumbres, pasando por el juicio basado en las consecuencias para los actores. Los niños que tienen conceptos de las reglas más avanzados llegan con mayor probabilidad a desenlaces exitosos de los conflictos, y es menos probable que recurran a la agresión verbal (Jose y Hennelley, 1987; Shantz, 1984).

Los niños son también sensibles al contexto relacional cuando determinan si es o no adecuada una conducta de conflicto. En el sentido más simple, la percepción que tiene el niño de la relación con su antagonista determinará que sea o no cooperativo. Los niños adoptan estrategias de conflicto más pro sociales o constructivas cuando la otra parte es un buen amigo o "el mejor" amigo. No sólo tienen menos conflictos con los amigos sino que también aplican estrategias de negociación con los amigos, y estrategias "más firmes" con los no-amigos; asimismo, llegan a desenlaces más equitativos con los amigos que con los no-amigos (Hartup y Laursen, 1987, 1989; Hartup, Laursen, Stewart y Eastenson, 1988; Krappmann y Oswald, 1987; Ladd y Emerson, 1984; Nelson y Aboud, 1985; Sancilio, Plumert y Hartup, 1987).

Como la cultura determina las reglas, para entender la conducta de conflicto del niño es preciso considerar los antecedentes e influencias culturales que gravitan sobre él. Atribuimos a la palabra "cultura" su sentido más amplio, como grupo de identidad que incluye influencias raciales, étnicas, religiosas y de clase.

La cultura puede influir en la orientación del niño respecto del conflicto, en los constructos personales que utiliza para iniciar o resolver el conflicto o en las estrategias de conflicto (Nadler y otros, 1985). Algunas culturas son en términos generales evitadoras del conflicto. Si en cambio la cultura va al conflicto, el entrenamiento cultural puede predisponer al niño a adoptar conductas competitivas y no cooperativas. El concepto que tiene el niño de constructos personales tales como la equidad, la confianza y el poder –que moderan las percepciones de las reglas sociales operativas y de las respuestas concomitantes– es también influido por la cultura. De modo análogo, las normas culturales relacionadas con la expresividad y los niveles aceptables de participación física difieren significativamente e incluso gravitan en la incidencia del conflicto transcultural (Brenneis y Lein, 1977; Kochman, 1981; Lein y Brenneis, 1978).

La clase social puede afectar la conducta de conflicto de los niños (Shantz, 1987a). Los niños de las clases sociales inferiores pelean más que los de las clases superiores (Venkataramaiah y Kumari, 1975, 1986). Los niños que disputan más hacen menos concesiones, es más probable que empleen estrategias múltiples y que usen más agresión física; y los otros les disgustan más que a los niños que disputan con poca frecuencia (Shantz, 1983).

En cuanto a las estrategias para obtener obediencia, el empleo de la violencia y la capacidad para tomar perspectiva, se han encontrado diferencias genéricas. Es más probable que los varones inicien un conflicto, que empleen tácticas persuasivas de mano dura y agresivas o confrontativas (Camras, 1984; Guerra y Slaby, 1989; Miller, Danaher y Forbes, 1986). Es más probable que las niñas eviten el conflicto; además ellas son más capaces de adoptar el punto de vista del otro (Stalcup, 1981) y aplican estrategias de resolución de conflictos más variadas (Peirce y Edwards, 1988).

Todas estas influencias culturales se canalizan principalmente a través de la socialización producida al principio de las interacciones familiares. El niño no llega a la escuela como una *tabula rasa*, y después no cesa de ser influido por su familia. Como lo indican claramente las investigaciones, los niños aprenden sus actitudes y conductas de conflicto siguiendo el modelo de sus padres y los miembros inmediatos de la familia (Acock, 1984; Cummings, Iannotti y Zahn-Waxler, 1985; Hranitz y Eddowes, 1990).

Cuando los niños reciben en la escuela una instrucción que cuestiona la práctica cultural o normativa del ambiente hogareño, es posible que tengan que enfrentar la resistencia y la desaprobación de ambas fuentes. Según sea el grado de diferencia en lo que se espera de su conducta, la tensión resultante puede ir desde suave hasta severa.

¿De qué modo la apreciación del contexto cultural de los niños mejora el diseño y la administración de los programas de mediación entre condiscípulos? Esa apreciación indica la necesidad de comprender las culturas operativas, integrar una instrucción sensible al contexto e informar o hacer participar a las familias en relación con el propósito del programa.

Es fácil aconsejar que se intente comprender el contexto cultural operativo, pero llegar a hacerlo resulta más difícil. La clave consiste en que los educadores comprendan que no todos los alumnos de sus escuelas tienen la misma orientación respecto del conflicto o la misma concepción de la conducta de conflicto apropiada. Esa comprensión los ayudará a identificar a alumnos para hacerlos participar en el programa, y les indicará en qué situaciones la mediación puede no ser viable y exigir la revisión de los materiales de enseñanza o los horarios.

Algunos alumnos se resistirán más al enfoque propuesto por el entrenamiento en mediación entre condiscípulos; es posible incluso que algunos intenten aislar activamente a los que participan en el programa. Es probable que estas reacciones sean más numerosas entre los niños en riesgo, la población precisamente identificada al principio para brindarle los beneficios de esta mediación. Un proceder flexible, informado y paciente ayudará a los niños a sentirse más cómodos con la educación para la mediación y permitirá modificar el material de instrucción o el modelo de mediación para que se adecuen al contexto cultural.

La mediación no puede utilizarse para resolver *todos* los problemas entre condiscípulos. Como dicen los textos sobre el "concepto de la regla", la violación de ciertas reglas es más grave que la de otras, y está más cerca del conflicto de valores que del conflicto de intereses. En estas situaciones, la posibilidad de que un mediador entre condiscípulos ayude a resolver el conflicto es limitada. Los educadores deben reconocer las violaciones comunes de reglas que conducen a conflictos en su población de alumnos, deben saber identificar las violaciones no resolubles por medio de la mediación, y establecer para estos casos procedimientos de resolución alternativos.

La participación de los miembros de la familia del niño, en especial sus padres, es una meta importante. Como paso inicial, los padres deben ser informados sobre la naturaleza y el propósito del entrenamiento en habilidades para el manejo del conflicto y de la mediación entre condiscípulos. Cuando los niños comienzan a utilizar estas conductas en el hogar, es más probable que los progenitores receptivos refuercen, y no que castiguen, la acción anómala. Si es posible, hay que proporcionar oportunidad de entrenamiento a los padres, incluso hasta el punto de utilizarlos como asistentes del programa. Si los padres pueden modelar estas conductas en el hogar para el niño, o indicar, a través de su apoyo al programa, que tales comportamientos son aceptables, se verá fortalecido el progreso del aprendizaje del alumno.

Contexto institucional

Las escuelas, como instituciones, son tradicionalmente autoritarias y jerárquicas (Bamburg e Isaacson, 1991). Los maestros y administradores son afectados por esta cultura, que puede inhibir el apoyo esencial a los programas de mediación entre condiscípulos (A. M. Davis, 1986; Davis y Porter, 1985).

David y Salem (1985) sostienen que los docentes de las escuelas elementales y secundarias tienden a camuflar el conflicto, evitando siempre que les resulte posible la controversia en el aula. Es probable que se sientan incómodos con el conflicto porque quieren limitar el control que tienen los alumnos de sus propias situaciones (Araki, 1990), perpetuando lo que Johnson (1981) denomina "adultocentrismo". En los ambientes escolares, la mayoría de las interacciones legítimas entre alumno y alumno son extracurriculares. Las estrategias de instrucción insisten en que el docente de la clase y los alumnos trabajen individualmente. La mayoría de los conflictos entre estudiantes se "resuelve" mediante la intervención de un docente o un miembro del personal de la escuela. En vista de esta norma, es comprensible que si los alumnos comienzan a asumir el control de los conflictos y a cuestionar las situaciones, algunos maestros teman que ese cuestionamiento se extienda a su autoridad.

No obstante, el maestro debe permitir que los alumnos manejen sus problemas por sí mismos. Es más probable que los niños aprendan y utilicen estrategias colaborativas en los conflictos con sus iguales, que cuando interactúan con un adulto (Levya y Furth, 1986). El contexto de iguales se considera más favorable para un intercambio de ideas en pie de igualdad, y procura a los alumnos más confianza en que sus ideas serán escuchadas. Además los niños aprenden el autocontrol con más eficacia cuando tienen la oportunidad de resolver sus propios conflictos, y no cuando dependen de un maestro que lo haga (Brophy, 1983).

En la enseñanza de habilidades para el conflicto, el maestro debe modelar la resolución eficaz de conflictos ante sus alumnos (Brophy, 1983; Cochrane y Myers, 1980; Commanday, 1985; Garabino, Scott y Erikson, 1989). Como dice Kriedler (1984), "Para que los alumnos aprendan autocontrol y sepan utilizar responsablemente su propio poder, tienen que ver a alguien que modele el empleo constructivo y responsable del poder" (pág. 33).

En última instancia, el éxito de los programas de mediación entre condiscípulos dependerá del compromiso de docentes y administradores. Estos programas no deben imponerse a niños que no los acepten. Si el respaldo es dudoso, la mejor estrategia consiste en ir a otra parte o comenzar con un programa más pequeño, limitado a una cierta clase o grupo en los que el compromiso del docente inmediato o la persona de apoyo (quizás un consejero) baste como apuntalamiento.

Cualquier programa, especialmente cuando ha alcanzado su pleno desarrollo, debe prestar una seria atención al entrenamiento de los docentes. Si los maestros no van a entrenar a los alumnos, de todos modos el entrenamiento que ellos mismos reciban les proporcionará información sobre las experiencias educativas de los jóvenes, y puede ayudarlos a convertirse en mejores modelos. Si los maestros sí proporcionarán una instrucción de primera línea a los alumnos, su entrenamiento debe ser amplio y experiencial, tanto como sustantivo.

Insistir en el aprendizaje experiencial y en la aplicación

Al principio, los educadores dieron por sentado que proporcionar a los niños información sobre el conflicto y darles la oportunidad de participar en ejercicios básicos bastaba para enseñarles a modificar sus conductas de conflicto. No obstante, estos supuestos se ven cuestionados por los estudios sobre la eficacia pedagógica del entrenamiento en habilidades generales para la negociación y el conflicto (Callias y otros, 1987; Fleming, 1977; Taylor, 1986) y sobre el fortalecimiento de la capacidad para persuadir (Burke y Clark, 1982; Clark, Willihnganz y O'Dell, 1985).

Las evaluaciones de los programas de mediación entre condiscípulos confirman que los niños necesitan una participación importante y experiencial para mejorar sus habilidades de conflicto. En su experimento de campo, el Social Science Research Consortium (1987) encontró que los objetivos de reducir la violencia y la conducta antisocial, enseñar nuevas habilidades de comunicación y conflicto, generar actitudes positivas respecto de la resolución de conflictos e impedir actitudes que conduzcan a la delincuencia, sólo se alcanzaban cuando los estudiantes podían participar en la mediación de disputas importantes para sus vida cotidiana. La enseñanza de conceptos de la mediación sin la inclusión de un programa de mediación entre condiscípulos no modifica la conducta de los niños (Johnson, 1988). Además, los niños que actúan como mediadores en estos programas son quienes más se benefician con la experiencia (Benenson, 1988).

Este mensaje es claro. Los niños aprenden más cuando aprenden haciendo. El examen previo de la teoría del desarrollo sugiere que los niños aprenden modos más refinados de encarar el conflicto social cuando aplican las habilidades de conflicto en la interacción, especialmente con sus iguales.

Hemos sostenido que el entrenamiento en la mediación entre condiscípulos no es adecuado para los primeros niveles de grado de la escuela elemental. No obstante, las investigaciones existentes sugieren que la oportunidad de actuar como mediador entre condiscípulos genera el progreso evolutivo más importante. En los primeros grados, para maximizar los resultados, el entrenamiento general en conflictos debe ser un aprendizaje tan experiencial como resulte posible. En los grados superiores, en los que son más adecuados los programas y las actividades de mediación entre condiscípulos, hay que insistir en que tengan la oportunidad de actuar como mediadores el mayor número posible de alumnos, y no limitar la oferta a unos pocos escogidos.

Conclusión

Los programas de mediación entre condiscípulos son todavía relativamente nuevos. Parecen ser una buena idea presentada en el momento oportuno. Pocas personas discutirían que se necesita mejorar los modos en que nuestros niños abordan el conflicto social. La idea de los programas de mediación entre condiscípulos, tomada de la educación para la paz y del movimiento de resolución alternativa de disputas, proporciona un terreno filosófico y práctico sumamente atractivo. Este capítulo propone que nuestros conocimientos sobre los niños y el conflicto pueden incorporarse al diseño y la administración de los programas de mediación entre condiscípulos, para profundizar su impacto. Concretamente, estos programas deben diseñarse en consonancia con la competencia evolutiva de los niños involucrados. Aunque el entrenamiento en conflictos es viable en los primeros grados de la escuela elemental, las actividades de la mediación entre condiscípulos deben apuntar a los niveles más altos de la escuela elemental y media. Los materiales de enseñanza deben ser específicos para cada edad; es preciso alentar la evaluación de la competencia evolutiva como punto de partida, y a continuación medir los cambios.

Debe tenerse en cuenta el contexto social del conflicto entre niños. Las cuestiones que se vuelven conflictivas y los modos en que los niños abordan esas disputas dependen de algunos factores contextuales y culturales. El docente debe tratar de comprender la perspectiva del niño y los refuerzos culturales y familiares de dicha perspectiva, antes de dar por sentado que el cambio es simple o apropiado. También hay que considerar la cultura institucional de las escuelas como una influencia potencialmente poderosa para el progreso de la mediación entre condiscípulos. Si los maestros y administradores no apoyan el programa ni modelan las conductas, es improbable que la enseñanza de la mediación resulte eficaz.

¿Qué factores influyen en la participación de los
gerentes en las disputas internas de las organizaciones?
¿Qué influye en el enmarcamiento de las disputas
cuando son abordadas por terceros en ámbitos
organizacionales?

9

EL TERCERO GERENTE
Estrategias, proceso y consecuencias
de la intervención

Rekha Karambayya
Jeanne M. Brett

Tradicionalmente, se denomina "intervención de un tercero" a la conducta de un intermediario neutral invitado a ayudar a resolver un conflicto que las partes en disputa intentaron zanjar sin éxito. Es frecuente que los gerentes se encuentren resolviendo disputas (Mintzberg, 1975), actuando a menudo como terceros entre colegas y subordinados. No obstante, a diferencia de otros terceros que practican la resolución de disputas como profesión (por ejemplo los árbitros o jueces, o incluso los mediadores comunitarios), el tercero gerente puede caer en un rol con pocos límites definidos, y para el cual tiene muy poco o ningún entrenamiento, muy poca o ninguna motivación (Sheppard, 1983, 1984).

Lo típico es que los terceros profesionales asuman un rol bien delineado, que prescribe los límites de su autoridad. Los gerentes, en cambio, tienen una considerable libertad para decidir cuándo y cómo intervendrán en disputas (Kolb, 1986, 1989; Sheppard, 1983; Sheppard, Roth, Blumenfeld-Jones y Minton, 1991). El tercero gerente también difiere en otros aspectos de los terceros profesionales. Éstos son por lo general invitados a intervenir en las disputas, mientras que los gerentes pueden proponer la mediación ellos mismos. Estrictamente hablando, los gerentes no son tampoco terceros neutrales. Tienen con los disputantes relaciones que se extienden más allá del contexto del conflicto. A veces son superiores jerárquicos de los disputantes, otras veces están socialmente relacionados con ellos, y a menudo la disputa afecta intereses creados del gerente mediador (Kolb, 1986, 1989; Neale, Pinkley, Brittain y North-craft, 1990; Sheppard, 1983; Sheppard y otros, 1991). Quizá lo más importante sea que en la disputa puede estar en juego algo que le concierna directamente al gerente.

El modo en que el gerente se desempeñe en su rol de tercero afecta el desenlace de la disputa y la percepción que las partes tienen de ella (Karambayya y Brett, 1989; Karambayya, Brett y Lytle, 1992). El gerente que asume el rol de tercero tiene la oportunidad de influir sobre los resultados de la organización, las relaciones de largo plazo entre las partes y en sus propias relaciones futuras con los disputantes y con la organización.

Las investigaciones sobre la intervención del tercero gerente permiten explorar el proceso mediante el cual un tercero no profesional resuelve el conflicto en condiciones más complejas y menos restrictivas que las que enfrentan los terceros profesionales. Esas investigaciones nos ayudan a comprender de qué modo surgen los procesos de resolución de disputas y las consecuencias en el largo plazo de la intervención del tercero para las organizaciones y los disputantes. También hacen posible comprender los nuevos roles del tercero, que en el contexto organizacional aparecen naturalmente, pero son prescritos en otros ambientes institucionales, en los que dichos roles están formalizados. Esas investigaciones pueden brindarnos información sobre la efectividad y las consecuencias de las conductas del tercero gerente, y constituir la base para el entrenamiento en resolución de conflictos en la organización.

Este capítulo propone un modelo del proceso de la intervención del tercero gerente. Exploramos los antecedentes de la conducta de tercero desde dentro del contexto organizacional. Identificamos las consecuencias de esa conducta para el desenlace de la disputa y la resolución de los conflictos similares que puedan surgir en el futuro. Éste es un modelo conceptual preliminar que refleja la naturaleza de los contextos organizacionales, las influencias contextuales sobre el desempeño del rol de tercero gerente, y las consecuencias directas e indirectas de estos roles. El modelo es más bien descriptivo (y no normativo), en cuanto intenta graficar los procesos mediante los cuales los gerentes asumen y desempeñan el rol de tercero, crean o facilitan las resoluciones y son evaluados por los disputantes. Aunque la mayor parte de las investigaciones existentes exploran las relaciones entre un pequeño conjunto de variables, centrándose en los antecedentes de la intervención del tercero o en su consecuencia, este modelo conceptualiza las disputas y a quienes participan en su resolución como insertados en contextos organizacionales. Al actuar como terceros, los gerentes pueden interpretar el contexto de modos singulares, responder a la situación tal como la ven, y finalmente cambiar el contexto mediante la puesta en práctica de los procesos de resolución de disputas (Kolb, 1989, 1986). Cada disputa puede afectar las percepciones de las disputas organizacionales futuras, y las respuestas a ellas. También exploramos las consecuencias del modelo para la investigación futura y para la práctica de la resolución de disputas por gerentes.

En las secciones siguientes pasamos revista a las investigaciones que vinculan diversas combinaciones de los elementos del modelo. Aunque no intentamos una revisión abarcativa de la literatura, presentamos los datos empíricos existentes, tomados de nuestro trabajo y del trabajo de otros, si y cuando se cuenta con tales datos y son pertinentes. Aunque los componentes del modelo parecen diferenciados y bien definidos, nuestra discusión sugiere que estos factores son interdependientes e interpretativos. Las disputas organizacionales y su resolución surgen en una interacción dinámica entre el contexto y los participantes. La disputa y su contexto organizacional son experimentados e interpretados por los involucrados, sean ellos los disputantes o el tercero. Los disputantes y los terceros pueden ver el contexto de modos un tanto distintos, y basar sus conductas y evaluaciones del éxito y el fracaso en sus percepciones singulares de lo que está en juego.

El proceso mediante el cual las partes llegan a sus comprensiones singulares de la disputa, y comienzan a desarrollar una visión compartida, puede ser más importante que cualquier otro elemento del modelo. Denominamos "enmarcamiento" a estos procesos interpretativos, y les atribuimos un papel central en la resolución de conflictos con intervención de un tercero. Aunque hay pocas pruebas empíricas sobre la manera de actuar del enmarcamiento, y acerca del papel que desempeñan esos procesos en la conducta que adopta el tercero, nosotros ofrecemos nuestras propias ideas (que reconocemos como especulativas) acerca de lo que dichos procesos pueden aportar a la comprensión de la conducta del tercero gerente.

Un modelo de la intervención del tercero

En la figura 9.1 presentamos los principales elementos del modelo propuesto y sus interrelaciones. Definiremos los primeros y exploraremos las segundas, utilizando resultados de investigaciones anteriores que respaldan las pautas relacionales propuestas.

Para explicar el modelo de la figura 9.1 nos basamos considerablemente en los estudios de la conducta del tercero gerente. Estos estudios emplean diversas muestras y métodos de investigación, entre los cuales se cuentan la simulación experimental (Karambayya y Brett, 1989; Karambayya y otro, 1992; Lewicki y Sheppard, 1985), la etnografía (Kolb, 1986), las encuestas (Lissak y Sheppard, 1983; Neale y otros, 1990) y las entrevistas (Sheppard, 1983, 1984). En algunos casos se investigan los antecedentes, en otros las consecuencias y en otros las conductas del tercero en marcos organizacionales. No siempre se utiliza la misma terminología para describir la conducta del tercero, pero los distintos resultados son razonablemente congruentes y proporcionan la base de nuestro modelo de la intervención del tercero.

El escenario de la disputa

Por escenario de la disputa entendemos la naturaleza del conflicto y las características del teatro en el que se intenta la re-

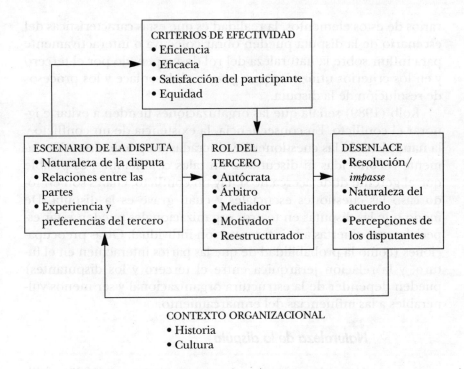

Figura 9.1 Intervención del tercero: un modelo del proceso

solución, factores de los que cabe esperar que tengan un impacto directo sobre el rol desempeñado por el tercero. El escenario de la disputa puede también influir en la elección implícita o explícita de los criterios empleados para evaluar la resolución, y de tal modo afectar indirectamente el rol del tercero.

Tres grupos de elementos del escenario de la disputa pueden influir en la intervención del gerente tercero. El primer elemento, que aquí denominamos "naturaleza de la disputa", incluye factores tales como la cantidad y el carácter de las cuestiones conflictivas, los plazos o la presión del tiempo, y la importancia del conflicto. Un segundo grupo de elementos está constituido por la naturaleza de las partes involucradas y las relaciones entre ellas. En el tercer grupo encontramos las características del tercero. Aunque la mayoría de las investigaciones realizadas han explorado los efectos de uno o varios de estos elementos, la realidad es que estas características del escenario de la disputa pueden obrar colectiva o interactivamente para influir sobre la naturaleza del rol desempeñado por el tercero y en los criterios utilizados para juzgar el desenlace y los procesos de resolución de la disputa.

Kolb (1989) señala que las organizaciones tienden a evitar e ignorar el conflicto. En consecuencia, la existencia de un conflicto y la naturaleza de las cuestiones involucradas no pueden ser abiertamente reconocidas ni discutidas. En tales condiciones, es posible que el gerente dude acerca de si hay un conflicto, cuáles son en todo caso las cuestiones esenciales y cuán grave es la disputa. De modo que las disputas en teatros organizacionales pueden estar especialmente abiertas a la interpretación individual. Otras preocupaciones (como la probabilidad de que las partes interactúen en el futuro, y la relación jerárquica entre el tercero y los disputantes) pueden depender de la estructura organizacional y ser menos vulnerables a las influencias del enmarcamiento.

Naturaleza de la disputa

La presión del tiempo. Lewicki y Sheppard (1985), utilizando un conjunto de simulaciones organizacionales con una muestra de cien gerentes, encontraron que era probable que el tercero asumiera el control de la decisión cuando la disputa se daba en un contexto de presión del tiempo. Neale y sus colegas (1990), utilizando una mezcla combinada de gerentes y estudiantes graduados, llegaron a resultados análogos: es menos probable que el tercero gerente evite el conflicto, y más probable que ejerza control sobre el desenlace e imponga una solución, cuando en la disputa hay presión de tiempo.

Importancia de las cuestiones. Los terceros gerentes tratan de conservar el control del desenlace cuando la disputa tiene consecuencias amplias para la organización y sus otros miembros (es decir, no los disputantes) (Lewicki y Sheppard, 1985). Además, cuando las cuestiones en disputa son importantes para la organización, es más probable que los terceros se concentren en las causas subyacentes y no en los hechos más superficiales del caso particular del que se trata (Neale y otro, 1990).

Las relaciones entre las partes

Interacción futura. Las disputas organizacionales pueden involucrar a partes que deberán mantener una relación prolongada. El proceso de la resolución y el desenlace pueden afectar la naturaleza de las interacciones futuras entre los involucrados, factor éste al que el tercero gerente parece ser sensible.

Cuando es probable que las partes tengan que trabajar juntas en el futuro, el tercero gerente puede optar por permitir que ellas mismas creen la solución. Esta estrategia ayuda a los disputantes a aprender a resolver las disputas futuras, a hacerse responsables del desenlace o facilitar la instrumentación de la decisión (Lewicki y Sheppard, 1985). Cuando lo probable es que la interacción futura entre las partes disputantes sea mínima, el tercero gerente se conduce de un modo que pone fin a la disputa, aunque no la resuelva (Neale y otro, 1990).

El poder jerárquico del tercero. A diferencia de los terceros profesionales (árbitros, mediadores y jueces), los gerentes pueden tener con los disputantes relaciones sociales o de autoridad que vayan más allá del teatro de la disputa. Estas relaciones pueden constituir una fuente de poder sobre los disputantes, y determinar la conducta del tercero y la respuesta de las partes. El tercero gerente con autoridad formal sobre los disputantes, en virtud de su posición jerárquica, utiliza esa autoridad para imponer soluciones, una opción que no existe para todos los terceros (Karambayya y otros, 1992; Neale y otros, 1990). También es menos probable que los terceros con poder jerárquico eviten el conflicto, y más probable que se apliquen proactivamente a su resolución (Neale y otros, 1990).

La relación del tercero con los disputantes. La historia de la relación entre los disputantes y el tercero puede también influir en la conducta del gerente que interviene. Neale y otros (1990) encontraron que era más probable que los gerentes iniciaran una intervención como terceros y trabajaran en la resolución de las causas subyacentes de la disputa, y menos probable que conservaran el control de la disputa cuando tenían buenas relaciones con los disputantes. Los terceros que tenían relaciones pobres con los disputantes trataban de poner fin a la disputa, en lugar de resolverla, limitando la interacción entre las partes.

El tercero

A diferencia de los terceros profesionales, el tercero gerente no tiene un rol normalizado ni entrenamiento en resolución de disputas. Por lo tanto, puede haber diferencias en los enfoques de los gerentes acerca de estas intervenciones. Kolb (1986), en un estudio etnográfico de controladores (ombudsmen), encontró que ellos se desempeñaban en tres roles principales de tercero. Algunos controladores, que se veían a sí mismos como investigadores, buscaban y presentaban la información pertinente. Otros actuaban como consejeros, facilitando el proceso y haciendo recomendaciones a los disputantes. Algunos terceros gerentes usaban su autoridad en la organización para reestructurar las interacciones entre las partes. Kolb (1986, 1989) ha propuesto que las definiciones por los gerentes de sus roles de tercero y su desempeño subsiguiente en tales roles pueden ser fuertemente influidos por sus antecedentes y su entrenamiento.

Sheppard, Blumenfeld-Jones y Roth (1989), en su exploración de la conducta de los terceros informales, encontraron que los marcos que esos terceros imponen a la disputa influyen sobre los criterios que utilizan para evaluar la resolución, y también sobre su propia conducta. En una investigación empírica acerca de los efectos de los antecedentes y las consecuencias de los marcos, Sheppard y sus colegas (1991) encontraron que los terceros empleaban cuatro marcos dominantes: un marco de "correcto/incorrecto", según el cual la posición de un disputante era percibida como correcta, y la del otro como incorrecta; un marco multidimensional, que

· reconocía la legitimidad de algunos intereses de cada parte; un marco de detención del conflicto, que intentaba ponerle fin, y un marco de "conflicto subyacente", que reconocía la disputa presente como síntoma de un conflicto mayor.

Sheppard y otros (1991) conceptualizaron los marcos como interpretaciones cognitivas del conflicto. Se daba por sentado que los terceros se aplicarían un proceso racional de toma de decisiones, en el cual el marco proporcionaba la herramienta diagnóstica utilizada para escoger el tipo de intervención más apropiado, en vista de las circunstancias. En la investigación de Sheppard, el enmarcamiento es descrito como una opción entre un conjunto de interpretaciones de la disputa utilizadas habitualmente, opción que se realiza antes de la intervención del tercero. Kolb (1986), por otro lado, tiene una concepción más dinámica e interactiva de los procesos de enmarcamiento. Esta autora dice que los gerentes introducen en el rol de tercero un conjunto singular de experiencias y percepciones que colorean su interpretación de la disputa y su participación en ella. Según este modo de ver, los marcos surgen y cambian durante el proceso de resolución de la disputa, como resultado de las interacciones entre el tercero y el contexto.

Nosotros presuponemos que en el punto de la disputa en que el tercero queda involucrado, cada uno de los disputantes tiene su propia interpretación, y el propio tercero se hace de una muy rápidamente. Por lo tanto, el proceso de resolución de la disputa puede suponer una negociación explícita o implícita sobre los marcos, así como sobre los intereses y las posiciones. Cabe esperar que los marcos en cuyo interior se mantiene la disputa sean dinámicos y cambiantes en el curso de la interacción entre las partes.

Nuestro modelo propone que el contexto organizacional, los factores asociados con el escenario de la disputa y los criterios utilizados para evaluar la eficacia de la resolución son todos elementos que contribuyen a la interpretación del conflicto por las partes. A continuación estas interpretaciones afectan los roles adoptados por el tercero, lo que a su vez tiene consecuencias para los desenlaces. De modo que nuestra perspectiva difiere de la conceptualización de los marcos como estrategias cognitivas, puesto que nosotros presuponemos que los factores externos interactúan entre sí, y con las preferencias individuales, influyendo sobre tales marcos. Los marcos no pueden ser racionales y estáticos, como dan por sentado estos enfoques.

Nada en nuestro modelo implica que haya acuerdo entre las partes acerca de lo que involucra la disputa o del modo de evaluar el desenlace. Por cierto, adoptamos el supuesto de que, para resolver la disputa, las partes deben realizar alguna acomodación de las interpretaciones, aunque más no sea del significado del desenlace y de sus roles respectivos en la instrumentación. Nuestra hipótesis es que si no se realiza tal acomodamiento, la instrumentación de la decisión podría no ser exitosa, y reiterarse el conflicto.

Pero nosotros no suponemos que, para llegar a un acuerdo, los disputantes y el tercero tengan que coincidir acerca de las cuestiones o de los principales criterios de efectividad. Es perfectamente razonable que las partes se preocupen por cuestiones diferentes, y que la decisión refleje algunas de esas preocupaciones, aunque no todas. De modo análogo, el tercero que desempeña el rol de mediador puede tener que navegar entre percepciones diferentes del escenario, y diferentes criterios de efectividad, para llegar a una resolución. En la investigación sobre la negociación y la resolución de disputas, nosotros encontramos dos aspectos del examen del enmarcamiento que tienen consecuencias útiles para las intervenciones del tercero gerente. El primero es el reconocimiento de que el significado de la disputa depende de las interpretaciones, y puede ser influido por el contexto. Estas interpretaciones quizá no sean compartidas por las partes involucradas. En segundo lugar, los marcos simples pueden actuar como herramientas diagnósticas y dirigir la conducta. Estos dos puntos tienen consecuencias prácticas para el tercero gerente.

Suponiendo que sea posible desarrollar una tipología amplia de los marcos utilizados por los terceros, nuestra hipótesis es que la elección del marco puede resultar de una interacción entre la percepción del contexto por el tercero y las personas involucradas en la disputa. La experiencia pasada del tercero en la gerencia y la resolución de disputas puede ser particularmente importante cuando se da forma a los marcos y se los aplica.

El entrenamiento y la pericia profesional del tercero influían en la elección del marco de la disputa, el que a su vez afectaba la conducta del tercero, según el estudio de Sheppard y otros (1991). Los terceros que enmarcaban la disputa en términos de "correcto/incorrecto", o de "conflictos subyacentes", ejercían control sobre la decisión con más probabilidad que quienes veían la disputa como multidimensional.

Nosotros postulamos que, si se evalúan la perdurabilidad de la resolución y la satisfacción de los disputantes (Karambayya y otros, 1992), los terceros gerentes pueden aprender por experiencia que la facilitación del proceso de resolución es más efectiva que la imposición de un desenlace. En nuestro estudio, los gerentes que tenían una considerable experiencia en supervisión utilizaron un rol facilitador con mucho mayor frecuencia, aunque no les faltara autoridad formal para ejercer el control directo del desenlace de la disputa.

Criterios de efectividad

En nuestro modelo, las metas o los objetivos que el tercero quiere que alcance la resolución de la disputa se denominan criterios de efectividad. Al tercero gerente puede interesarle desplegar una gama de criterios que vaya más allá de la simple resolución y el acuerdo. Lissak y Sheppard (1983) prestaron atención a una variedad de criterios utilizados por gerentes y no-gerentes para evaluar los procedimientos de resolución de disputas. Estos autores encontraron que, en ambos grupos, reunir los hechos del caso, reducir la probabilidad de disputas futuras y llegar a una resolución exitosa eran los rasgos del proceso considerados más importantes. También surgieron como importantes otros dos criterios: la ventilación del problema y la rapidez de la resolución.

Desde el estudio de Lissack y Sheppard ha habido muy pocos trabajos que investiguen la naturaleza de los criterios utilizados por el tercero gerente para evaluar los desenlaces y procedimientos y sus consecuencias para la intervención del tercero. En lugar de intentar un tratamiento amplio de todos los tipos de criterios de efectividad, nosotros hemos optado por concentrarnos en algunas áreas comunes a los diversos estudios.

De las investigaciones ya realizadas surgen cuatro clases de criterios: la eficiencia, la eficacia, la satisfacción de los participantes y la equidad. No se pretende que estos criterios constituyan categorías mutuamente excluyentes.

La eficiencia refleja un enfoque de costo/beneficio y puede incluir, por ejemplo, la preocupación de resolver la disputa con rapidez, controlar los costos de la resolución y minimizar los aspectos destructivos del conflicto. De cuatro estudios (Neale y otros, 1990; Sheppard, 1983, 1984; Uri y otros, 1988) surge que la eficiencia parece ser un criterio importante para el gerente tercero.

La eficacia supone una perspectiva de más largo plazo respecto de la disputa y sus consecuencias. Las investigaciones existentes se han concentrado en algunas de las formas que puede tomar, como la calidad de la solución, su perdurabilidad (Sheppard y otros, 1989), la prevención de la recurrencia de disputas análogas y los costos de instrumentación de la solución (Uri y otros, 1988).

La satisfacción de los participantes incluye la aceptabilidad de la solución, las percepciones que los disputantes tienen del tercero y la preocupación por las relaciones futuras entre las partes. Ha surgido como consideración importante en algunos estudios (Neale y otros, 1990; Sheppard y otros, 1989; Uri y otros, 1988).

La equidad refleja el interés por la justicia distributiva, del procedimiento y de las interacciones, tal como la perciben las partes. También entran en esta categoría la prevención de las soluciones y procedimientos tendenciosos, y el trato justo de los disputantes por parte del tercero. Plantearon estas preocupaciones los participantes en algunos estudios sobre la intervención el tercero gerente (Neale y otros, 1990; Sheppard y otros, 1989).

Estos criterios son interdependientes. Algunos son compatibles con otros; por ejemplo, pretender la satisfacción de los participantes puede ser ineficaz si lleva a problemas de instrumentación y a la recurrencia de la disputa en el futuro. Algunos de los otros criterios pueden ser intrínsecamente compatibles y requerir trueques implícitos o explícitos. Por ejemplo, las presiones en favor de la eficiencia pueden impulsar una resolución rápida, en lugar del desarrollo de soluciones duraderas y eficaces.

Los escenarios de la disputa y los criterios de efectividad

Los terceros pueden considerar más prioritario uno u otro de los criterios de evaluación, basándose en sus propias percepciones del escenario de la disputa. Cuando la disputa tiene consecuencias graves para la organización, el hecho de que la solución sea duradera parece más importante que la rapidez con que se la alcance. Cuando se prevé que las partes tendrán una relación de trabajo prolongada, adquieren importancia criterios tales como la satisfacción de los disputantes con la solución hallada y su percepción de la equidad del tercero (Neale y otros, 1990).

Sheppard y otros (1989) han propuesto una perspectiva de la decisión racional como modelo para la intervención del tercero. Estos autores dicen que el tercero elige racionalmente el modo de intervenir en una disputa, basándose en un análisis de sus metas en esa intervención y en el contexto de la disputa. Los datos empíricos de estos autores indican que las características de la disputa, los criterios de efectividad y la intervención del tercero gerente están relacionados. Se hacía hincapié en la satisfacción de los disputantes como meta cuando la disputa era compleja e importante, y cuando había entre las partes una interdependencia considerable. Se insistía en la equidad si el tercero tenía autoridad formal; se restaba importancia a la equidad si la disputa era vista como un choque de personalidades.

Estos resultados reflejan las relaciones empíricas entre las características de la disputa y los criterios de efectividad elegidos por el tercero. Como explicación de la pauta de estas relaciones se ha propuesto un proceso racional de toma de decisiones. El estudio no puso a prueba si los terceros empleaban realmente este tipo de proceso.

De hecho, son pocas las investigaciones empíricas que han explorado de qué modo el tercero atribuye prioridades relativas a criterios alternativos de efectividad. Sheppard (1983, 1984) ha especulado que los gerentes pueden ser socializados por las organizaciones para que acuerden la mayor prioridad a la eficiencia o utilidad. Alternativamente, el entrenamiento profesional y la experiencia pueden alentar una preferencia personal por uno u otro criterio (Kolb, 1986). En un particular escenario de disputa, es posible que los procesos de enmarcamiento sean el mecanismo a través del cual las preferencias contextuales y personales contribuyan a determinar qué medidas de la eficacia se considerarán más adecuadas.

Los roles del tercero

"Los roles son pautas normalizadas de conducta" (Katz y Kahn, 1966, pág. 37). Los roles del tercero son las pautas de conducta adoptadas por los terceros en sus intervenciones en las disputas.

La investigación sobre las conductas de rol del tercero gerente se han basado en gran medida en la caracterización realizada por Thibaut y Walker (1975) de los roles del tercero en ambientes jurídicos. Estos autores identifican los roles del tercero en los términos de dos dimensiones: el control de la decisión (dimensión que refleja el control del tercero sobre la solución o acuerdos finales) y el control del proceso (la medida del control del tercero sobre la presentación de las pruebas).

Nosotros resumimos brevemente la investigación sobre los roles del tercero gerente y proporcionamos un mapa entre el rol y las conductas de rol típicas. Hemos optado por incluir en nuestro modelo cinco de los roles del tercero que han sido identificados en múltiples estudios: autócrata, mediador, árbitro, motivador y reestructurador (véase la figura 9.1).

El autócrata, a menudo denominado "inquisidor", controla la decisión y el proceso, lo cual incluye la presentación e interpretación de la información pertinente para la disputa. Según cuatro estudios diferentes (Karambayya y Brett, 1989, Karambayya y otros, 1992; Neale y otro, 1990; Sheppard, 1983, 1984), los terceros gerentes a menudo se comportan de modo autocrático.

El árbitro controla la decisión, pero no la presentación e interpretación de la información pertinente para la disputa. Los árbitros hacen cumplir las reglas de la representación, pero no intervienen en ella. Según dos estudios (Neale y otros, 1990; Sheppard, 1993, 1984), los terceros gerentes a veces actúan como árbitros.

El mediador no tiene el control final de la decisión que resuelve la disputa, pero puede ejercer una influencia considerable durante el proceso de resolución. Los mediadores pueden dar consejos acerca de cómo les parece que es posible resolver el conflicto. Pueden establecer y hacer cumplir las reglas para la presentación de la información pertinente y hacer preguntas sobre la sustancia de la disputa. Cuatro estudios (Kolb y Glidden, 1986; Karambayya y Brett, 1989; Karambayya y otros, 1992; Neale y otros, 1990) sugieren que el tercero gerente a veces media.

Sheppard (1983, 1984) encontró que los terceros gerentes utilizaban una forma adicional de control que él denominó "control motivacional". Consiste en ofrecer incentivos positivos o negativos para que las partes estén de acuerdo con una resolución. Estos incentivos podían acoplarse con la instrucción de resolver la disputa sin más intervención del tercero. Nosotros denominamos "motivador" a este rol. En nuestra simulación (Karambayya y Brett, 1989; Karambayya y otros, 1992), los terceros a quienes se proporcionó recursos, a menudo los utilizaron para ayudar a resolver el problema.

La investigación de Kolb (1986) identifica un único rol del tercero gerente: de reestructurador. El tercero que asume este rol toma medidas para que los disputantes sean asignados a otros puestos de trabajo, de modo que en el futuro ya no tengan que interactuar. Neale y otros (1990) también identificaron una pauta de conducta análoga, orientada a poner fin a la disputa y no a resolverla. Es posible que el reestructurador dé por sentado que la disputa es interpersonal y que, si se cambia a las personas que tienen que interactuar, el conflicto desaparecerá. Pero las disputas organizacionales suelen ser estructurales, surgen de diferencias en las orientaciones respecto del tiempo y las metas y de la incertidumbre asociada con las diferentes funciones gerenciales (Brett y Rognes, 1986). El cambio de personas no determina la desaparición del conflicto estructural, y al reestructurador puede sorprenderlo el hecho de que las mismas disputas reaparezcan entre las nuevas partes.

Aunque los roles de consejero e investigador identificados por Kolb (1986) se pueden diferenciar con claridad entre los controladores (*ombudsmen*), estos roles comparten elementos conductuales con el rol de mediador, por lo cual no aparecen en la figura 9.1.

El rol de maestro de ceremonias identificado por Karambayya y Brett (1989) es una pauta conductual que coincide en parte con los roles del autócrata, el árbitro y el mediador. El maestro de ceremonias establece y hace cumplir las reglas o normas para la conducta de los disputantes en el proceso de resolución de la disputa.

Neale y sus colegas (1990) señalan un rol del tercero gerente que no ha sido identificado en las investigaciones anteriores: de evitador del conflicto. Este rol está constituido por las conductas de un tercero gerente que no quiere quedar envuelto en la disputa. Ury y otros (1988) puntualizan algunos de los méritos de la evitación del conflicto. La identificación por Neale y otros (1990) del rol de evitador del conflicto podría indicar que por lo menos algunos terceros gerentes eligen las batallas en las que participan, evitando involucrarse en algunas disputas.

Una extensión del marco del control propuesto por Thibaut y Walker (1975) ayuda a diferenciar estos roles gerenciales. Los gerentes, en virtud de su autoridad en la organización, parecen tener más opciones de control que los terceros profesionales. Aunque el autócrata o inquisidor puede controlar tanto el proceso como el desenlace, el árbitro se basa en el control del desenlace, y el mediador, en el control del proceso. Estos roles son análogos a los roles del tercero en los ambientes judiciales investigados por Thibaut y Walker (1975).

El motivador y el reestructurador no tienen paralelos en los ambientes jurídicos. En estos roles, el tercero gerente utiliza la autoridad organizacional que se encuentra fuera del rol del tercero. El motivador emplea el control sobre los recursos o recompensas para impulsar a los disputantes hacia un acuerdo. El reestructurador, por otro lado, hace uso de su autoridad sobre la asignación de tareas y la estructura para remover a los disputantes del teatro del conflicto.

Aunque estos roles son a menudo descritos como opciones conductuales alternativas, en realidad pueden combinarse en la conducta del tercero. Nuestra investigación (Karambayya y Brett, 1989; Karambayya y otros, 1992) sugiere que la conducta del tercero puede cambiar durante el proceso de resolución de la disputa, y que el tercero prueba con un rol, calibra la respuesta a él y a continuación pasa a otro rol. Es probable que la intervención del tercero gerente represente pautas cambiantes de conducta, que primero parecen corresponder a un rol y después a otro, o bien una combinación singular de conductas que representan más de un rol. Cabe esperar que estas pautas reflejen el proceso interpretativo subyacente que se produce durante la resolución de la disputa.

Los criterios de efectividad y los roles del tercero

La elección de un particular criterio de evaluación, o las prioridades relativas asignadas a diversos criterios, pueden afectar la conducta del tercero. Sheppard (1983, 1984) ha señalado que la preferencia por la eficiencia puede llevar al tercero a actuar como un autócrata que retiene el control de la decisión para asegurar una resolución conveniente. Por otro lado, la preocupación por la eficacia y la satisfacción de los participantes puede poner en marcha una mediación, la cual permite que los disputantes conserven la propiedad del acuerdo y conduce a una resolución más duradera y a una mejor instrumentación (Karambayya y otros, 1992).

Se ha encontrado que los gerentes están más dispuestos a participar como terceros cuando la satisfacción de los disputantes es una preocupación principal (Neale y otros, 1990). Sheppard y otros (1989) hallaron que la preferencia por la satisfacción de los participantes como meta de la intervención lleva a los terceros a intentar el diagnóstico y la clarificación de las cuestiones, y a procedimientos que suponen un menor control sobre la decisión.

La equidad, como criterio evaluativo, hace que los terceros dediquen tiempo a reunir los hechos y traten de ir más allá del conflicto presente, para abordar el problema subyacente (Sheppard y otros, 1989; Neale y otros, 1990). En contraste, la preocupación por la eficiencia y la solución conveniente conduce a un mayor control de la decisión por el tercero (Sheppard y otros, 1989).

Los desenlaces

Sea que la disputa se resuelva o no, hay dos tipos de desenlaces. Los desenlaces de primer nivel surgen directamente de la disputa y reflejan los resultados del tipo de intervención del tercero: que la disputa haya sido resuelta o no, y qué tipo de resolución se logró. Los desenlaces de segundo nivel reflejan las consecuencias de la intervención en el largo plazo, y pueden surgir de las percepciones de los desenlaces de primer nivel y de los procesos de resolución de la disputa. Los desenlaces de segundo nivel pueden tener consecuencias para la resolución de las disputas futuras que aparezcan en la organización. Son ejemplos de desenlaces de segundo nivel la evaluación por los disputantes de la equidad del procedimiento o el desenlace, la armonía o tensión en las relaciones entre las partes de la disputa y la instrumentación de la resolución y su perdurabilidad.

Los desenlaces de primer nivel reflejan las cuestiones sobre las cuales se ha llegado a un acuerdo, pero los desenlaces de segundo nivel representan una evaluación o interpretación subjetivas de esos desenlaces. Nuestra investigación ha demostrado que, dado un mismo acuerdo, los disputantes y el tercero pueden llegar a evaluaciones diferentes sobre quién se beneficia con el resultado, acerca de si el acuerdo es equitativo y sobre quién logró imponer sus ideas (Karambayya y otros, 1992). La racionalidad retrospectiva y la tendenciosidad interesada pueden desempeñar un papel en estos procesos de enmarcamiento, de modo que las partes de la disputa tiendan a sobreestimar su propio rol en la resolución y la medida en que dicha resolución parece beneficiarlas. Estos marcos positivos pueden ser necesarios para facilitar la instrumentación de los acuerdos e impedir el recidivismo.

Es probable que los desenlaces de segundo nivel influyan sobre las percepciones que los disputantes tienen del tercero, realzando los costos y beneficios del recurso a terceros para resolver disputas; también pueden crear o cambiar normas organizacionales concernientes a la intervención de terceros. En efecto, estos desenlaces adquieren valor de precedentes para los procesos futuros de resolución de disputas mediante la intervención de un tercero gerente.

Los roles del tercero y los desenlaces

Hemos encontrado que la mediación que evita basarse en el control de la decisión genera con más probabilidad decisiones de transacción. En contraste, la conducta del tercero autocrático tiene una mayor probabilidad de desembocar en desenlaces que favorecen a uno de los disputantes, o en *impasses* (Karambayya y Brett, 1989; Karambayya y otros, 1992).

En congruencia con las investigaciones sobre los terceros en ambientes jurídicos (McEwen y Maiman, 1981; Pearson, 1982; Roehl y Cook, 1989), nosotros encontramos que cuando el tercero gerente permitía que los disputantes controlaran la decisión, se le atribuía al procedimiento un grado de equidad mayor que cuando el propio tercero tomaba la decisión que resolvía la disputa (Karambayya y Brett, 1989; Karambayya y otros, 1992).

El hecho de que en determinadas circunstancias los disputantes procuraran o no la intervención de un tercero y la elección de la persona que se desempeñaría como tercero en el futuro dependían de la evaluación por los disputantes de la equidad del procedimiento de resolución de la disputa. La satisfacción con el desenlace influía en la disposición de los disputantes a realizar la instrumentación. Las percepciones del proceso de resolución de disputas podían también tener efectos de largo plazo en la relación entre las partes, agravando una relación ya tensa o creando los cimientos para una relación de mayor respaldo. Aunque las pruebas que confirman estas correlaciones propuestas para los ambientes jurídicos son limitadas, por otro lado no ha habido estudios que siguieran las disputas en organizaciones para determinar los efectos de largo plazo de los diferentes roles del tercero.

El contexto organizacional

El contexto organizacional incluye elementos que reflejan la historia de la resolución de disputas semejantes a la que se tiene entre manos y la cultura de la organización en cuanto a las disputas y su resolución. La existencia de normas organizacionales fuertes acerca de las disputas y su resolución puede alentar la creación y el refuerzo de marcos colectivos concernientes a la naturaleza de las disputas, los criterios apropiados de eficacia y los roles del tercero.

Por ejemplo, Kolb (1986) ha descrito una organización en la cual había una pauta persistente de evitación de las disputas. Los gerentes no enfrentaban las diferencias acerca del presupuesto y la autoridad de los proyectos, evitando abordar los problemas hasta que se convertían en crisis, tenía que intervenir el presidente y tomaba una decisión. Kolb ofreció dos explicaciones de esta pauta. Primero, la estructura de toma de decisiones de la organización estaba sumamente centralizada; segundo, los antecedentes culturales del presidente y la gerencia superior subrayaban la apariencia de armonía, la evitación de la confrontación y la obediencia a la autoridad.

Vías para la investigación futura

Las consecuencias de la resolución de una disputa en la organización van mucho más allá de ese conflicto aislado. Aunque ese conflicto y la participación del tercero pueden desplegarse en etapas, cada una de ellas está inextricablemente entretejida con las que la han precedido y con el contexto organizacional. Concentrarse exclusivamente en una u otra etapa, como lo hacen en gran parte las investigaciones, lleva a una simplificación de la naturaleza y las consecuencias de la resolución gerencial de las disputas. La limitación más obvia de la investigación es su foco en los desenlaces en el corto plazo, a expensas de las consecuencias en el largo plazo de la intervención del tercero. Las prescripciones derivadas de esta inves-

tigación acerca de lo que constituye una conducta efectiva del tercero pueden inclinarse hacia criterios tales como la eficiencia, en lugar de prevenir la recurrencia de la disputa, simplemente porque el
foco en el corto plazo no permite saber si el conflicto reaparece.

Además, la restricción del estudio de la intervención del tercero a una disputa en particular puede no revelar un aprendizaje de
la organización o del tercero tal vez esencial para la elección y evaluación del rol del tercero. Cuando los investigadores ofrecen sugerencias sobre la intervención de terceros, derivándolas de disputas
aisladas, es posible que presten demasiada atención a si el tercero
resuelve la disputa y cómo, siendo que un desenlace más apropiado
para el largo plazo sería que los disputantes aprendieran a llegar a
acuerdos sin necesitar del tercero. Para estudiar el desempeño de
sus roles por el tercero, los investigadores deben rastrear la conducta y las respuestas organizacionales en múltiples disputas.

Es posible que la investigación sobre la resolución de disputas
en las organizaciones tenga que prestar una atención explícita a
los rasgos peculiares del contexto organizacional para explicar la
elección de los criterios de efectividad, la conducta del tercero y
los tipos de resoluciones logradas. Estudiando las semejanzas y diferencias entre diversas organizaciones podríamos explorar hasta
qué punto la conducta del tercero gerente es específica en cada
contexto.

Finalmente, la inclusión del enmarcamiento como un elemento
importante de la intervención en disputas organizacionales plantea, por empezar, interrogantes básicos sobre cómo la interacción
social o laboral queda enmarcada como un conflicto y cuándo. Sabemos poco sobre las circunstancias en las que los gerentes reconocen un conflicto y buscan la ayuda de un tercero o intentan resolverlo ellos mismos.

Cuarta parte

PERSPECTIVAS DE LOS PRACTICANTES

¿Puede la mediación ayudar a crear y mantener la comunidad? ¿Qué pueden ganar los investigadores y teóricos si tienen en cuenta el potencial generador de comunidades de la mediación?

10

¿POR QUÉ MEDIAMOS?

Carl M. Moore

En los últimos diez años, el interés por la mediación ha crecido exponencialmente. ¿Por qué? Esto no se debe, como se dice comúnmente, a que se utiliza este procedimiento porque los tribunales no pueden satisfacer la demanda de sus servicios. No es plausible que la mediación se utilice tan ampliamente sólo porque es un medio alternativo de resolución de disputas. Gran parte de su empleo es totalmente independiente del sistema jurídico, y cuando está vinculado a este último –es decir, en los programas con sede en tribunales– prefiero creer que la "resolución alternativa de disputas" significa en realidad la "resolución apropiada de disputas".

Mi argumento es que la mediación constituye el medio *apropiado* para la resolución de disputas porque no estamos satisfechos con nuestras comunidades tal como son. Creemos que pueden ser mejores y nos gustaría que lo fueran. En algún nivel sabemos que resolver las diferencias resulta esencial para vivir en una comunidad mejor, pero es más probable que algunos medios de resolución de disputas capaciten a la comunidad, mientras que otros es más probable que la pongan en peligro. La mediación se está volviendo cada vez más popular como medio para la resolución de disputas porque las personas estiman que es el camino preferible que puede llevarnos a vivir en mejores comunidades.

Respaldo mi argumentación explicando que nuestra disconformidad se debe a un malestar en nuestra cultura. Lo mejor que puedo hacer es señalar los signos de que el malestar existe, y especular sobre cuáles son algunas de sus causas. *Habits of the Heart* (Bellah y otros, 1985) cautivó la imaginación de muchas personas y tuvo una amplia influencia porque sus ideas esenciales están en resonancia con nuestras vidas. Vivimos en una época en que la gente es cada vez más individualista (pone su propio crecimiento y progreso por encima de casi cualquiera otra consideración) pero, paradójicamente, hemos descubierto que necesitamos a los otros para encontrarnos a nosotros mismos. *Habits of the Heart* sostiene que es a través de la comunidad, de la interacción significativa con otros a quienes conocemos, como damos sentido a nuestra vida. Para sustentar este modo de ver, la percepción de que nos estamos volviendo hacia la comunidad, este capítulo describirá lo que yo entiendo por comunidad, explicará por qué nos interesamos por ella, y a continuación ilustrará por qué se prefiere la mediación, y no el litigio, como un modo de alentar la comunidad.

¿Cuáles son los signos de que la gente no está conforme con su comunidad?

Cuando yo pregunto a un público "¿Cuántos de ustedes están conformes con su comunidad tal como es?", pocas personas levantan la mano. Pero todos levantan la mano cuando la pregunta es "¿Cuántos de ustedes creen que su comunidad podría ser mejor?". El "Índice de *Harper's*", una sección regular de la revista *Harper's*, es como una ventana numérica de nuestra sociedad. Los siguientes son algunos indicadores altamente selectivos de que algo está mal en Estados Unidos.

Uno de cada tres alumnos de último año de la escuela secundaria no sabe ubicar a América latina en un planisferio.

En 1989, 710 docentes de las escuelas públicas de Nueva York fueron atacados en su trabajo.

Estados Unidos tiene la más alta población carcelaria per cápita entre todos los países del mundo. El sistema penitenciario es el sector del gobierno que está creciendo con mayor rapidez.

En 1976, el 0,5 por ciento de los norteamericanos era propietario del 14 por ciento de toda la riqueza privada del país. En 1986, el mismo porcentaje controlaba el 24 por ciento de dicha riqueza. En el 63 por ciento de las familias norteamericanas que viven por debajo del nivel de pobreza, por lo menos un miembro está empleado. Uno de cada tres individuos "sin techo" tiene un empleo de jornada completa o parcial.

La mayoría de los norteamericanos (el 60 por ciento) vive en zonas donde la atmósfera no satisface las normas de la Ley de Aire Puro de 1970.

Un tercio de las aguas costeras de Estados Unidos están demasiado contaminadas para la pesca comercial de moluscos.

Hay huellas de clorados en la leche del 87 por ciento de las madres que amamantan en Carolina del Norte.

En 1988 se sometieron a procedimientos quirúrgicos cosméticos 619.565 norteamericanos. Los cirujanos cosméticos remueven casi 91.000 kilogramos de grasa e implantan más de 27.000 kilogramos de siliconas y colágeno por año.

En 1990, en Estados Unidos se gastaron 52.000 millones de dólares en fuerzas privadas de seguridad.

Nuestra cultura y gran parte del resto del mundo parecen haber adoptado pautas de conducta que son obstáculos para la comunidad:[1]

Un extremo individualismo por parte de muchos ciudadanos, que produce aislamiento, separación y alienación.

Un intenso nacionalismo ("ismos" relacionados: racismo, etnocen-

---

1. Estas ideas provienen primordialmente de George Cheney, Universidad de Colorado, Boulder, y han sido tomadas de su participación en un diálogo sobre la comunidad auspiciado por la Lyndhurst Foundation en septiembre de 1990.

trismo, antisemitismo) que genera odio y una fuerte tendencia a buscar "víctimas propiciatorias" en grupos externos.

Una difundida confianza en las estructuras sociales burocráticas, que hace hincapié en las distinciones jerárquicas, la especialización y la autoridad centralizada.

Un consumismo desenfrenado, que atribuye más importancia a la acumulación de cosas que a la búsqueda de conexiones interpersonales.

La complacencia popular en las "realidades alternativas" presentadas por los medios masivos.

El ritmo rápido de la vida, que lleva a los individuos a precipitarse a llenar su vida con actividad.

La importancia atribuida al éxito profesional por encima de cualquiera otra consideración.

¿Qué es la "comunidad"?

Antes de explicar por qué sostengo que la gente está comenzando a volverse desde el individualismo hacia la comunidad,[2] voy a definir la palabra. La *comunidad* es el medio para que las personas vivan juntas. Las comunidades permiten a la gente protegerse y obtener los recursos que satisfacen sus necesidades. Proporcionan valores intelectuales, morales y sociales que dan un propósito a la supervivencia. Sus miembros comparten una identidad, hablan un mismo lenguaje, están de acuerdo sobre las definiciones de los roles, tienen valores comunes, asumen algún *status* permanente de pertenencia y comprenden los límites sociales dentro de los cuales operan.

Todas las formas comunales tienen una naturaleza política. Para que cualquier conjunto de personas vivan juntas a lo largo del tiempo tiene que haber una apelación definitiva a algún tipo de finalidad, autoridad o poder.

---

2. Mis creencias sobre "la comunidad" han sido influidas sustancialmente por Scherer (1972); en Moore (1991) puede encontrarse una explicación algo más completa de las ideas presentadas aquí.

Sin ceremonias y ley, no puede haber nada que sea una vida civilizada. Aunque uno tenga una intuición bien desarrollada del punto de vista moral y de las buenas maneras, no se puede navegar a través de la sociedad civilizada sólo gracias al instinto social, o limitándose a confiar en la propia naturaleza humana (Martin y Stent, 1990, pág. 245).

Es probable que exista un compromiso con la comunidad siempre que haya un retorno comunal, si las personas obtienen un sentido de pertenencia, reconocimiento o aceptación por el hecho de formar parte de ese grupo. La pertenencia a la comunidad debe ser satisfactoria en muchos niveles de experiencia, e involucrar inversiones y retornos emocionales y físicos. Una forma del retorno comunal consiste en que la comunidad proporciona "el teatro" en el que el individuo puede lograr la integración. La comunidad es el contexto en el cual se ve a la persona como completa.

Para crear y recrear la comunidad, el conflicto es esencial. Si no hubiera diferencias entre las personas, no podría haber comunidad. Pero las diferencias no bastan. La comunidad se forja en una lucha de las personas por determinar cómo pueden vivir juntas. Uno de los requerimientos críticos de cualquier comunidad es que invente los procesos de interacción que permitan vivir juntas a las personas. La mediación es uno de tales procesos.

Una comunidad es mayor que la mayoría de los componentes personales de una sociedad, como lo son las parejas, los grupos y las familias (incluso las familias extensas), pero más pequeña que la mayoría de los componentes complejos, como lo son las grandes ciudades, las regiones, las provincias o los estados.[3] Algunos teóri-

---

3. Aristóteles consideraba que cinco mil personas eran "demasiadas para una existencia comunal satisfactoria [...porque] una comunidad de esa dimensión, que viviera como una clase ociosa, necesitaría un territorio del tamaño de Babilonia, y por lo tanto dejaría de ser una *polis*, y podemos inferir que también dejaría de ser una comunidad. Las mejores *poleis* son relativamente pequeñas; esto está en armonía con la proposición general de que 'la ley es orden, y la buena ley es un buen orden', pero una gran multitud no puede ser ordenada... hay por lo tanto

cos trazan una distinción entre las comunidades primarias (fuertes, primitivas) y las comunidades secundarias. La provincia o el país es un ejemplo de comunidad secundaria.[4]

Hay una comunidad cuando personas interdependientes luchan con las tradiciones que las ligan y los intereses que las separan para realizar un futuro que representa una mejoría respecto del presente.

Algunos agrupamientos de nuestra cultura son a menudo denominados comunidades, pero no satisfacen uno o más de los importantes criterios implícitos en esta definición. Tales seudocomunidades pueden carecer de identidad, compromiso, lugar común, diferencias o de la motivación para luchar con sus diferencias.

¿Por qué interesa la "comunidad"?

Hay muchos signos de que la idea de "comunidad" es actualmente de gran interés en la sociedad norteamericana. La "comunidad" fue el tema principista de la exitosa campaña del presidente Clinton. Recientemente, el presidente Clinton anunció una nueva iniciativa, denominada "dar poder a las zonas", aduciendo que es necesario por la misma razón que algunas de sus otras iniciativas: para ayudar a crear "comunidad". Los medios han utilizado la noción de "comunidad" para explicar que atletas profesionales se-

---

un límite al tamaño de las *poleis*, como lo hay para las otras cosas, plantas, animales [...] Si hay demasiados [ciudadanos], no se trata de una *polis*, sino de un *ethnos* (nación). Y mantener el orden en semejante *ethnos* sería una tarea del 'poder divino' (*Theia dynamis*)" (Friedrich, 1959).

4. Smith (1989) explica que esta "comunidad secundaria", la nación, es una superestructura de ideas e ideales, de aspiraciones comunes sostenidas por "el coro místico de la memoria" que vincula la comunidad primaria a una comunidad nacional más grande. Los símbolos de la comunidad secundaria son resúmenes toscos y sumamente simplificados de los símbolos de las comunidades primarias, pues la vida de la comunidad primaria es concreta, mientras que la de la comunidad secundaria es abstracta; las comunidades secundarias extraen su vida y significado de las comunidades primarias (pág. 28).

leccionados hayan optado por quedarse con sus equipos en lugar de mudarse y ganar más dinero en otros conjuntos. Importantes estudiosos y comentadores han escrito mucho sobre la idea de comunidad (por ejemplo, Etzioni, 1993; Gardner, 1992; Kemmis, 1990; Lasch, 1991; Rouner, 1991), y existe un influyente periódico cuyo nombre es *The Responsive Community: Rights and Responsibilities* [La comunidad responsiva: derechos y responsabilidades].

Hay muchas razones para que las personas se preocupen por la "comunidad". La primera es básica. La gente se reúne instintivamente. Los seres humanos nunca han vivido solos. Vivimos en acuerdo con normas sociales en evolución. Tenemos curiosidad por las formas sociales en las que vivimos, queremos saber por qué existen y nos sirven. La sociología fue creada para explicar los cambios que se producían en la sociedad como resultado de la Revolución Industrial. La mayoría de los sociólogos clásicos (Max Weber, Emile Durkheim, Karl Marx, Georg Simmel) prestaron una atención significativa al tema de la comunidad, a la luz de los cambios que observaban en las pautas sociales.

Los cambios generados por la Revolución Industrial, en particular la necesidad de que la gente se concentrara para trabajar en las industrias mecanizadas, provocaron la dislocación y el aislamiento de las personas. Los primeros sociólogos y psicólogos descubrieron la aparente paradoja de que, cuanto mayor era la población, más se aislaban las personas, como un modo de protegerse a sí mismas. Dos de los cambios más notorios en la sociedad son el alejamiento respecto de la familia (del grupo de parentesco extenso) y la migración desde la aldea tradicional a la ciudad. Forzadas a encerrarse en sí mismas, las personas buscan ambientes que sean más "comunales". Intentan recuperar algo perdido, porque no quieren terminar desnudas y solas.

Los barrios o vecindarios se crearon en el seno de las ciudades para permitir la vida en ambientes más pequeños, más análogos a la comunidad. Se construyen pueblos y "suburbios" (conjuntos suburbanos) próximos pero separados de la ciudad. Está claro que hemos inventado pautas de vida que intentan crear la comunidad a la sombra de la ciudad.

La tecnología ha ampliado nuestros contactos, pero deteriorando su calidad. Es dentro del agregado más pequeño de la comunidad donde las personas pueden mejorar su calidad de vida, encontrando relaciones significativas.

Complementando la creencia de que el cambio es siempre posible, tenemos la idea singularmente norteamericana de que el crecimiento puede resolver todos los problemas. Sobre todo en virtud de nuestra "mentalidad de frontera", aparentemente los norteamericanos hemos creído siempre que las cosas irán mejor en el próximo horizonte. Lo nuevo es que el potencial para el cambio parece estar clausurado en nosotros. Durante algún tiempo se nos advirtió que estábamos entrando en la "Era de la Sobriedad". Ya no podemos dar por sentado que el cambio, tal como lo conocimos en el pasado (más espacio, nuevas fronteras, más dinero), pueda resolver nuestros problemas. Si no contamos con recursos adicionales, deberemos solucionar las dificultades haciendo más con lo mismo que ya tenemos. Necesitamos ser mejores, más eficientes. Este cambio exige que se trabaje directamente con las personas, en lugar de tomar decisiones por ellas. Para que este cambio se produzca, tendrá que darse en el nivel de la comunidad.

Un tema difundido en los círculos intelectuales es el del "fin de la modernidad" o "posmodernidad". Se dice más o menos lo siguiente: en los últimos trescientos cincuenta años, aproximadamente desde el tiempo de Descartes, se creyó que era posible encontrar soluciones racionales para cualquier problema. Hemos comenzado a comprender que los problemas humanos complejos no pueden resolverse empleando sólo el pensamiento racional. Los expertos no saben lo bastante, nunca pueden saber lo bastante y, en última instancia, no rinden cuentas por los desenlaces que siguen a sus consejos. Son las mismas personas que tienen los problemas las que deben determinar cuál es la solución correcta para ellas. Pueden aprovechar el consejo experto, pero ésta es una base insuficiente para tomar decisiones.

¿Por qué se prefiere la mediación al litigio?

No tengo duda alguna de que siempre se necesitarán medios confrontativos y colaborativos para resolver las diferencias (Mansbridge, 1983). Pero mi propósito aquí es explicar por qué se presta más atención a la forma menos confrontativa denominada mediación.

Eli Sagan (1985), en *At the Dawn of Tyranny*, explica que:

> La sociedad humana cambia y se desarrolla recobrando la energía de lo que ha sido reprimido y utilizándola para transformar las formas sociales. El gran crecimiento del individualismo en los últimos trescientos años, por ejemplo, sólo se ha logrado gracias a la represión de la necesidad humana de comunidad, y esta época de individualismo sólo cesará cuando la energía de la necesidad reprimida de comunidad vuelva a ser viable (pág. 370).

Estamos viviendo una época en la que la necesidad antes reprimida de comunidad vuelve a ser viable. Y, para continuar con el argumento de Sagan, la energía del cambio transformará las formas sociales, como por ejemplo los medios empleados para resolver disputas. El litigio como forma social es especialmente adecuado en una época que favorece al individualismo, porque sirve para definir los límites de los derechos individuales. Pero, precisamente porque es eficaz en ese sentido, no resulta igualmente útil cuando se trata de preservar relaciones críticas, de recrear y sostener la comunidad.

En su análisis de las limitaciones de la ley como modo de comprender la interdependencia (el bien común), los autores de *The Good Society* (Bellah y otros, 1991) explican por qué la importancia atribuida a los derechos entra en conflicto con los valores de la comunidad.

> El orden legal sostiene un compromiso moral con la corrección de determinadas injusticias, pero no alienta la consideración del bien común o de la justicia en términos más generales [...] Formular una cuestión social en términos de derechos tiende a hacer de la respues-

ta un asunto de todo o nada, y a impedir precisamente la consideración del modo en que una elección es interdependiente con otras
elecciones [...] Un derecho es absoluto y, una vez establecido legalmente, debe asegurarse, sean cuales fueren el costo o las consecuencias [...] formular cuestiones morales o sociales completas en el lenguaje de los derechos [...] es algo que limita la comprensión que
tenemos de ellas [...] terminamos con la protección rígida de un número limitado de bienes sociales entendidos como derechos individuales inviolables, sin modo alguno de prestar atención a cuestiones
más amplias sobre nuestro futuro común [...] El problema más perturbador concerniente a "los derechos" es que se puede decir que todos los tienen, y cuando los derechos entran en conflicto, el lenguaje
mismo de los derechos no ofrece ninguna salida para evaluar los reclamos competitivos [...] El lenguaje de los derechos corta el debate, po-
larizando políticamente a la sociedad [...] El lenguaje individualista
de los derechos, que está en el corazón de la tradición jurídica norteamericana, es un modo de hablar sobre el bien común que encara ina-
decuadamente el tipo de interdependencia que resulta crucial en una
sociedad moderna (págs. 127-130).

Cuando reflexiono sobre el contraste entre la mediación y el litigio a la luz de mi definición de la comunidad, llego a la conclusión de que la mediación es uno de los procesos de interacción in-
ventados para permitir que las personas vivan juntas.

Hay una comunidad cuando personas que son interdependientes luchan con las tradiciones que las vinculan y los intereses que
las separan para realizar un futuro que mejore el presente, de modo que la comunidad está en la lucha. Y sólo puede lograrse y pre-
servarse si encontramos los modos correctos de luchar con otros
que son diferentes de nosotros. Se prefiere la mediación al litigio
como modo de lucha, porque es más probable que preserve las relaciones.

Es más probable que la mediación, y no el litigio, genere un retorno de lo comunal. Puede proporcionar a la gente una sensación
de pertenencia, reconocimiento o aceptación como parte de la comunidad. Esto resulta especialmente cierto cuando el mediador es
un conciudadano y no un sacerdote de la ley con toga.

Sea que la "necesidad humana de comunidad" aliente el empleo de la mediación o que la mediación represente una de las herramientas que hemos encontrado y que nos permite volver a orientarnos más hacia la comunidad, creo que nuestro empleo de este procedimiento tiene mucho que ver con el deseo de vivir en una comunidad mejorada.

¿Las perspectivas teóricas innovadoras frustran a los practicantes de la mediación? ¿Cómo pueden la investigación y la teoría lograr un impacto significativo sobre la práctica?

11

EL DILEMA DEL PRACTICANTE

Janet Rifkin

U n rasgo interesante del movimiento de resolución de disputas es la medida en que ha sido tema de investigación para una amplia comunidad de investigadores. Desde el principio de la década de 1980, estos estudiosos han participado en esfuerzos evaluativos de programas específicos y en el desarrollo de un análisis crítico del campo, centrado en las consecuencias sociales, filosóficas y políticas de la justicia informal (Abel, 1982). Aunque los informes teóricos y los estudios de investigación abarcan toda una gama de perspectivas y descubrimientos, gran parte de este trabajo incluye conclusiones que son críticas de las prácticas contemporáneas de la mediación, plantean preocupaciones sobre el poder y la neutralidad (Cobb y Rifkin, 1991b), la coerción (Northrup y Segall, 1991) y la justicia (Auerbach, 1983), preocupaciones que inquietan a los propios mediadores, quienes discuten sobre ellas.

Pero, a pesar del hecho de que tanto los investigadores como los practicantes comparten la angustia por las consecuencias sociales del campo y la microdinámica de una buena práctica, entre unos y otros la interacción fluida ha sido notablemente escasa. Por ejemplo, los mediadores se reúnen en encuentros nacionales en los que se presentan investigaciones que podrían informar o quizá de-

safiar a los practicantes, para que repiensen algunos de sus métodos. Pero estos intercambios se limitan primordialmente a encuentros profesionales formales, y su impacto sobre la práctica es super-
ficial. Las tensiones entre investigadores y practicantes sin duda
resuenan en otras palestras profesionales, más allá de la mediación.
Pero estas tensiones presentan dificultades particulares para los mediadores.

En la organización contemporánea del campo de la resolución
de disputas, los mediadores logran acceso al mundo de la mediación completando un programa de entrenamiento que, según sea
el estado, abarca entre treinta y cuarenta horas. Estos cursos son
impartidos por consultores en entrenamiento que tienen experiencia de la mediación, o por personal interno de los programas de
mediación. Para la mayoría de los mediadores, este entrenamiento
constituye su iniciación, y los orienta hacia un modo determinado
de pensar el proceso de la mediación y también hacia un enfoque
estructural de la práctica. Esta introducción inculca de manera in-
deleble las ideas de los mediadores sobre cómo deben actuar y cómo deben pensar la mediación. Tanto su concepción ideológica de
la mediación como sus intervenciones estratégicas en la práctica
derivan de estas experiencias iniciales de entrenamiento. Pero, en
su mayor parte, estos programas de entrenamiento carecen de teorías explícitas de la práctica, hacen hincapié en la generación de
habilidades por medio del *role playing* e implícitamente inducen a
creer que el sello de una buena práctica es el dominio técnico.

El impacto de esta experiencia inicial de entrenamiento es profundo para los aspirantes, pues, lo mismo que la educación jurídica, intenta introducir conocimientos y una perspectiva en el aprendizaje –en este caso de la mediación– y en el desarrollo de las
autoimágenes profesionales, como procesos formativos (Pipkin,
1993). Pero, en general, estos programas carecen de una teoría explícita de la práctica, y sólo cuando los mediadores practicantes se
reúnen ocasionalmente con la comunidad investigativa, preocu-
pada por la construcción de una teoría de la práctica, enfrentan
críticas a su trabajo y a su mundo de las que a menudo no están
preparados para defenderse, pues se rechaza la ideología como

fundamento de la práctica de la mediación. Las críticas y perspectivas de los estudiosos e investigadores introducidas en diversas tradiciones paradigmáticas aturden y algunas veces estimulan a los mediadores, que no han sido preparados para pensarse como comprometidos con una teoría de la práctica cuando intervienen en disputas. En consecuencia, a medida que se generan teorías de la mediación como las presentadas en este volumen, los practicantes enfrentan un dilema: para crecer como mediadores, se les pide que disciernan y reconozcan algunos de los principios teóricos que han dado forma a su práctica y a su entrenamiento; se los urge a examinar y rechazar muchos de estos principios como problemáticos para una buena práctica; se les aconseja que reenmarquen su comprensión y su enfoque de la mediación de acuerdo con diferentes tradiciones teóricas, pero demasiado a menudo no se les proporcionan orientaciones que los ayuden a seguir las exhortaciones de que piensen de otro modo y transformen sus prácticas.

El llamado a pensar y actuar de otro modo que llega hasta algunos mediadores practicantes, en general no se dirige a la comunidad de personas y programas que entrenan a los nuevos mediadores ni es escuchado por ella. Existen algunos (pero pocos) talleres avanzados para mediadores experimentados, relacionados con algunas de estas cuestiones; no obstante, los mediadores nuevos son constantemente entrenados en enfoques de la práctica que se están volviendo rutinizados y orientados hacia las habilidades. Las perspectivas críticas –teóricas e investigativas– como las que se encuentran en este libro tienen pocas probabilidades de afectar el entrenamiento y el proceso de iniciación para los mediadores que ingresan en el mundo de la resolución de disputas.

A veces, a los mediadores no les resulta claro a quién deben escuchar y de quién deben aprender. Si se dejan guiar por las perspectivas teóricas que dan forma a algunos estudios investigativos, pueden socavar sus posibilidades de avance profesional. Por ejemplo, corren el riesgo de perder la meta deseable de convertirse en entrenadores dentro de sus programas, si alteran su dispositivo, contenido y perspectiva. En este contexto, los investigadores deben indagar cuál es su obligación una vez que han identificado y plan-

teado un análisis crítico de la práctica que llama a repensar el modo
en que esta práctica es conceptualizada y realizada. En general, los
practicantes desean que los investigadores les digan qué deben hacer de diferente manera. Pero a menudo son decepcionados por estudiosos que ofrecen una crítica y pocas recomendaciones para la
transformación de la práctica, las cuales, según sostienen, están más
allá de lo que pretenden hacer. Los investigadores y practicantes
han tenido demasiado pocas oportunidades de explorar cooperativamente las consecuencias prácticas de los estudios investigativos.
Como resultado, la obra de los investigadores suele ser ignorada o
recibida con escepticismo por los practicantes, y la orientación de
estos últimos persiste inafectada por los descubrimientos y perspectivas de los investigadores que ofrecen ideas provocativas y estimulantes sobre la práctica. Este dilema queda bien ilustrado por
muchos de los materiales de este libro, que reclaman un nuevo discurso, un reenmarcamiento y una perspectiva reformulada de la
práctica de la mediación.

En varios de estos capítulos, la conclusión es que se debe apelar
a una nueva teoría de la mediación, pues cada uno realza diferentes problemas del panorama actual de la resolución de disputas. Sin
duda, estos análisis son provechosos para los practicantes. Pero muchos preguntarán qué deben hacer de otro modo en sus prácticas.
¿Cómo tienen que modificar sus enfoques actuales? ¿Con qué intervenciones tácticas deben continuar? ¿Cuáles deben descartar? Según Cobb lo plantea en este mismo libro, ¿cómo pueden "materializar" estas perspectivas teóricas emergentes? Pero quizá sea incluso
mucho más importante la necesidad de indagar si la apelación a
nuevos paradigmas de la mediación resulta inteligible para practicantes que han sido formados, y continúan formándose, en el contexto del entrenamiento profesional de sus disciplinas primarias.

Aunque el cuadro de la comunidad contemporánea de la mediación no está totalmente claro (Harrington y Rifkin, 1989), cada
vez resulta más evidente que una proporción importante de los mediadores practicantes proceden del derecho. Por ejemplo, gran
parte de la enseñanza actual sobre la resolución alternativa de
disputas tiene lugar en escuelas de derecho, donde la mayoría de

los programas ofrecen por lo menos un curso de mediación, y algunos aplican una perspectiva de resolución de problemas a la totalidad del currículo (Pipkin, 1993). En este contexto, se forma a los aspirantes a mediadores para que piensen la práctica de la mediación como un aditamento, y no como una alternativa al trabajo jurídico formal. Es improbable que las críticas emergentes de estos y otros estudios influyan sobre este grupo de aspirantes a mediadores que, como resultado de su entrenamiento jurídico, tenderán a inclinarse a una teoría de la mediación favorable al statu quo, y no a un enfoque que abogue por la transformación y el cambio.

Existen otras razones para que sea probable que haya resistencia a la innovación y el cambio, y a algunos de los enfoques teóricos examinados en este volumen y en otras partes. La mediación se está profesionalizando. El campo de la resolución alternativa de disputas ya tiene mucho más de diez años, y su evolución como práctica profesional está generando tensiones (Pipkin y Rifkin, 1984). A las principales organizaciones profesionales les preocupa establecer normas para la práctica, con la regulación de formadores y la promulgación de códigos éticos. Las tensiones provienen del hecho de que entre los practicantes no hay consenso acerca de qué es lo que constituye una buena práctica. En el mundo del practicante, alguna de estas discusiones reflejan un intento de comenzar a controlar o incluso restringir el ingreso en un campo al que son muchos los que quieren entrar, pero en el que la demanda de servicios es baja. A medida que aumente la competencia por el acceso, es probable que se intensifique el debate sobre las normas de la práctica.

Es en este contexto donde los practicantes entenderán y reaccionarán a los estudios de este libro. Los informes investigativos que piden a los mediadores que reevalúen y redefinan sus prácticas ofrecen oportunidades esenciales de cambiar y mejorar el proceso. Pero, al mismo tiempo, estas investigaciones crean dilemas a los practicantes, los cuales, al modificar o repudiar los enfoques de la mediación que se les han impartido en su formación, pueden sufrir como consecuencia el estancamiento en su campo profesional, impulsado por una cultura que muchos de estos estudios critican. Al abrevarse en diferentes aspectos de la teoría de la comunicación, estos estudios evalúan críticamente el trabajo y la orientación de la mayoría de los mediadores practicantes, sugiriendo que las actuales construcciones de la práctica son dudosas y quizá defectuosas. Además urgen a los practicantes a reevaluar su teoría de la práctica, y también sus intervenciones estratégicas en el seno de sus prácticas. A pesar del atractivo que seguramente estos enfoques tendrán para muchos mediadores, ellos se preguntarán cómo pueden instrumentar tales perspectivas críticas sin contar con una estructura de apoyo que los guíe en sus intentos de operacionalizar los modelos nuevos.

Los practicantes tienen que ser reentrenados. Según surge de los estudios de este libro, las nuevas orientaciones de la mediación que incorporan perspectivas comunicacionales ofrecen a los profesionales una teoría de la práctica y la posibilidad de modificar y quizá mejorar sus intervenciones estratégicas. Pero, aunque los mediadores más experimentados pueden beneficiarse con la investigación crítica, siguen ingresando en el campo nuevos mediadores formados con programas de entrenamiento impermeables a estas evaluaciones críticas. Sin cambios en este punto del ingreso en el campo, es probable que la mayoría de los mediadores se vean obstaculizados por el dilema del practicante; querrán seguir el modo de pensar por el que se aboga en estos estudios investigativos, pero no sabrán cómo hacerlo. Los mediadores que se sientan atraídos por estos argumentos teóricos pueden encontrarse alienados de su comunidad de mediación, y quizá rechazados por ella. A medida que aumente su comprensión, los investigadores no sólo tienen que llegar hasta los mediadores practicantes, sino que también –y esto es tal vez más importante– es preciso que encuentren modos de que su trabajo sea absorbido en el entrenamiento, la educación y el proceso de iniciación de los aspirantes a mediadores.

¿Cómo se presentan los mediadores practicantes ante las partes, en tanto profesionales y expertos? ¿En qué difieren las percepciones que tienen las partes y los mediadores de la moral, el conflicto y la justicia desplegados en disputas complejas?

12

LA COMUNICACIÓN Y LA INFLUENCIA DEL MEDIADOR EN LAS INTERVENCIONES DE MANEJO DEL CONFLICTO
Reflexiones de un practicante sobre la teoría y la práctica

Christopher W. Moore

El estudio de las pautas de comunicación, los medios de influencia y la dinámica de la interacción del mediador con las partes disputantes ha sido un área cada vez más estudiada por los investigadores de la comunicación y la resolución de disputas. Este conocimiento puede acrecentar la conciencia que tienen los mediadores de lo que hacen para asistir a las partes, y ayudar a planificar intervenciones futuras con mayor claridad e intencionalidad. Examinaré dos aspectos de varios análisis de un modo más detallado, y mostraré cómo sus hallazgos se aplican en la práctica.

La creación de credibilidad y medios de influencia

Los mediadores tienen una relación inusual con las partes. Aunque no cuentan con ninguna base institucional de poder que les otorgue una autoridad legítima para influir sobre las actitudes y las conductas, se espera que las motiven significativamente para que las partes avancen hacia el acuerdo, y esto es lo que hacen. Constituye una interesante hazaña el hecho de que, por lo menos en la mediación "profesional" occidental, es posible que el intermediario no haya tenido ninguna relación previa con las partes ni pertenezca a la red de relaciones de estas últimas, de un modo tal que su reputación personal pudiera gravitar en el proceso.

La investigación de Tracy y Spradlin (en este libro) sobre el "habla del mediador", basada en un análisis de transcripciones de vídeos de mediación familiar, identifica algunos de los modos en que los mediadores crean las percepciones que tienen las partes de la pericia y la equidad del profesional: se identifican como profesionales, hacen referencia a experiencia y conocimientos, hablan de una manera que demuestra equidad e imparcialidad, actúan como árbitros y emplean el reenmarcamiento para diluir o mitigar los ataques de los disputantes que podrían hacerles perder prestancia.

La aceptación por las partes del mediador como un auxiliar o "experto" viable es generalmente crítica para que el intermediario ayude a los disputantes a avanzar hacia el acuerdo. En la mayoría de las sociedades occidentales y desarrolladas, la pericia se considera un conocimiento no ampliamente difundido, que a menudo se adquiere con el estudio o la práctica intensivos. Por lo general la pericia se asocia estrechamente con el concepto de profesionalismo, que puede también implicar una particular relación formal entre el intermediario y los clientes, y normas éticas de conducta. En Occidente la credibilidad se logra más fácilmente consiguiendo que las partes perciban al mediador como profesional y experto, pues estas culturas tienen como norma comúnmente aceptada el plantear los problemas a los expertos y pedirles ayuda. Lo atestigua la aceptabilidad común de los médicos, abogados, terapeutas, trabajadores sociales, científicos, etcétera, que intervienen de modo activo e influyente en la vida de las personas.

De modo que ¿cómo abordan los mediadores la tarea de presentarse a las partes como profesionales y expertos? Aunque Tracy y Spradlin asignan importancia a las pautas de las comunicaciones específicas que se encuentran en los enunciados de apertura de las sesiones de mediación, el proceso de creación de una imagen ha comenzado probablemente mucho antes, con los contactos iniciales entre las partes y el mediador. Los primeros contactos suelen involucrar objetos verbales, no-verbales, escritos, simbólicos e incluso formas espaciales de comunicación, que crean la imagen profesional del mediador. Estos primeros contactos son generalmente reforzados a lo largo de todo el proceso de la intervención.

A menudo el contacto inicial se realiza por teléfono, y es frecuente que las partes hagan al mediador algunas preguntas. También es posible que el mediador proporcione información sin que nadie se la pida, para acrecentar su importancia e influencia. Es frecuente que el mediador hable de los años que ha pasado en la profesión y de su amplia experiencia en el área general de los conflictos de los disputantes ("Hace doce años que practico, y he mediado en algunos casos comerciales"). También puede describir cuestiones y dinámicas de casos pasados –si son pertinentes, y sin violar la confidencialidad–, y bosquejar áreas específicas de conocimiento sustantivo ("Sí, he manejado algunos casos relacionados con problemas ambientales, el agua y cursos de agua, con similares cuestiones técnicas, como la protección de especies en peligro, semejantes al caso que ustedes están describiendo"). También es posible que se subraye el entrenamiento académico y el campo de procedencia, a menudo vinculados a otra profesión que tiene *status* (y que yo llamo "de carga"). Por ejemplo, "Me he formado como mediador y también tengo un doctorado en ciencias", o "He sido entrenado por Alpha Associates, que es una de las organizaciones de mediación más antiguas y experimentadas del país". También es posible que se emplee la influencia de la asociación, identificando a los colegas con los que el mediador o la mediadora trabaja; por ejemplo: "Soy un colaborador estrecho del doctor Clifford, que es un experto en este campo"; cuando resulta apropiado, se puede mencionar a otros clientes que, debido a su prestigio o satisfacción con los servicios de los intermediarios, darán testimonio de la pericia de éstos ("He trabajado para la Beta and Gamma Corporation, y ellos quedaron muy contentos con la serie de mediaciones que nosotros realizamos. Dicen que el procedimiento les ahorró miles de dólares en reclamos contractuales"). Por lo general, todas estas comunicaciones son reforzadas cuando las partes se encuentran cara a cara en la primera sesión.

Además de estas comunicaciones verbales, los mediadores sue-

len utilizar algunos objetos simbólicos que fortalecen su imagen de
expertos: tarjetas comerciales, folletos, prospectos de servicios, listas de colaboradores (con títulos adecuados y respetados), listas de
clientes, diplomas o certificados enmarcados (títulos universitarios,
certificado de entrenamiento en mediación o premios socialmente
respetables), y oficinas de aspecto profesional (preferiblemente
con muchos estantes para libros y periódicos profesionales). Re-
cuerdo el caso de una pareja que se estaba divorciando y había sometido a mediación un acuerdo económico en una de las pequeñas salas de conferencias de mi organización. El lugar tenía algunos
sillones cómodos y lámparas de pie; se parecía mucho a una sala de
estar o a un consultorio de psicoterapeuta. Un día no se pudo utilizar ese lugar, y la sesión de la pareja tuvo que realizarse en la biblio-
teca de derecho. La mujer lanzó una mirada en torno, observó la
gran mesa de conferencias y los libros de derecho, y dijo: "¡Esto es
más apropiado! ¡Ahora podemos aplicarnos al asunto!". Así lo hicieron, resolviendo algunas difíciles cuestiones económicas que habían bloqueado el progreso en las últimas dos sesiones. Cabe pre-
guntarse hasta qué punto el ambiente desempeñó un papel en la
creación de una imagen de pericia, profesionalismo y "trabajo" serio, contribuyendo a la dinámica del acuerdo.

Además de desarrollar una imagen de profesionalismo y pericia, los mediadores tratan de parecer equitativos. Sinónimos de
equidad son *justicia, imparcialidad, ausencia de tendenciosidad y de prejuicios.* En general, la equidad se refiere a la actitud y la conducta
del mediador respecto del desenlace sustantivo de la disputa, al
proceso utilizado para llegar a un acuerdo y a la consideración de
las necesidades psicológicas de las partes. En el contexto de la cultura y la mediación occidentales, por lo general la equidad se busca
en el procedimiento y en el tratamiento psicológico. Según la descripción de Tracy y Spradlin incluida en este libro, la percepción
de la equidad del mediador se desarrollaba de tres modos: 1) con
el énfasis verbal de los intermediarios en su rol "neutral" o "equilibrado"; 2) con "modos conversacionales de árbitro" para equilibrar
las comunicaciones de las partes, y 3) con intentos de "reenmarcar
las amenazas a la imagen personal en un lenguaje menos hostil o

inculpador". Los mediadores suelen comentar que, cuando se trata de que las partes acepten que el mediador es equitativo e imparcial, "hay que ver (o experimentar) para creer". La equidad psicológica y de los procedimientos se demuestra por medio de algunas conductas: 1) el mediador se presenta de igual manera y realiza los mismos gestos no verbales (por ejemplo, estrechar la mano) con todas las partes; 2) se dirige a las partes de la misma manera, demostrando el mismo respeto y reconociendo un idéntico *status* (llama a ambas partes por sus nombres o, más formalmente, les dice "señor", "señora", "doctor", etcétera); 3) se sienta a igual distancia de ambas partes y les proporciona asientos de igual altura e importancia; 4) describe un proceso que a ambas partes les resulta razonable y que asigna a cada una su turno para presentar la situación tal como la ve, identificar sus cuestiones e intereses y participar en la resolución del problema; 5) establece reglas justas para la discusión, por ejemplo acerca de las interrupciones; 6) mantiene un contacto ocular igual y periódico con ambas partes, incluso mientras sólo está hablando una de ellas; 7) demuestra el mismo interés por lo que cada parte tiene que decir, y lo hace por medio del contacto ocular, reconocimientos verbales ("ajá") y preguntas; 8) asigna para hablar el mismo tiempo a todas las partes; 9) vuelve a enunciar las cuestiones, los intereses y las preocupaciones que plantea cada parte, y 10) resume los enunciados de ambas partes.

Los mediadores se crean una imagen de equidad sustantiva mediante los siguientes procedimientos: 1) describen o enmarcan el problema o tarea para llegar a una solución que ambas partes consideren justa y razonable; 2) ayudan a las partes a identificar normas y criterios que ellas puedan aceptar como marco para el acuerdo; 3) identifican las prácticas pasadas que las partes consideren equitativas y razonables; 4) identifican los mandatos, reglas o normas sociales comúnmente aceptados, en relación con los cuales las partes pueden evaluar el acuerdo posible; 5) ayudan a desarrollar intercambios de ítemes de distinto valor, de modo que las partes lleguen a aceptar que el trueque total es justo; 6) ayudan a las partes a obtener el consejo de expertos en cuya equidad confíen; 7) piden a las partes que identifiquen lo que *sienten* (visceralmente) como justo; 8) piden a las partes que identifiquen soluciones aceptables en el futuro, soluciones que minimicen los riesgos o costos inaceptables para ambas (en especial si ellas evalúan de distinto modo la probabilidad de acontecimientos o riesgos futuros), y 9) proponen medios automáticos de llegar a decisiones justas y equitativas (partir la diferencia, alternar la selección o satisfacción de intereses, vincular el acuerdo a un elemento externo, como por ejemplo el índice de precios al consumidor, etcétera).

Enmarcamiento y reenmarcamiento

Enmarcar una comunicación, problema o situación, en los términos de cómo son conceptualizados, descritos y articulados, constituye a menudo un factor crítico en el proceso de resolución de disputas. El enmarcamiento individual de un problema por los disputantes o el mediador suele determinar que las partes lleguen a un acuerdo o terminen en una *impasse*. El enmarcamiento puede aplicarse a distintas situaciones, problemas o condiciones (Moore, 1989). Sirve para describir:

- Una situación general.
- Una cuestión o tema de discusión.
- Una posición o solución preferida para un problema específico.
- Un interés o una necesidad subyacente –sustantiva, psicológica o concerniente al procedimiento– que una parte quiere abordar o satisfacer como resultado de la interacción (negociación).
- El momento adecuado para un acto o una ejecución específicos.
- Las consecuencias o amenazas que resultarán o se llevarán a la práctica si algo se hace o no se hace.
- Un sentimiento, una actitud o un juicio.

Como el enmarcamiento de un problema o una situación suele ser crítico para su negociabilidad o para la receptividad de las partes a la comunicación, a menudo es necesario cambiar o modificar el marco original y hacerlo más aceptable. Reenmarcar supone redefinir o interpretar una comunicación, la descripción de un problema o una situación, de un modo tal que la resolución sea más factible y la comunicación más aceptable para la parte receptora. El acto de enmarcar o reenmarcar puede abarcar tanto al contenido como al proceso, es decir cambiar el contenido sustantivo del mensaje o modificar la manera de entregarlo, cambiando las palabras, la sintaxis, el tono o el ritmo. Examinemos más detalladamente el enmarcamiento y el reenmarcamiento.

Littlejohn, Shailor y Pearce (en este libro) enfocan el enmarcamiento general de la realidad de las partes, y el modo en que los enmarcamientos de las partes se interrelacionan con el del mediador. Para estos autores, el enmarcamiento de las cuestiones y la realidad acerca de la cual las partes negocian pueden estar en la superficie (nivel en el que las partes tienen concepciones análogas de la realidad) o ser mucho más profundos (cuando las partes difieren fundamentalmente en sus concepciones de la moral, el conflicto y la justicia). Ellos emplean estas tres realidades (la moral, la del conflicto y la de la justicia) como marco que permite comparar los modos de definir la situación del conflicto por las partes y el mediador. La compatibilidad o incompatibilidad de los marcos es a menudo un determinante significativo de la viabilidad o inviabilidad de la solución negociada.

La realidad moral —o sea los principios filosóficos de un individuo o grupo acerca de la conducta correcta en la vida— puede dividirse en cuatro posturas un tanto superpuestas, observables en la sociedad norteamericana (Bellah y otros, 1985). Ellas son: 1) "la *bíblica* o *autoritaria*, basada en la orientación de las Escrituras o la autoridad divina; 2) la *republicana*, que involucra la idea del deber cívico y el servicio público; 3) la *utilitaria*, que procura la satisfacción de los intereses individuales mediante la negociación de acuerdos con otros; y 4) la *expresivista*, que exhorta al goce de los derechos individuales y la libre expresión" (Littlejohn y otros, en este libro).

En general, las realidades conflictivas tienen que ver con las definiciones del conflicto por las partes, con sus ideas acerca de cómo se lo maneja adecuadamente, y con sus actitudes o valores respecto de los roles del tercero. Es posible que las partes vean el conflicto como sano, normal, funcional y útil, o disfuncional, anormal, enfermizo, de modo que haya que impedirlo o evitarlo. Hay distintas maneras de responder adecuadamente al conflicto: aceptándolo y manteniéndolo, pero cerrando el paso a sus aspectos negativos; negociando, para compartir ganancias y pérdidas y llegar a soluciones de compromiso; imponiendo soluciones, como en un modelo de poder en el cual gana el más fuerte; creando coaliciones, constituyendo alianzas, para que el desenlace esté en las manos del mayor alineamiento de fuerzas (como en una elección), o generando consenso, en cuyo caso las partes emprenden una resolución operativa del problema y tratan de abordar o satisfacer la mayor cantidad de intereses posibles.

Littlejohn y otros identifican dos modos de confiar en los terceros: el *juicio* y la *autoridad*. Ambos modelos respaldan la decisión que toma un tercero. El primero se basa en el peso o la calidad de la argumentación, mientras que el segundo aplica una norma cultural o religiosa para llegar a una respuesta concluyente. (Es interesante que los autores no incluyan una categoría de asistencia del tercero centrada en la asistencia al proceso, que es la base de la mediación, aunque ella es común en las sociedades occidentales, por ejemplo en el asesoramiento psicológico o la terapia.)

Las realidades de la justicia son los principios que aplican las partes para determinar si se ha logrado un desenlace adecuado o equitativo. Los autores identifican tres tipos de realidad de la justicia: 1) la *justicia retributiva*, que castiga a los malhechores; 2) la *justicia competitiva*, en la cual las partes compiten para maximizar las ganancias y minimizar las pérdidas, y 3) la *justicia distributiva*, que distribuye los recursos o beneficios según una de cuatro normas: a) los títulos (género, raza, rango, rol o clase); b) la igualdad (distribución por partes iguales, sin considerar otros factores); c) la equidad (de acuerdo con algún principio aceptado por todos), y d) el bienestar social (la promoción del bien común o más amplio).

Las tres amplias categorías de marcos (el marco moral, el marco del conflicto y el marco de la justicia) dan forma a la definición por los individuos de las situaciones generales del conflicto. La coordinación entre las realidades de las partes y la del mediador se logra generalmente con el empleo de uno de tres medios: 1) un participante (que puede ser el mediador) persuade a los otros de que acepten su definición de la realidad; 2) las partes desarrollan en conjunto una definición o marco mutuamente aceptable, o 3) se crea una situación en la cual la diferencia de enmarcamientos no tiene importancia para acordar respecto de las cuestiones en disputa. Examinemos de qué modo funciona en la vida real este proceso de enmarcamiento y reenmarcamiento. El caso siguiente ilustra el enmarcamiento por las partes de una situación general de conflicto, y el modo en que esos marcos se traducen en cuestiones específicas para discutir y negociar.

A fines de 1992, la Junta de Caza de Alaska, después de varios años de estudios y deliberación, anunció que el organismo iba a instrumentar un programa de control de los lobos, el exterminio sistemático de una cierta cantidad de lobos en áreas seleccionadas, para controlar la relación predador-presa entre los lobos, los caribúes, los alces y los cazadores humanos. Los lobos no son en Alaska una especie amenazada o en peligro como en los cuarenta y ocho estados que están al sur y, de hecho, existen y se reproducen en gran cantidad. A pesar de esto, hubo una tremenda oposición al plan propuesto por parte de una cantidad significativa de grupos ambientalistas y defensores de los derechos del animal, que iniciaron una campaña de cartas a funcionarios públicos y lanzaron un boicot turístico contra el estado hasta que se abandonara el plan. Las comunidades de cazadores –caza deportiva y caza de subsistencia– estaban en general a favor del proyecto, porque los lobos habían diezmado seriamente los rebaños en algunos sectores de Alaska. Comenzaron a presionar sobre el gobernador y la Junta, para que instrumentaran el plan lo antes posible. En respuesta a la emergencia de este grave conflicto público, el gobernador Hickel convocó a una conferencia cumbre sobre los lobos, a la que asistieran representantes de todos los grupos interesados, para que expusieran sus puntos de vista y determinar si había puntos de consenso acerca de lo que se debía hacer. Participaron más de mil quinientas personas. Se llamó a intermediarios, gestores de conflictos de SDR Associates y al personal de la Oficina del Controlador del Estado para que diseñaran y facilitaran el proceso y dirigieran las reuniones.

Aunque había muchos grupos, básicamente se conformaron en cuatro líneas: 1) la del estado, que incluía al gobernador y la Junta; 2) la de los ambientalistas y defensores de los derechos del animal; 3) la de los cazadores y 4) la de los facilitadores e intermediarios. Una tarea crítica para las partes y los intermediarios era llegar a algunos marcos comunes para el encuentro, que permitieran un diálogo productivo y la exploración de puntos posibles de acuerdo. Ésta no era una tarea sencilla, en vista de la gama de marcos de la situación y de cuestiones que había que discutir. El estado enmarcó la situación y su responsabilidad como una combinación de moral republicana y utilitaria. Alaska tenía el deber cívico de encontrar una solución justa con trueques satisfactorios para la más amplia gama de intereses. Consideraba que el conflicto era normal, pero destructivo con respecto a algunos intereses estaduales clave. Suponía que la decisión debía ser tomada por autoridades electas o designadas, sobre la base del peso de la argumentación de las partes interesadas. Para el estado, una solución justa sería una combinación de justicia competitiva y distributiva, idealmente basada en un amplio consenso equitativo acerca de lo que sería mejor para el pueblo de Alaska.

Los cazadores tenían algunas concepciones diversas de la realidad, según fueran deportistas, cazadores para la subsistencia o nativos de Alaska. En general, veían la situación en términos expresivistas. La caza formaba parte de su autoconcepto individual, y muchos de ellos se habían mudado a Alaska, estado percibido como el menos controlador de los derechos individuales, para ejercer su libertad. Para los nativos, la caza era una tradición y parte de su cultura. Muchos de los cazadores consideraban que quienes se oponían a los planes del estado eran "ajenos", "personas de los cuarenta y ocho [estados] de abajo" o "gente de otro país, de Estados Unidos". (Algunos de estos cazadores pertenecían al Partido de la Independencia de Alaska, un fuerte grupo defensor de los derechos del estado.) Aunque numerosos cazadores adoptaron una concepción judicativa del rol del tercero, para otros su realidad estaba constituida por derechos divinos o por la herencia cultural de los cazadores nativos del suelo. La idea de la justicia que tenían los cazadores iba desde un enfoque competitivo (luchaban por la instrumentación del plan a expensas de los otros grupos) hasta un enfoque que aducía sus títulos (los nativos querían que se protegieran sus tradiciones y su cultura).

Los ambientalistas y defensores de los derechos del animal, aunque en general pertenecían al mismo grupo de interés, tenían toda una gama de realidades que daban forma a su enmarcamiento de la situación. Definían diversamente sus realidades morales, en términos de autoridad, republicanismo y utilitarismo. Casi unánimemente objetaban la cosmovisión antropocéntrica de los cazadores y el estado. Algunos individuos de este grupo sostenían que era moralmente censurable matar animales, mientras otros consideraban un deber cívico del estado y sus ciudadanos elaborar una solución democrática que tuviera en cuenta los intereses de todas las partes, incluso los lobos. Algunos miembros de este grupo consideraban posibles los trueques, mientras que para otros sólo era aceptable una solución de gano/pierdes. Este grupo pensaba que el conflicto era normal; estaba familiarizado y se sentía cómodo con los métodos confrontativos y judicativos para llegar a decisiones. Con los resultados de una encuesta en la mano, sostenían que la mayoría de la población de Alaska se oponía al control de los lobos, y que este factor debía ser tenido en cuenta en la decisión de la Junta. Para muchos miembros de este grupo, una decisión justa debía ser imparcial y equitativa (especialmente para la población lobuna), y tenía que tomar en cuenta a grupos de interés específicos, inclusive la gente de los cuarenta y ocho estados "de abajo", y las futuras generaciones que querrían experimentar la vida natural de la Alaska salvaje.

Los facilitadores, que en realidad realizaban tareas de mediación, en general sostenían un punto de vista moral que combinaba republicanismo y utilitarismo. Pensaban que el conflicto era normal y potencialmente beneficioso como motivador de la búsqueda de mejores soluciones. No basaban el rol de tercero en el juicio o la autoridad, sino que preferían la facilitación. El proceso judicativo era visto como un sistema de resguardo para el caso de que las partes no llegaran a un consenso ni encontraran trueques aceptables. El concepto que los mediadores tenían de la justicia era distributivo, en cuanto valoraban la equidad (para las personas y también para las diversas poblaciones animales) y querían encontrar una solución que satisficiera el bien social general.

En vista de estas diversas visiones de la realidad, ¿cómo podían los convocados participar en la reunión para discutir las cuestiones, cómo debían enmarcarlas y qué tipos de procesos serían aceptables? El estado había establecido una agenda preliminar con grandes bloques de tiempo y actividades sobre las cuales los facilitadores tenían sólo un control mínimo. Los facilitadores, en conjunción con una "comisión de diseño del proceso", compuesta por representantes respetados de los principales grupos de interés, trabajaron para establecer procedimientos que, dentro de este marco, generaran alguna convergencia de enmarcamientos y la mayor satisfacción psicológica, con el contenido y con los procedimientos, en los participantes de la reunión.

La estructura de la primera parte del encuentro permitió que los participantes presentaran algunas de sus realidades y cosmovisiones globales, y que identificaran las cuestiones o preocupaciones que suscitaba en ellos el plan de la Junta para el control de los lobos. Se eligió un grupo equilibrado de representantes de todos los intereses, a fin de que participaran en una serie de paneles y presentaran sus ideas, tendieran una base común de comprensión de los problemas y cuestiones y estipularan puntos pertinentes para la discusión ulterior. Se empleó un "micrófono abierto" para sumar a estas presentaciones las ideas de una gama más amplia de participantes. Esta sesión sacó a luz todo el espectro de marcos, cuestiones e intereses de las partes involucradas. Todos los participantes aceptaron este proceso para comenzar, aunque hubo discusión sobre la cantidad de tiempo asignada a los oradores individuales que representaban los diversos grupos de interés.

Originalmente, se había previsto que la segunda parte de la reunión incluyera una sesión plenaria grupal de tres horas, en la cual los participantes hablarían entre sí sobre los intereses que había que satisfacer y los componentes de una política y un plan satisfactorios, utilizando un dispositivo de rotación de miembros. Los facilitadores confiaban en que la información compartida por los oradores y participantes en la primera parte, y el deseo de los parti-

cipantes de hablar sobre las cuestiones, generaría un diálogo productivo. Pero en este punto divergieron las concepciones de las
partes acerca de los procesos aceptables de resolución de disputas,
por un lado, y por el otro las realidades del proceso de los facilitadores. Las partes, que tenían y estaban familiarizadas con un enmarcamiento judicativo de la situación y los procesos, querían utilizar ese foro para enunciar sus posiciones como si estuvieran en una
audiencia pública, aunque no se había convocado a ningún cuerpo
judicativo formal para que recogiera los testimonios y tomara una
decisión. Los facilitadores trataron de alentar al grupo a emplear
un proceso de resolución de problemas centrado en el diálogo, y
algunas partes aprovecharon esta oportunidad, pero la mayoría de-
seaba una audiencia pública más judicativa. Al comprender que el
enmarcamiento de la situación por las partes requería que ellas pudieran enunciar sus posiciones antes de discutir la cuestión, los facilitadores reestructuraron la agenda para darle la forma de una
reunión pública tradicional. En última instancia, este cambio de
dispositivo permitió un intercambio adicional de información, hizo
tomar conciencia a los participantes de que podían influir sobre el
proceso de resolución de la disputa y, después que cada posición
fuera enunciada de modo firme y público, les permitió avanzar y
discutir detalladamente algunas de sus preocupaciones e intereses
subyacentes en sesiones de pequeños grupos.

En la tercera parte de la reunión, se constituyó una serie de pequeños grupos facilitados, compuestos por una mezcla equilibrada
de representantes de los grupos de interés. Se pidió a estos grupos
que exploraran áreas posibles de consenso para hacer recomendaciones a la Junta, y que produjeran un informe que sería presentado al gobernador, la Junta y todos los participantes. Esta tarea im-
ponía en sí misma la realidad moral y la realidad procesal del
estado y los facilitadores, sobre algunos miembros del grupo que se
sentían más cómodos con un enfoque totalmente confrontativo y
judicativo. (Algunos de estos grupos consideraban que su rol en las
reuniones debía completarse después que hubieran enunciado públicamente su posición.)

En vista de la gama de realidades que aparecieron en la reu-

298 Christopher W. Moore

nión, el equipo de facilitadores tuvo que desarrollar un enmarcamiento para estipular el propósito y las tareas de las sesiones de los pequeños grupos. También tuvieron que enmarcar las cuestiones que debían abordarse, hacer posible que las partes dialogaran sin desembocar en una *impasse* inmediata, y llegar a algunos puntos de acuerdo. Enmarcar las cuestiones supone definir los temas específicos que las partes quieren encarar. A menudo las partes enmarcan las cuestiones de una manera inaceptable para las otras. Si éste era el caso, el mediador u otra parte debían intentar un reenmarcamiento hasta que se encontrara una definición aceptable para todos. Eran enormes las posibilidades de que hubiera un bloqueo, como consecuencia de la diversidad de marcos de la realidad global y de las cuestiones específicas. Algunos defensores de los derechos del animal enmarcaban la cuestión y la situación en términos de "cómo detener la matanza de lobos". Para algunos ambientalistas se trataba de "cómo podemos instrumentar el manejo del ecosistema de modo que los intereses de los animales estén en el mismo nivel que el de los humanos". Los cazadores, con una perspectiva expresivista, enmarcaban la cuestión en términos de "cómo podemos nosotros, los habitantes de Alaska, tomar nuestras propias decisiones sin interferencias de ajenos", mientras que los nativos se preguntaban "cómo puedo continuar realizando mis prácticas tradicionales de caza, provenientes de Dios, y preservar mi cultura". El enmarcamiento del estado, aunque nunca articulado directamente en estos términos, era "cómo podemos manejar la población animal para mantener un sostenido rendimiento de la caza, satisfacer a los diversos públicos interesados, evitar un conflicto costoso y destructivo, y conservar nuestra viabilidad política". Finalmente, los facilitadores desarrollaron una propuesta de enmarcamiento múltiple, sustantivo y procesal, de los temas que discutirían los pequeños grupos; ese enmarcamiento hacía lugar a la diversidad de concepciones de la realidad de los participantes y a las diversas cuestiones e intereses implicados. Esas cuestiones e intereses eran los siguientes:

- ¿Cuáles deben ser los objetivos de largo plazo del estado en las políticas y prácticas del manejo de los lobos?

- ¿Hay circunstancias en las que el control de los lobos es o no es apropiado?
- Si hubiera control de los lobos, ¿cuáles serían los métodos apropiados para alcanzar los objetivos?
- ¿Con qué procedimientos deben establecerse las políticas de manejo de los lobos, y adoptarse las prácticas de instrumentación?

El enmarcamiento de las cuestiones fue realizado en forma de preguntas que minimizaban las soluciones del tipo de "esto o aquello", extraían más información sobre los intereses subyacentes de las partes, generaban una gama de opciones que reflejaban toda la constelación de intereses afectados y alentaban a las partes a desarrollar sus propias soluciones consensuales, en lugar de reposar en un proceso judicativo. Aunque no todos los participantes quedaron satisfechos con el enmarcamiento de las cuestiones, la mayoría aceptó el enmarcamiento y el proceso, luchó con las cuestiones, exploró los intereses y elaboró más de cincuenta recomendaciones que recibieron el respaldo general del grupo. Estas recomendaciones fueron presentadas al gobernador y a la Junta.[1]

Conclusión

Los modos de interactuar del mediador con los clientes son a menudo factores principales en el éxito de una iniciativa de resolución de disputas. Los procedimientos que emplean los intermediarios para generar credibilidad y promover una imagen de equidad son esenciales cuando las partes ingresan en el procedimiento y ulteriormente aceptan la ayuda y la influencia del mediador. El reenmarcamiento es una habilidad crítica para redefinir las

---

1. En las disputas públicas de este tipo, las partes no siempre tienen autoridad final para decidir las cuestiones. Esta autoridad corresponde a cuerpos legalmente electos o designados. No obstante, las soluciones basadas en el consenso son fuertes recomendaciones que los cuerpos electos o designados por lo general toman muy en serio.

300 Christopher W. Moore

situaciones, las cuestiones, los intereses y las emociones de las partes, a fin de que el diálogo sea más factible y productivo. Todas estas intervenciones y habilidades pueden aprenderse; los mediadores más eficaces en el trabajo con los clientes y las partes tienen mayores oportunidades de llegar a acuerdos.

EPÍLOGO

Hacia la promoción del diálogo entre investigadores y practicantes

C on mucha frecuencia se ignoran los vínculos entre el estudio y la práctica. Incluso en palestras claramente aplicadas, como la intervención de terceros, el diálogo productivo entre investigadores y practicantes es sorprendentemente escaso, sobre todo en publicaciones. Para los investigadores, esto significa que muchas buenas ideas no se trasladan a la práctica. Para los practicantes, supone que la investigación puede parecer no pertinente o incluso amenazadora, por estudiar y analizar sin extraer consecuencias claras para aplicar en la realidad ni proponer alternativas viables.

Nos resultaría decepcionante que las ideas de este libro no contribuyeran al desarrollo de perfeccionamientos en la práctica de los mediadores. La perspectiva comunicacional, tal como lo revelan estos capítulos, proporciona una comprensión eminentemente "práctica" de la mediación. Puede ser una piedra angular del proceso, que lleve a modos eficaces y tal vez nuevos de conducirlo, de entrenar a los mediadores, de evaluar los desenlaces y de institucionalizar programas.

Como punto final de esta obra, queremos alentar el diálogo actual que intenta tender un puente entre la teoría y la práctica. En este sentido, resulta más apropiado entender nuestro final como un principio. Al volver a los temas que subyacen en estos capítulos y detallar algunas de sus consecuencias prácticas, ofrecemos una plataforma de lanzamiento para el diálogo. Como ocurre con todos los principios, éste es necesariamente selectivo, y por lo tanto incompleto. Sin embargo, al ejemplificar de qué modo los practicantes pueden abrevar en la perspectiva comunicacional y aplicarla en la práctica, confiamos en poder ofrecer algunas ideas adicionales a quienes exploren estos capítulos.

Reconocimiento de las influencias contextuales en la práctica de la mediación

A lo largo de este volumen, varios autores se han hecho eco de un supuesto clave de la perspectiva comunicacional: que la comprensión del contexto es esencial para entender la naturaleza de la mediación eficaz. Varios teóricos nos piden que reconozcamos que la mediación no es un proceso exento de contexto, sino que recibe su forma de las palestras organizacional, social e interpersonal en las que se produce, y a su vez las conforma a ellas. Así como la interpretación de las palabras depende de múltiples niveles contextuales, los procesos de intervención en conflictos –como la mediación– son objeto de interpretaciones diferentes, según sean los contextos en los que se los pone en práctica.

Tomarse este principio a pecho significa captar la esencia de los contextos operativos y apreciar su entrelazamiento. Los autores de este libro han discutido el contexto de diversos modos. En los niveles más generales, se los examina como cultura o comunidad. C. M. Moore pide una repotenciación del rol de la comunidad como contexto. Folger y Bush elaboran las consecuencias de las ideologías globales sobre el conflicto y las relaciones sociales. Y Donohue y Bresnahan iluminan las implicaciones culturales del conflicto y la mediación intergrupales. Trabajando con una concepción un tanto estrecha del contexto, varios colaboradores se concentran en los contextos institucional u organizacional, prestando atención a la adecuación entre el tercero y su ambiente institucional. El modelo de la intervención organizacional de Karambayya y Brett, y el análisis por Jones y Brinkman de los programas de mediación entre condiscípulos subrayan la importancia de considerar la práctica y la cultura organizacionales al determinar el diseño de los sistemas de resolución de disputas. Jones, en su examen de las tensiones dialécticas, apunta a una influencia contextual aún más estrecha. Esta autora enfoca los contextos relacionales que dan forma a las implicaciones interpretativas y constructivas de la conducta comunicativa. La gama de contextos considerados a lo largo del libro da testimonio de la profunda inserción de las influencias contextuales. Hay estratos contextuales que en última instancia crean la percepción que tienen disputantes y mediadores de lo que es la mediación y de lo que puede realizar.

Consecuencias para la práctica

Los administradores de programas y los mediadores pueden trabajar por el desarrollo de una práctica más sensible al contexto, para lo cual les resultarán útiles las sugerencias siguientes:

Definir los contextos. Aunque definir los contextos parece simple, muy a menudo pasan inadvertidas las influencias contextuales básicas sobre la práctica. Se dan por sentadas definiciones del contexto que le impiden al mediador apreciar influencias importantes. O bien surge la confusión cuando diferentes mediadores o administradores de programas hacen hincapié en distintas influencias contextuales. La definición de los contextos pertinentes alienta a los mediadores y administradores a tomar distancia y ver la disputa presente o el proceso general de mediación en un marco más global, que puede modificar la percepción que tienen del propósito y el proceso.

Comprender las consecuencias de los contextos pertinentes. La comprensión del contexto por los mediadores supone prestar atención a los factores externos que dan forma a su orientación respecto de la mediación y a sus concepciones específicas de la disputa que tienen entre manos. Cuando los mediadores se descubren reflejando las influencias más amplias de sus antecedentes (entrenamiento, educación, raza o género) pueden apreciar mejor de qué modo gravitan ellos mismos en la reactivación o modificación de dichas influencias. La comprensión del contexto por parte de los administradores de programas supone prestar atención a las influencias ideológicas, culturales e institucionales que dan forma y a veces imponen elementos de la práctica y metas del proceso.

Adaptar la práctica de la mediación para hacer lugar a preocupaciones contextuales. La lógica subyacente del diseño de sistemas de resolución de disputas es la adaptación de los métodos a la situación conflictiva. Esta lógica está bien ilustrada en los capítulos de este libro sobre las influencias contextuales. En un nivel más específico, los mediadores en administración y administradores de programas pueden tratar de que los métodos armonicen con las necesidades de ciertas partes, sobre todo cuando las diferencias culturales son clave. Elegir mediadores de culturas y antecedentes similares a los de los disputantes es un modelo ya en uso en varios programas de mediación. Un enfoque más radical supondría permitir que los propios participantes "negocien" la naturaleza del proceso con el mediador. Modificar las etapas, el orden de intervención, las reglas prácticas, los desenlaces preferidos, los criterios del éxito, etcétera, quizá sea difícil, pero puede generar el tipo de responsabilidad al que inicialmente aspiraron algunos proponentes de la resolución alternativa de disputas.

Reconocer que la mediación es un proceso de influencia mutua

Durante algún tiempo, dos mitos impregnaron el folclore de la mediación. Ambos se centraban en el papel de la influencia en la práctica. El primer mito es que los mediadores son partes "neutrales". El segundo es que los mediadores ejercen influencia, pero no son incluidos por el proceso que se despliega: la creencia en el "mediador de teflón". Estas dos ideas han sido recientemente desacreditadas, y la perspectiva comunicacional ayuda a explicar sus defectos.

Esta perspectiva nos pide que reconozcamos el hecho de que, cuando el mediador intenta manejar los conflictos, él también se introduce en ellos. Los mediadores se convierten en partes involucradas, aunque con sus propias perspectivas y desde su propia posición singular como convocantes, intérpretes y supervisores. En síntesis, los mediadores desempeñan inevitablemente un papel influyente en el despliegue del conflicto durante la intervención. La influencia del mediador es inevitable en virtud de lo que sabemos sobre la naturaleza fundamental de cualquier interacción humana: no podemos formar parte de una interacción sin contribuir a darle forma, moverla y dirigirla continuamente.

Con intención o sin ella, los mediadores influyen sobre la interacción de diversos modos. Los trabajos de este libro sugieren que las orientaciones de los mediadores, sus concepciones explícitas o implícitas del conflicto, la justicia y la moral (Littlejohn, Shailor y Pearce), su inclinación ideológica subyacente y sus creencias sobre la naturaleza y el uso de la resolución de problemas (Folger y Bush), sus ideas acerca de cuáles relatos son creíbles (Cobb), la selección del lenguaje para influir en las percepciones de su propia credibilidad y orientación (Tracy y Spradlin), son factores que contribuyen a determinar de qué modo se despliega en última instancia el conflicto dentro de la mediación.

Consecuencias para la práctica

El reconocimiento de que la influencia es inevitable tiene varias consecuencias prácticas importantes. Nos referiremos brevemente a algunas.

Hay que especificar las formas aceptables de influencia del mediador. Cuando nosotros, como elaboradores de políticas y mediadores practicantes, comenzamos a advertir que algunas formas de influencia son *inevitables,* nos vimos obligados a decidir cuáles de ellas resultan *aceptables*. El modo en que veamos estas formas de influencia dice mucho sobre nuestra concepción de la mediación y acerca de lo que esperamos que logre. Se considera que algunas formas de influencia del mediador no causan ningún problema, por su congruencia con las metas del proceso: se las espera como parte del rol de mediador. Pero otras formas de influencia del mediador se consideran generadoras de problemas o inaceptables, porque no parecen coherentes con lo que se espera del rol de mediador. Definir por qué algunas formas de influencia son aceptables y otras no resulta clave para comprender lo que queremos que sea la mediación en las diversas arenas en las que se la practica. Bien puede permitirnos clarificar las diferentes concepciones de la mediación que sostenemos de modo implícito.

Se debe decidir qué formas de influencia tienen que hacerse explícitas. Tomar en serio el principio de la influencia mutua significa considerar si algunas formas de influencia del mediador tienen que explicitarse de modos en los que no se ha pensado antes. Aunque no tenemos respuestas definitivas, los practicantes deben abordar algunos interrogantes. ¿Se debe pedir o requerir a los mediadores que aclaren las orientaciones implícitas de su práctica? ¿Deben ellos reflexionar más, por ejemplo, acerca de sus concepciones del conflicto, la moral y la justicia, y también sobre los supuestos más relacionados con el contenido de la palestra en la que trabajan? ¿Tienen *los disputantes* que conocer algo de esta información sobre la perspectiva, los supuestos, los puntos de vista del mediador, antes de que se inicie la sesión? Si se diera a las partes esa información, ¿cambiarían nuestras ideas acerca de cuáles formas de influencia del mediador son aceptables? ¿Tiene sentido este enfoque de "alertar al comprador", en vista de la inevitabilidad de la influencia del mediador? Éstos son los tipos de cuestiones con los que los administradores y mediadores deben luchar al considerar la política y las consecuencias de tomar en serio el hecho de la influencia mutua.

Se debe identificar de qué modo los discursos del mediador y los disputantes definen y dan forma a la interacción durante el proceso. Los trabajos de este libro sugieren que los mediadores y los disputantes crean y participan conjuntamente en ciertas formas de intercambio verbal, a medida que la mediación se despliega. Según estos estudios, las estructuras narrativas, las respuestas a las tensiones dialécticas, las secuencias en las cuales se otorga poder o reconocimiento y los contextos en los que el mediador amplía o deja caer los comentarios previos de los disputantes, son todas formas discursivas importantes que moldean el proceso. Es preciso advertir estas formas de intercambio verbal, porque ellas nos permiten comenzar a pensar en la mediación como algo más que una serie de etapas globales (por ejemplo, introducción, reunión de los hechos, creación de opciones, etcétera) que los mediadores inician y a través de las cuales conducen a los disputantes. Aunque estas etapas globales proporcionan marcos útiles para describir la dirección básica que toma la mediación, constituyen a lo sumo herramientas introductorias: ofrecen una serie de instantáneas que no captan las propiedades dinámicas e interpretativas del proceso. Todo mediador experimentado sabe que lo que importa para comprender el despliegue del conflicto en la sesión es lo que sucede cuando los participantes hablan en cada una de estas etapas, y moviéndose de una etapa a otra. Con menos frecuencia, los mediadores comprenden que *sus propios movimientos* forman parte de esas pautas emergentes. Y a la mayoría de los mediadores les resulta difícil identificar, discutir o modificar estas micropautas de interacción.

Los programas de entrenamiento pueden aprovechar esta forma de discurso, convirtiéndola en parte y parcela del pensamiento, la discusión y la evaluación por los mediadores de lo que sucede en cualquier sesión. El instructor puede pedir a los entrenados que identifiquen esas pautas en vídeos, transcripciones o "juegos de rol" (*role playing*), y que examinen de qué modo estas formas influyen en los desarrollos de la sesión. Mediante este tipo de entrenamiento el mediador puede llegar a comprender, por ejemplo, de qué modo se fortalecen los relatos de algunos disputantes. Puede ver cómo, quizás inadvertidamente, encapsula o ignora puntos vulnerables de algunos relatos, dificultando que los otros disputantes cuestionen las premisas o las interpretaciones básicas. O bien el mediador puede darse cuenta de cuándo es probable que amplíe o abandone un punto planteado por el comentario anterior de un disputante, y comprender el efecto que estas elecciones suyas tienen en la dirección de la sesión. Este tipo de entrenamiento podría proporcionar a los mediadores un lenguaje accesible para discutir el desarrollo de los conflictos y comprender el papel que desempeña en ellos el tercero, durante las sesiones.

REFERENCIAS BIBLIOGRÁFICAS

Abel, R.: *The politics of informal justice,* Nueva York, Academic Press, 1982.

Aboud, F.: "Egocentricism, conformity, and agreeing to disagree", *Developmental Psychology, 17*(6), 791-799, 1981.

Academy of Family Mediators: *Initial mediation* (videocinta de entrenamiento). P.O.Box 10501, Eugene, OR 97440, 1989a.

Academy of Family Mediators: *Yours, mine, and ours: Property division mediation,* (videocinta de entrenamiento) P.O.Box 10501. Eugene, OR 97440, 1989b.

Acock, A C.: "Parents and their children: The study of intergenerational influence", *Sociology and Social Research, 68,* 151-171, 1984.

Adalbjarnardottir, S., y Selman, R.: "How children propose to deal with the criticism of their teachers and classmates: Developmental and stylistic variations", *Child Development, 60*(3), 539-550, 1989.

Adams, J. S.: "Inequity in social exchange", en L. Berkowitz (comp.), *Advances in experimental social psychology,* Nueva York, Academic Press, 1965, t. 2.

Agar, M., y Hobbs, J.: "Interpreting discourse: Coherence and the analysis of ethnographic interviews", *Discourse Processes, 5,* 1-32, 1982.

Alberts, J. K., y Driscoll, G.: "Containment versus escalation: The trajectory of couple's conversational complaints", *Western Journal of Communication, 56,* 394-412, 1992.

Allport, G.: *The nature of prejudice,* Reading, MA, Addison-Wesley, 1954.

Altman, I., Vinsel, A., y Brown, B.: "Dialectic conceptions in social psychology", *Advances in Experimental Social Psychology*, *14*, 107-160, 1981.

Araki, C. T.: "Dispute management in the schools", *Mediation Quarterly*, *8*(1), 51-62, 1990.

Askham, J.: "Identity and stability within the marriage relationship", *Journal of Marriage and the Family*, *38*, 535-547, 1976.

Aubert, V.: "Competition and dissensus: Two types of conflict and conflict resolution", *Journal of Conflict Resolution*, *7*(1), 26-42, 1963.

Auerbach, J.: *Justice without law*, Nueva York, Oxford University Press, 1983.

Backman, C. W.: "The self: A dialectical approach", *Advances in Experimental Social Psychology*, *21*, 229-260, 1988.

Bamburg, J., e Isaacson, N.: *A conceptual model of the instructionally effective school*, ERIC Document Reproduction Service Nº ED 333 533, 1991.

Bartunek, J. M.; Benton, A. A., y Keys, C. B.: "Third party intervention and the bargaining behavior of group representatives", *Journal of Conflict Resolution*, *19*, 532-557, 1975.

Basseches, M. A.: "Beyond closed-system problem-solving: A study of metasystemic aspects of mature thought", disertación doctoral inédita, Harvard University, 1981.

Bavelas, J.; Black, A.; Chovil, N., y Mullett, J.: *Equivocal communication*, Newbury Park, CA, Sage, 1990.

Baxter, L. A.: "A dialectical perspective on communication strategies in relationship development", en S. W. Duck (comp.), *Handbook of personal relationships*, Nueva York, John Wiley, 1988, págs. 257-273.

Baxter, L. A.: "On structure and its deconstruction in relational 'texts': Toward a dialectical approach to the study of personal relationships", trabajo presentado en la Convención de la International Communication Association, San Francisco, mayo de 1989.

Baxter, L. A.: "Dialectical contradictions in relationship development", *Journal of Social and Personal Relationships*, *7*, 69-88, 1990.

Belenky, M., Clinchy, B., Goldberger, N., y Tarule, J.: *Women's ways of knowing*, Nueva York, Basic Books, 1986.

Bellah, R. N., Madsen, R., Sullivan, W. M., Swidler, A., y Tipton, S. M.: *Habits of the heart: Individualism and commitment in American life*, Berkeley, University of California Press, 1985.

Bellah, R. N., Madsen, R., Sullivan, W. M., Swidler, A., y Tipton, S. M.: *The good society*, Nueva York, Knopf, 1991.

Benenson, W. A.: "Assessing the effectiveness of a peer based conflict management program in elementary school", disertación doctoral inédita, University of Idaho, Boise, 1988.

Bennett, L., y Feldman, M.: *Restructuring reality in the courtroom*, Londres, Tavistock, 1981.

Bercovitch, J.: "International mediation", *Journal of Peace Research, 28*, 3-6, 1991.

Berg-Cross, L. Zoppetti, L.: "Person-in-culture interview: Understanding culturally different students", *Journal of College Student Psychotherapy, 5*(4), 5-221, 1991.

Berger, C. R., y Calabrese, R. J.: "Some explorations in initial interaction and beyond: Toward a developmental theory of interpersonal communication", *Human Communication Research, 1*, 99-112, 1975.

Berger, P., y Luckmann, T.: *The social construction of reality*, Garden City, NY, Doubleday, 1966.

Bernard, S. E., Folger, J. P., Weingarten, H. R., y Zumeta, Z. R.: "The neutral mediator: Value dilemmas in divorce mediation", *Mediation Quarterly, 4*, 61-74, 1984.

Bernstein, R.: *Beyond objectivism and relativism: Science, hermeneutics and praxis*, Filadelfia, University of Pennsylvania Press, 1983.

Billig, M., Condor, S., Edwards, D., Gane, M., Middleton, D., y Radley, A.: *Ideological dilemmas: A social psychology of everyday thinking*, Newbury Park, CA, Sage, 1988.

Black, D.: "Social control as a dependent variable", en D. Black (comp.), *Toward a general theory of social control*, Nueva York, Academic Press, 1984, págs. 1-26.

Blades J.: "Mediation: An old art revitalized", *Mediation Quarterly, 3*, 59-98, 1984.

Blake, R. R., y Mouton, J. S.: *The managerial grid*, Houston, Gulf Publishing, 1964.

Blalock, H. M.: *Race and ethnic relations*, Englewood Cliffs, NJ, Prentice Hall, 1982.

Bochner, A. P.: "The functions of human communicating in interpersonal bonding", en C. C. Arnold y J. W. Bowers (comps.), *Handbook of rhetorical and communication theory*, Boston, MA, Allyn & Bacon, 1984, págs. 544-621.

Bochner, A. P., y Eisenberg, E. M.: "Family process: Systems perspectives", en C. R. Berger y S. H. Chaffee (comps.), *Handbook of communication science*, Newbury Park, CA, Sage, 1987, págs. 540-563.

Bond, M. y Forgas, J.: "Linking person perception to behavior intention across cultures", *Journal of Cross-Culture Psychology, 15,* 337-353, 1984.

Bopp, M. J., y Weeks, G. R.: "Dialectical metatheory in family therapy", *Family Process, 23,* 49-61, 1984.

Borisoff, D., y Victor, D. A.: *Conflict management: A communication skills approach,* Englewood Cliffs, NJ, Prentice Hall, 1989.

Boszormenyi-Nagy, I., y Spark, G. M.: *Invisible loyalties: Reciprocity in intergenerational family therapy,* Hagerstown, MD, Harper & Row, 1973.

Boszormenyi-Nagy, I. y Ulrich, D.: "Contextual family therapy", en A. Gurman y D. Kniskern (comps.), *Handbook of family therapy,* Nueva York, Brunner/Mazel, 1981.

Brady, M.: "Narrative competence: A Navajo example of peer-group evaluation", *Bilingual Resources, 4*(22-23), 2-13, 1981.

Brenneis, D.: "Language and disputing", *American Review of Anthropology, 17,* 221-237, 1988.

Brenneis, D., y Lein, L.: " 'You fruithead': A socio-linguistic approach to dispute settlement", en S. Ervin-Tripp y C. Mitchell-Kernan (comps.), *Child discourse,* Nueva York, Academic Press, 1977.

Bresnahan, M. I. y Kim, M. S.: " 'American undergraduates' receptivity to international reaching assistants: An issue of English proficiency?', trabajo presentado en la Fourth International Conference on Language and Social Psychology, University of California, Santa Barbara, agosto de 1991.

Brett, J. M. y Rognes, J.: "Intergroup relations", en P. Goodman (comp.). *Groups in organizations,* San Francisco, Jossey-Bass, 1986.

Bridge, K. y Baxter, L. A.: "Blended relationships: Friends as work associates", *Western Journal of Communication, 56,* 200-225, 1992.

Brinkman, H.: "Conflict resolution training in the school environment", trabajo presentado en la International Association for Conflict Management conference, Den Dolder, The Netherlands, 1991.

Brion-Meisels, S., Lowenheim, G., y Rendeiro, B.: *The adolescent decisions program,* Boston, MA, Adolescent Issues Project, 1982.

Brion-Meisels, S., Rendeiro, B., y Lowenheim, G.: "Student decision-making: Improving school climate for all students", en S. Braaten, R., Rutherford, Jr., y C. Kardash (comps.), *Programming for adolescents with behavioral disorders,* Reston, VA, Council for Exceptional Children, 1984.

Brion-Meisels, S., y Selman, R.: "Early adolescent development of new intervention", *School Psychology Review, 13*(3), 278-291, 1984.

Brophy, J. E.: "Classroom organization and management", *The Elementary School Journal, 83*(4), 265-285, 1983.

Burke, J., y Clark, R.: "An assessment of the methodological options for investigating the development of persuasive skills across childhood", *Central States Speech Journal, 33,* 437-445, 1982.

Burrell, N. A., Donahue, W. A., y Allen, M.: "The impact of disputants' expectations on mediation: Testing an interventionist model", *Human Communication Research, 17,* 104-139, 1990.

Burrell, N. A., y Vogl, S. M.: "Turf-side conflict mediation for students", *Mediation Quarterly, 7*(3), 237-252, 1990.

Bush, R. A. B.: "Efficiency and protection, or empowerment and recognition?: The mediator's role and ethical standards in mediation", *Florida Law Review, 41*(2), 253-286, 1980.

Buss, A.: "Development of dialectics and development of humanistic psychology", *Human Development, 19,* 248-260, 1976.

Cahn, E. S., y Cahn, J. C.: "Power to the people or the profession- The public interest in public interest law", *Yale Law Journal, 79,* 1005-1048, 1970.

Callias, M., Frosh, S., y Michie, S.: "Group social skills training for young children in a clinical setting", *Behavioural Psychotherapy, 15,* 367-380, 1987.

Camras, L.: "Children's verbal and nonverbal behaviors in a conflict situation", *Ethology and Sociobiology, 5,* 257-268, 1984.

Carnevale, P., Lim, R., y McLaughlin, M.: "Contingent mediator behavior and its effectiveness", en K. Kressel y D. G. Pruitt (comps.), *Mediation research: The process and effectiveness of third-party intervention*, San Francisco, Jossey-Bass, 1989, págs. 213-240.

Carnevale, P. J., Conlon, D. E., Hanish, K. A., y Harris, K. L.: "Experimental research on the strategic-choice model of mediation", en K. Kressel y D. D. Pruitt (comps.), San Francisco, Jossey-Bass, 1989, págs. 344-367.

Carnevale, P. J., y Pegnetter, R.: "The selection of mediation tactics in public sector disputes: A contingency analysis", *Journal of Social Issues, 41*(5), 65-82, 1985.

Carter, L.: "Understanding a society through its stories: The development and application of an approach for discovering norms through an analysis of narratives", trabajo presentado en la Speech Communication Association, Nueva Orleans, 1988.

Charny, I. W.: "An existential/dialectical model for analyzing marital functioning and interaction", *Family Process, 25,* 571-585, 1986.

Chatman, S.: *Story and discourse*, Ithaca, NY, Cornell University Press, 1973.

Cissna, K. N., Cox, D. E., y Bochner, A. P.: "The dialectic of marital and parental relationships within the stepfamily", *Communication Monographs, 57*, 44-61, 1990.

Clark, R., O'Dell, L., y Willihngranz, S.: "The development of compromising as an alternative to persuasion", *Central States Speech Journal, 37*(4), 220-224, 1986.

Clark, R., Willihnganz, S., y O'Dell, L.: "Training fourth graders in compromising and persuasive strategies", *Communication Education, 34*, 331-342, 1985.

Cobb, S.: "Einsteinian practice and Newtonian discourse: Ethical crisis in mediation", *Negotiation Journal, 7*(1), 87-102, 1991.

Cobb, S.: "The pragmatics of empowerment in mediation: Towards a narrative perspective", informe encargado por el National Institute for Dispute Resolution, 1992a.

Cobb, S.: *Theories of responsibility: The social construction of intentions in mediation*, 1992b, en prensa.

Cobb, S., y Rifkin, J.: "Neutrality as a discursive practice: The construction and transformation of narratives in community mediation", en A. Sarat y S. Silbey (comps.), *Studies in law, politics and society: Volume 11*, Greenwich, CT, JAI Press, 1991a.

Cobb, S., y Rifkin, J.: "Practice and paradox: Deconstructing neutrality in mediation", *Law and Social Inquiry, 161*, 35-62, 1991b.

Cochrane, C. T., y Myers, D. V.: *Children in crisis: A time for caring, a time for change*, Beverly Hills, CA, Sage, 1980.

Colby, A., y Kohlberg, L.: *Invariant sequence and internal consistency in moral judgment stages*, ERIC Document Reproduction Service Nº ED 223 514, 1981.

Colby, A., Kohlberg, L., Gibb, J., y Leiberman, M. *A longitudinal study of moral judgment*, ERIC Document Reproduction Service Nº ED 223 512, 1983.

Commanday, P. M.: " 'Peacemaking' confrontation management", *School Safety, 7*, 7-11, 1985.

Conforth, M.: *Materialism and the dialectical method*, Nueva York, International Publishers, 1968.

Conley, J., y O'Barr, W.: *Rules versus relationships*, Chicago, University of Chicago Press, 1990a.

Conley, J. y O'Barr, W.: "Rules versus relationships in small claims disputes", en A. D. Grimshaw (comp.), *Conflict talk*, Cambridge, Cambridge University Press, 1990b, págs. 178-196.

Coupland, N.: "Introduction: Towards a stylistics of discourse", en N. Coupland (comp.), *Styles of discourse*, Londres, Croom Helm, 1988, págs. 1-19.

Coser, L.: *The functions of social conflict*, Nueva York, Free Press, 1956.

Craig, R. T.: "Goals in discourse", en D. Ellis y W. Donohue (comps.), *Contemporary issues in language and discourse processes*, Hillsdale, NJ, Lawrence Erlbaum, 1986, págs. 257-273.

Craig, R. T. y Tracy, K. (comps.): *Conversational coherence: Form, structure and strategy*, Beverly Hills, CA, Sage, 1983.

Cronen, V. E., Pearce, W. B., y Harris, L. M.: "The coordinated management of meaning: A theory of communication", en F. E. X. Dance (comp.), *Human communication theory: Comparative essays*, Nueva York, Harper & Row, 1982, págs. 61-89.

Cronen, V. E., Pearce, W. B., y Tomm, K.: "A dialectical view of personal change", en K. Gergen y R. Davis (comps.), *The social construction of the person*, Nueva York, Springer, 1985.

Cronen, V. E., Pearce, W. B., y Tomm, K.: "Radical change in the social construction of the person", en K. Davis y K. Gergen (comps.), *The social construction of the person*, Nueva York, Springer, 1986.

Cronin, M.: *The relationship between story grammar and how grade 6 Cree students recall stories*, trabajo presentado en la University of Alberta, 1980.

Culler, J.: *Structuralist poetics: Structuralism, linguistics and the study of literature*, Ithaca, NY, Cornell University Press, 1975.

Cummings, E. M., Iannotti, R. J., y Zahn-Waxler, C.: "Influence of conflict between adults on the emotions and aggressions of young children", *Developmental Psychology, 21*, 495-507, 1985.

Cupach, W.: "Dialectical processes in the desengagement of interpersonal relationships", en T. L. Orbuch (comp.), *Close relationship loss: Theoretical approaches*, Nueva York, Springer, 1992, págs. 128-141.

Davis, A.: *From story to settlement*, Boston, District Court of Massachusetts, 1986.

Davis, A. M.: "Dispute resolution at an early age", *Negotiation Journal, 2*, 287-297, 1986.

Davis, A. M., y Porter, K.: "Dispute resolution: The fourth 'R' ", *Missouri Journal of Dispute Resolution, 4*, 121-139, 1985.

Davis, A. M., y Salem, R. A.: "Resolving disputes, the choice is ours", *Update on Law-related Education, 9*(2), 20-24, 30, 1985.

Davis, G.: "The halls of justice and justice in the halls", en R. Dingwall y J. M. Eekelaar (comps.), *Divorce mediation and the legal process: British prac-*

tice and international experience, Oxford, Oxford University Press, 1988, págs. 95-115.

Davis, G., y Bader, K.: "In-court mediation: The consumer view", *Family Law, 15,* 42-49, 82,86, 1985.

Delia, J., Kline, S., y Burleson, B.: "The development of persuasive communication strategies in kindergarteners through twelfth graders", *Communication Monographs, 46,* 24-56, 1979.   ▾

Derrida, J.: *Writing and difference,* Chicago, University of Chicago Press, 1978.

Derrida, J.: "The law of genre", en W. Mitchell (comp.), *On narrative,* Chicago, University of Chicago Press, 1980.

Diez, M.: "Communicative competence: An interactive approach", en R. Bostrom (comp.), *Communication yearbook 8,* Beverly Hills, CA, Sage, 1984, págs. 56-79.

Diez, M.: "Negotiation competence: A conceptualization of the rules of negotiation interaction", en D. Ellis y W. Donohue (comps.), *Contemporary issues in language and discourse processes,* Hillsdale, NJ, Lawrence Erlbaum, 1986, págs. 223-237.

Dikaioi, P.: *On justice,* Oxford, Clarendon Press, 1980.

Dingwall, R.: "Empowerment or enforcement? Some questions about power and control in divorce mediation", en R. Dingwall y J. M. Eekelaar (comps.), *Divorce mediation and the legal process: British practice and international experience,* Oxford, Oxford University Press, 1988, págs. 150-167.

Dingwall, R.: "Divorce mediation: A study in the application of frame analysis", en J. Kurczewski y A. A. Czynczyk (comps.), *Family, gender and body in law and society today,* University of Warsaw, Institute of Applied Social Sciences, Sociology of Custom and Law Department, 1990, págs. 141-168.

Dingwall, R. y Greatbatch, D.: *Frame analysis and the study of social interaction,* trabajo presentado en la Society for Social Interaction Stone Symposium, San Francisco, 1990.

Dingwall, R. y Greatbatch, D.: "Behind closed doors: A preliminary report on mediator/client interaction in England", *Family and Conciliation Courts Review, 29,* 291-303, 1991.

Dingwall, R. y James, A.: "Family law and the psycho-social professions: Welfare officers in the English county courts", *Laws in Context, 6,* 61-73, 1983.

Dollerup, C.: "The ontological status, the formative elements, the filter, and the existences of folktales", *Fabula: Journal of Folktale Studies, 25*(3-4), 241-255, 1984.

Dolliver, R.: "The place of opposites in psychotherapy", *Journal of Contemporary Psychotherapy*, 5, 49-54, 1972.

Donohue, W. A.: "Communicative competence in mediators", en K. Kressel y D. Pruitt (comps.), *Mediaton research: The process and effectiveness of third-party intervention*, San Francisco, Jossey-Bass, 1989.

Donohue, W. A.: *Communication, marital dispute and divorce mediation*, Hillsdale, NJ, Lawrence Erlbaum, 1991.

Donohue, W. A., Allen, M. y Burrell, N.: "Mediator communicative competence", *Communication Monographs*, 55, 1988.

Donohue, W. A. y Kolt, R.: *Managing interpersonal conflict*, Newbury Park, CA, Sage, 1992.

Donohue, W. A., y Ramesh, C.: "Negotiation-opponent relationships", en L. Putnam y M. Roloff (comps.), *Communication and negotiation*, Newbury Park, CA, Sage, 1992, págs. 209-234.

Doo, L.: "Dispute settlement in Chinese-American communities", *American Journal of Comparative Law*, 21, 627-657, 1973.

Douglas, A.: "The peaceful settlement of industrial and intergroup disputes", *Journal of Conflict Resolution*, 1, 69-81, 1957.

Douglas, A.: *Industrial peacemaking*, Nueva York, Columbia University Press, 1962.

Dworkin, R.: *Taking rights seriously*, Cambridge, MA, Harvard University Press, 1977.

Eisenberg, A., y Garvey, C.: "Children's use of verbal strategies in resolving conflicts", *Discourse Processes*, 4, 149-170, 1981.

Epstein, D.: *The political theory of the federalist*, Chicago, University of Chicago Press, 1984.

Etzioni, A.: *The spirit of community*, Nueva York, Crown, 1993.

Evans, S., y Boyte, H. C.: *Free spaces: The sources of democratic change in America*, Nueva York, Harper & Row, 1986.

Fairclough, N.: *Language and power*, Nueva York, Longman, 1989.

Feagin, J. R.: *Racial and ethnic relations*, Englewood Cliffs, NJ, Prentice Hall, 1989.

Feagin, J. R.: "The continuing significance of race: Antiblack discrimination in public places", *American Sociological Review*, 56 (febrero), 101-116, 1991.

Feldman, A.: *Formations of violence: The narrative of the body and political terror in Northern Ireland*, Chicago, University of Chicago Press, 1991.

Felstiner, W. L. F.: "Influences of social organization on dispute processing", *Law and Society Review*, 9, 63-87, 1974.

Felstiner, W. L., Abel, R. L. y Sarat, A.: "The emergence and transformation of disputes: Naming, blaming, claiming", *Law and Society Review*, *15*(3-4), 631-654, 1980-1981.

Ferguson, K.: *The feminist case against bureaucracy*, Filadelfia, PA, Temple University Press, 1984.

Filley, A. C.: *Interpersonal conflict resolution*, Glenview, IL, Scott, Foresman, 1975.

Fineman, M.: "Dominant discourse, professional language and legal change in child custody decisionmaking", *Harvard Law Review*, *101*(4), 727-774, 1988.

Finley, G., y Humphreys, C.: "Naive psychology and the development of persuasive appeals in girls", *Canadian Journal of Behavioral Science*, *6*, 75-80, 1974.

Fisher, R., y Ury, V.: *Getting to yes: Negotiating agreement without giving in*, Boston, Houghton-Mifflin, 1981.

Fisher, W.: *Human communication as a narration*, Columbia, University of South Carolina Press, 1987.

Fisher, W.: "Clarifying the narrative paradigm", *Communication Monographs*, *55*, 55-58, 1988.

Fleming, D. C.: "Teaching negotiation skills to preadolescents" (disertación doctoral en la Syracuse University, 1976), *Dissertation Abstracts International*, *38*(5-B), 2362, 1977.

Fleuridas, C., Nelson, T., y Rosenthal, C.: "The evolution of circular questions", *Journal of Marriage and Family Therapy*, *12*(2), 113-127, 1986.

Folberg, J., y Taylor, A.: *Mediation: A comprehensive guide to resolving conflicts without litigation*, San Francisco, Jossey-Bass, 1984.

Folger, J. P.: "Assessing community dispute resolution needs", en K. Grover Duffy, J. Grosch, y P. V. Olczak (comps.), *Community mediation: A handbook for practitioners and researchers*, Nueva York, Guilford, 1991, págs. 53-71.

Folger, J. P. y Bernard, S.: "Divorce mediation: When mediators challenge the divorcing parties", *Mediation Quarterly*, *10*, 5-53, 1985.

Folger, J. P. y Bernard, S.: "The mediator's role", trabajo enviado a la Speech Communication Association Conference, Chicago, 1986.

Folger, J. P., Poole, M. S., y Stutman, R. K.: *Working through conflict: Strategies for relationships, groups and organizations*, Nueva York, Harper-Collins, 1993.

Folger, R.: "Emerging issues in the social psychology of justice", en R. Folger (comp.), *The sense of injustice: Social psychological perspectives*, Nueva York, Plenum, 1984, págs. 4-24.

Forester, J.: "Envisioning the politics of public sector dispute resolution", en A. Sarat y S. Silbey (comps.), *Studies in law, politics and society*, Greenwich, CT, JAI Press, 1992, t. 12, págs. 247-286.

Fraser, J. R. y Froelich, J. E.; "Crisis intervention in the court room: The case of the Night Prosecutor", *Community Mental Health Journal*, 15, 237-247, 1979.

Freeman, S., Littlejohn, S., y Pearce, B.: "Communication and moral conflict", *Western Journal of Communication*, 56, 311-329, 1992.

Frye, N.: *Fables of identity*, Nueva York, Harcourt Brace Jovanovich, 1963.

Friedrich, C. J.: *Community*, Nueva York, Liberal Arts Press, 1959.

Gadlin, H. y Oulette, P.: "Mediation Milanese: An application of systemic family therapy to family mediation", *Mediation Quarterly*, No. 14-15, 1987.

Garbarino, J., Scott, F. M., y Faculty of the Erickson Institute: *What children can tell us*, San Francisco, Jossey-Bass, 1989.

García, A.: "Dispute resolution without disputes: How the interactional organization of mediation hearings minimizes argument", *American Sociological Review*, 56, 818-835, 1991.

Gardner, J. W.: *Building community*, Washington DC, Independent Sector, 1992.

Garfinkel, H.: *Studies in ethnomethodology*, Englewood Cliffs, NJ, Prentice Hall, 1967.

Genette, G.: *Narrative discourse*, Ithaca, NY, Cornell University Press, 1980.

Gergen, K.: "Toward intellectual audacity in the social sciences", en R. Gilmour y S. Duck (comps.), *The development of social psychology*, Nueva York, Academic Press, 1980, págs. 239-270.

Gergen, K. J.: "The social constructionist movement in modern psychology", *American Psychologist*, 40, 266-275, 1985.

Gergen, K.: "Narratives and the self as relationship", en L. Borkowitz (comp.), *Advances in experimental psychology*, Nueva York, Academic Press, 1986.

Germane, C., Johnson, M. y Lemon, N.: "Mandatory custody mediation and joint custody orders in California: The dangers for victims of domestic violence", *Berkeley Women's Law Review*, 1(1), 1985.

Gilligan, C.: *In a different voice: Psychological theory and women's development*, Cambridge, MA, Harvard University Press, 1982.

Gilligan, C.: "Adolescent development reconsidered", en C. Gilligan, J. V.

Ward, y J. McLean Taylor (comps.), *Mapping the moral domain*, Cambridge, MA, Harvard University Press, 1988, págs. vi-xxxiv.

Goffman, E.: "The nature of deference and demeanour", *American Anthropologist, 58*, 473-502, 1956.

Goffman, E.: *The presentation of self in everyday life*, Garden City, NY, Doubleday, 1959.

Goffman, E.: *Frame analysis*, Londres, Penguin, 1975.

Gold, L.: "Interdisciplinary team mediation", *Mediation Quarterly, 6*, 27-46, 1984.

Goldsmith, D.: "A dialectic perspective on the expression of autonomy and connection in romantic relationships", *Western Journal of Speech Communication, 54*, 537-556, 1990.

Goodwin, M.: "Tactical uses of stories: Participation frameworks within girls' and boys' disputes", *Discourse Processes, 13*(1), 33-71, 1990.

Gramsci, A.: *Selections from the prison notebooks*, Londres, Lawrence y Wishart, 1971.

Greatbatch, D., y Dingwall, R.: "Selective facilitation: Some preliminary observations on a strategy used by divorce mediator", *Law and Society Review, 23*, 613-641, 1989.

Grice, H. P.: "Logic and conversation", en P. Cole y J. L. Morgan (comps.), *Syntax and semantics 3: Speech acts*, Nueva York, Academic Press, 1975, págs. 41-58.

Grimshaw, A. D.: "Research on conflict talk: Antecedents, resources, findings, directions", en A. Grimshaw (comp.), *Conflict talk*, Cambridge, Cambridge University Press, 1990, págs. 280-324.

Gudykunst, W. B., y Nishida, T.: "Individual and cultural influences on uncertainty reduction", *Communication Monographs, 51*, 23-36, 1984.

Guerra, N., y Slaby, R.: "Evaluative factors in social problem solving by aggressive boys", *Journal of Abnormal Child Psychology, 17*(3), 277-289, 1989.

Gulliver, P. H.: *Disputes and negotiations*, Nueva York, Academic Press, 1979.

Harms, R. A.: "Conflict management; A secondary school curriculum", disertación doctoral inédita, Seattle University, Seattle, WA, 1987.

Harrington, C.: *Shadow justice: The ideology and institutionalization of alternatives to court*, Westport, CT, Greenwood Press, 1985.

Harrington, C., y Rifkin, J.: "The gender organization of mediation: Implications for the feminization of legal practice", *Institute for Legal Studies, Working Papers, 4*(2), 1989.

Hartup, W., y Laursen, B.: *Friendship and conflict: Synergies in child development*, ERIC Document Reproduction Service No. ED 289 599, 1987.

Hartup, W., y Laursen, B.: *Contextual constraints and children's friendship relations*, ERIC Document Reproduction Service No. ED 310 848, 1989.

Hartup, W., Laursen, B., Stewart, M., y Eastenson, A.: "Conflict and friendship relations of young children", *Child Development, 59*, 1590-1600, 1988.

Haslett, B.: "Preschooler's communicative strategies in gaining compliance from peers: A developmental study", *Quarterly Journal of Speech, 69*, 84-99, 1983.

Hawaii State Department of Education: *LRE ideas and lessons on citizenship/law-related education*, ERIC Document Reproduction Service No. ED 266 994, 1985.

Haynes, J.: "The process of negotiations", *Mediation Quarterly, 1*, 75-92, 1983.

Haynes, J. M.: "A conceptual model of the process of family mediation: Implications for training", *American Journal of Family Therapy, 10*, 5-16, 1982.

Haynes, J. M., y Haynes, G. L.: *Mediating divorce*, San Francisco, Jossey-Bass, 1989.

Hecht, M. L., Larkey, L. K., y Johnson, J. N.: "African American and European American perceptions of problematic issues in interethnic communication effectiveness", *Human Communication Research, 19*(2), 209-236, 1992.

Henderson, L.: "Legality and empathy", *Michigan Law Review, 85*, 1574-1653, 1987.

Heritage, J.: *Garfinkel and ethnomethodology*, Cambridge, Polity, 1988.

Heritage, J. C., y Sefi, S.: "Dilemmas of advice: Aspects of the delivery and reception of advice in interactions between health visitors and first-time mothers", en P. Drew y J. Heritage (comps.), *Talk at work: Interaction in institutional settings*, Cambridge, Cambridge University Press, 1992, págs. 350-417.

Hiltrop, J. M.: "Mediator behavior and the settlement of collective bargaining disputes in Britain", *Journal of Social Issues, 41*, 83-99, 1985.

Hiltrop, J. M. (1989): "Factors associated with successful labor mediation", en K. Kressel y D. G. Pruitt (comps.), *Mediation research: The process and effectiveness of third-party intervention*, San Francisco, Jossey-Bass, 1989, págs. 241-262.

Hocker, J. L., y Wilmot, W. W.: *Interpersonal conflict*, Dubuque, IA, William C. Brown, 1992, 3ª ed.

Hofer, R.: "Stories in conversation", *Kansas Working Papers in Linguistics*, *15*, 1991.

Hoffman, L.: "Beyond power and control: Toward a 'second order' family systems therapy", *Family Systems Medicine*, *3*(4), 381-396, 1985.

Hofstede, G.: "Measurement of individualism-collectivism", *Journal of Research in Personality*, 22, 17-36, 1989.

Holmes, M. A.: "Phase structures in negotiation", en L. Putnam y M. Roloff (comps.), *Communication and negotiation*, Newbury Park, CA, Sage, 1992, págs. 83-105.

Hranitz, J. R., y Eddowes, E. A.: "Violence: A crisis in homes and schools", *Childhood Education*, *67*(1), 4-7, 1990.

Hui, C. H., y Villareal, M. J.: "Individualism-collectivism and psychological needs: Their relationships in two cultures", *Journal of Cross-Cultural Psychology*, *20*, 310-323, 1989.

Hutchins, L. M. (1990): "Mediation, not altercation: Student mediation in schools", University of Denver, Denver, inédito.

Irving, H. H.: *Divorce mediation: A rational alternative to the adversary system*, Nueva York, Universe Books, 1981.

Jacobs, S.: "Real-izing ideal argumentation through third party dispute mediation", trabajo enviado a la Speech Communication Association, Chicago, 1990.

Jacobs, S.: "Mediation as critical discussion", en F. H. van Emeren, R. Grootendorst, S. Jackson, y S. Jacobs (comps.), *Reconstructing argumentative discourse*, Tuscaloosa, University of Alabama Press, en prensa.

Jacobs, S., Jacson, S., Stearns, S., y Hall, B.: "Digressions in argumentative discourse: Multiple goals, standing concerns and implicatures", en K. Tracy (comp.), *Understanding face-to-face interaction: Issues linking goals and discourse*, Hillsdale, NJ, Lawrence Erlbaum, 1991, págs. 43-61.

James, A.: " 'Civil work' in the probation service", en R. Dingwall y J. M. Eekelaar (comps.), *Divorce mediation and the legal process: British practice and international experience*, Oxford, Oxford University Press, 1988, págs. 56-70.

Jefferson, G.: "Transcript notation", en J. M. Atkinson, y J. C. Heritage (comps.), *Structure of social action: Studies in conversation analysis*, Cambridge, Cambridge University Press, 1984, págs. ix-xvi.

Johnson, D. W.: "Student-student interaction: The neglected variable in education", *Educational Researcher*, *10*(2), 5-10, 1981.

Johnson, J. M.: *Dispute resolution directory*, Washington, DC, American Bar Association, 1993.

Johnson, K. K.: "The impact of conflict management training on behavior and self-esteem of middle school students", disertación doctoral inédita, University of Houston, Houston, TX, 1988.

Jones, T. S.: " 'Breaking up is hard to do': An exploratory investigation of communication behaviors and phases in child-custody divorce mediation", trabajo presentado en la Temple University Discourse Conference, Filadelfia, marzo de 1987.

Jones, T. S.: "Phase structures in agreement and no-agreement mediation", *Communication Research, 15*, 470-495, 1988.

Jones, T. S.: "Lag sequential analysis of mediator-spouse and husband-wife interaction in successful and unsuccessful divorce mediation", en M. A. Rahim (comp.), *Managing conflict: An interdisciplinary approach*, Nueva York, Praeger, 1989a, págs. 93-107.

Jones, T. S.: "A taxonomy of effective mediator strategies and tactics for nonlabor-management mediation", en M. A. Rahim (comp.), *Managing conflict: An interdisciplinary approach*, Nueva York, Praeger, 1989b, págs. 221-229.

Jose, P., y Hennelly, S.: *Measures of social cognitive development: Interpersonal conflict resolution and social rule understanding*, ERIC Document Reproduction Service No. ED 283 609, 1987.

Karambayya, R., y Brett, J. M.: "Managers handling disputes: Third-party roles and perceptions of fairness", *Academy of Management Journal, 32*(4), 687-704, 1989.

Karambayya, R., Brett, J. M., y Litle, A.: "The effects of formal authority and experience on third-party roles, outcomes and perceptions of fairness", *Academy of Management Journal, 35*(2), 426-438, 1992.

Katriel, T., y Shenhar, A.: "Tower and stockade: Dialogic narration in Israeli settlement ethos", *Quarterly Journal of Speech, 75*(4), 358-380, 1990.

Katz, D., y Kahn, R. L.: *The social psychology of organizations*, Nueva York, John Wiley, 1966.

Kaufmann, S.: "Peer mediation in schools: Training models from a theoretical perspective", trabajo presentado en la International Association for Conflict Management Conference, Den Dolder, The Netherlands, junio de 1991.

Kelly, J. B., y Gigy, L. L.: "Divorce mediation: Characteristics of clients and outcomes", en K. Kressel y D. G. Pruitt (comps.), *Mediation research: The process and effectiveness of third-party intervention*, San Francisco, Jossey-Bass, 1989, págs. 263-283.

Kelvin, P.: "Predictability, power and vulnerability in interpersonal attraction", en S. Duck (comp.), *Theory and practice in interpersonal attraction*, Londres, Academic Press, 1977.

Kemmis, D.: *Community and the politics of place*, Norman, University of Oklahoma Press, 1990.

Kepner, C. H., y Tregoe, B. B.: *The rational manager*, Nueva York, McGraw-Hill, 1965.

Kilmann, R., y Thomas, K.: "Interpersonal conflict handling behavior as reflections of Jungian personality dimensions", *Psychological Reports, 37*, 971-980, 1975.

Koch, M. S., y Miller, S.: "Resolving student conflicts with student mediator", *Principal, 66*, 59-62.

Kochman, T. A., y Jick, T.: "The public sector mediation process: A theory and empirical examination", *Journal of Conflict Resolution, 22*, 209-240, 1978.

Kochman, T.: *Black and white styles in conflict*, Chicago, University of Chicago Press, 1981.

Kolb, D. M.: *The mediators*, Cambridge, MIT Press, 1983.

Kolb, D. M.: "To be a mediator: Expressive tactics in mediation", *Journal of Social Issues, 41*(2), 11-26, 1985.

Kolb, D. M.: "Who are organizational third parties and what do they do?", en R. J. Lewicki, B. H. Sheppard, y M. H. Bazerman (comps.), *Research on negotiations in organizations, 1*, Greenwich, CT, JAI Press, 1986, págs. 207-278.

Kolb, D. M.: "Labor mediators, managers, and ombudsmen: Roles mediators play in different contexts", en K. Kressel y D. G. Pruitt (comps.), *Mediation research: The process and effectiveness of third-party intervention*, San Francisco, Jossey-Bass, 1989, págs. 91-114.

Kolb, D. M., y Glidden, P.: "Getting to know your conflict options", *Personnel Administrator, 31*(6), 77-90, 1986.

Kolb, D. M., y Putnam, L.: "Introduction: The dialectics of disputing", en D. M. Kolb y J. M. Bartunek (comps.), *Hidden conflict in organizations*, Newbury, Park, CA, Sage, 1991, págs. 1-31.

Kolb, D. M., y Sheppard, B. H.: "Do managers mediate or even arbitrate?", *Negotiation Journal, 1*, 379-388, 1985.

Krappmann, L., y Oswald, H.: *Negotiation strategies in peer conflicts: A follow-up study in natural settings*, ERIC Document Reproduction Services No. ED 282 641, 1987.

Kreidler, W. J.: *Creative conflict resolution: More than 200 activities for keeping peace in the classroom*, Glenview, IL, Scott, Foresman, 1984.

Kressel, K.: "Labor mediation: An exploratory survey", en D. Lewin, P. Ffeuille y T. Kochan (comps.), *Public sector labor relations*, Glen Ridge, NJ, Horton, 1977, págs. 252-272.

Kressel, K., y Pruitt, D. G.: "Conclusion: A research perspective on the mediation of social conflict", en K. Kressel y D. G. Pruitt (comps.), *Mediation research: The process and effectiveness of third-party intervention*, San Francisco, Jossey-Bass, 1989a, págs. 394-435.

Kressel, K., y Pruitt, D. G. (comps.): *Mediation research: The process and effectiveness of third-party intervention*, San Francisco, Jossey-Bass, 1989b.

Kuczynski, L., y Rochanska, G.: "Development of children's noncompliance strategies from toddlerhood to age 5", *Developmental Psychology*, 26(3), 398-408, 1990.

Kuczynski, L.; Kochanska, G.; Radke-Yarrow, M., y Girnius-Brown, O.: "A developmental interpretation of young children's noncompliance", *Developmental Psychology*, 23(6), 799-806, 1987.

Labov, W., y Franshel,D.: *Therapeutic discourse: Psychotherapy as conversation*, Nueva York, Academic Press, 1977.

Ladd, G., y Emerson, E.: "Shared knowledge in children's friendships", *Developmental Psychology*, 20, 932-940, 1984.

Lakoff, G., y Johnson, M.: *Metaphors we live by*, Chicago, University of Chicago Press, 1980.

Lam, J. A.: *The impact of conflict resolution training programs on schools: A review and synthesis of the evidence*, Amherst, MA, National Association for Mediation in Education, enero de 1988.

Lam, J. A., Rifkin, J., y Townley, A.: "Reframing conflict: Implications for fairness in parent-adolescent mediation", *Mediation Quarterly*, 7(1), 15-31, 1989.

La Resche, D.: "Comparison of the American mediation process with a Korean-American harmony restoration process", *Mediation Quarterly*, 9(4), 323-339, 1992.

Lasch, C.: *The true and only heaven: Progress and its critics*, Nueva York, Norton, 1991.

Legge, N. J., y Rawlins, W. K.: "Managing disputes in young adult friendships: Modes of convenience, cooperation, and commitment", *Western Journal of Communication*, 56, 226-247, 1992.

Lein, L., y Brenneis D.: "Children's disputes in three speach [sic] communities", *Language in Society*, 7(3), 299-303, 1978.

Leung, K., y Lind, E. A.: "Procedure and culture: Effects of culture, gender, and investigator status on procedural preferences", *Journal of Personality and Social Psychology, 50,* 1134-1140, 1986.

Levy, J.: "Conflict resolution in elementary and secondary education", *Mediation Quarterly, 7*(1), 73-87, 1989.

Lewicki, R. J., y Sheppard, B. H.: "Choosing how to intervene: Factors affecting the use of process and outcome control in third party dispute resolution", *Journal of Occupational Behavior, 6,* 49-64, 1985.

Leyva, F. A., y Furth, H.: "Compromise formation in social conflicts: The influencia of age, issue, and interpersonal context", *Journal of Youth and Adolescence, 15*(6), 441-452, 1986.

Likert, R., y Likert, J. G.: *New ways of managing conflict,* Nueva York, McGraw-Hill, 1976.

Lissak, R. I., y Sheppard, B. H.: "Beyond fairness: The criterion problem in research on dispute intervention", *Journal of Applied Social Psychology, 13,* 45-65, 1983.

Littlejohn, S. W.: *Theories of human communication,* Belmont, CA, Wadsworth, 1992.

Littlejohn, S. W., Higgins, M. y Williams, M.: "Demanding dialogue: Moral conflict in an American protestant church", trabajo presentado en la Speech Communication Association, Boston, 1987.

Littlejohn, S. W., Pearce, W. B., Hines, S., y Bean, W.: "Coherence and coordination in mediation communication: Exploratory case studies", trabajo presentado en la Western Speech Communication Association, Tucson, AZ, febrero de 1986.

Littlejohn, S. W., y Shailor, J.: "The deep structure of conflict in mediation: A case study", trabajo presentado a la Speech Communication Association, Chicago, 1986.

Littlejohn, S. W., y Stone, M.: "Moral conflict in a small town", trabajo presentado a la Speech Communication Association, Atlanta, noviembre de 1991.

López, D., y Espíritu, Y.: "Panethnicity in the United States: A theoretical framework", *Ethnic and Racial Studies, 13*(2), 198-224, 1990.

Lovins, A. B.: *Soft energy paths: Toward a durable peace,* Nueva York, Harper & Row, 1977.

Lubiano, W.: "Black ladies, welfare queens and state minstrels: Ideological war by narrative means", en T. Morrison (comp.), *Race-ing justice, engendering power,* Nueva York, Pantheon, 1992.

Maag, J. W.: "Social skills training in schools", *Special Services in the Schools, 6*(12), 1-19, 1990.

MacIntyre, A.: *After virtue: A study in moral theory*, South Bend, IN, University of Notre Dame Press, 1981.

Mack, R. W., y Snyder, R. C.: "The analysis of social conflict: Toward an overview and synthesis", *Journal of Conflict Resolution*, *1*(2), 212-248, 1957.

MacNeil, I.: "Bureaucracy, liberalism and community–American style", *North-western University Law Review*, *79*, 900-948, 1984.

Maier, N. R. F.: "Assets and liabilities in group problem-solving: The need for an integrative function", *Psychological Review*, *74*, 239-249, 1967.

Maier, N. R. F., y Solem, A. F.: "Improving solutions by turning choice situations into problems", *Personnel Psychology*, *15*(2), 151-157, 1962.

Mandler, J.: "Some uses and abuses of story grammar", *Discourse Processes*, *5*(3-4), 305-318, 1982.

Manning, M. L., y Allen, M. G.: "Social development in early adolescence: Implications for middle school educators", *Childhood Education*, *63*(3), 172-176,, 1987.

Mansbridge, J.: *Beyond adversary democracy*, Chicago, University of Chicago Press, 1983.

Margolis, H.: "Helping to implement cooperative learning", *Journal of Reading, Writing, and Learning Disabilities International*, *7*(2), 153-164, 1990.

Marlow, L.: "Styles of conducting mediation", *Mediation Quarterly*, *18*, 85-90, 1987.

Marlow, L., y Sauber, R.: *The handbook of divorce mediation*, Nueva York, Plenum, 1990.

Martin, J., y Stent, G.: "I think therefore I thank: A philosophy of etiquette", *American Scholar*, *59*, 237-254, 1990.

Masheter, C. y Harris, L.: "From divorce to friendship: A study of dialectical relationship development", *Journal of Social and Personal Relationships*, *3*, 177-189, 1986.

Mather, L., y Yngvesson, B.: "Language, audience and the transformation of disputes", *Law and Society Review*, *15*(3), 775-821, 1980-1981.

Maynard, D.: "How children start arguments", *Language in Society*, *14*, 1-30, 1985a.

Maynard, D.: "On the functions of social conflict among children", *American Sociological Review*, *50*, 207-223, 1985b.

Maynard, D.: "Narrative and narrative structure in plea bargaining", *Law & Society Review*, *22*(3), 449, 1988.

Maynard, D. W., y Clayman, S.: "The diversity of ethnomethodology", *Annual Review of Sociology*, *17*, 385-418, 1991.

Maxwell, J. P.: "Mediation in the schools: Self-regulation, self-esteem and self-discipline", *Mediation Quarterly, 7*(2), 149-156, 1989.

McEwen, C. A., y Maiman, R. J.: "Small claims mediation in Maine: An empirical assessment", *Maine Law Review, 37,* 237-268, 1981.

McEwen, C. A., y Maiman, R. J.: "The relative significance of disputing forum and dispute characteristics for outcome and compliance", *Law and Society Review, 20,* 439-447, 1986.

McGillicuddy, N. B., Welton, G. L., y Pruitt, D. G.: "Third-party intervention: A field experiment comparing three different models", *Journal of Personality and Social Psychology, 53,* 104-112, 1987.

McKersie, R. B.: "Avoiding written grievances by problem-solving: An outside view", *Personnel Psychology, 17,* 367-379, 1964.

Menkel-Meadow, C.: "Toward another view of legal negotiation: The structure of problem-solving", *UCLA Law Review, 31,* 754-842, 1984.

Merry, S. E.: "Mediation in nonindustrial societies", en K. Kressel y D. G. Pruitt (comps.), *Mediation research: The process and effectiveness of third-party intervention,* San Francisco, Jossey-Bass, 1980, págs. 68-90.

Millar, F., y Rogers, E.: "Relational dimensions of interpersonal dynamics", en M. Roloff y G. Miller (comps.), *Interpersonal processes: New directions in communication research,* Newbury Park, CA, Sage, 1987, págs. 117-139.

Miller, P., Danaher, D., y Forbes, D.: "Sex-related strategies for coping with interpersonal conflict in children aged five to seven", *Developmental Psychology, 22*(2), 543-548, 1986.

Minow, M.: "Forward: Justice engendered", *Harvard Law Review, 101,* 10-95, 1987.

Mintzberg, H. R.: "The manager's job: Folklore and fact", *Harvard Business Review, 53*(4): 49-61, 1975.

Mishler, E.: *Research interviewing: Context and narrative,* Cambridge, MA, Harvard University Press, 1986.

Montgomery, B. M.: "A dialectical approach to reconceptualizing familiar and marital relationship maintenance", trabajo presentado a la Speech Communication Association Convention, Chicago, octubre de 1992.

Moore, C. M.: "Community is where community happens", *National Civic Review, 80,* 352-357, 1991.

Moore, C. W.: *The mediation process: Practical strategies for resolving conflict,* San Francisco, Jossey-Bass, 1986.

Moore, C. W.: *Decision making and conflict management,* Boulder, CO, CDR Associates, 1989.

Morgan, G.: *Images of organization,* Beverly Hills, CA, Sage, 1986.

Much, N. y Shweder, R.: "Speaking of rules: The analysis of culture in breach", en W. Damon (comp.), *New directions for child development: Moral development,* San Francisco, Jossey-Bass, 1978, págs. 19-39.

Mumby, D. K.: *Communication and power in organizations: Discourse, ideology and domination,* Norwood, NJ, Ablex, 1988.

Mumby, D. K. y Putnam, L.: "The politics of emotion: A feminist reading of 'Bounded Rationality'", *Academy of Management Review, 17,* 465-486, 1992.

Nadler, L., Nadler, M., y Broome, B.: "Culture and the management of conflict situations", en W. Gudykunst, L. Stewart, y S. Ting-Toomey (comps.), *Communication, culture and organizational processes,* Beverly Hills, CA, Sage, 1985, págs. 87-113.

Neale, M. A., Pinkley, R. L., Brittain, J. W., y Northcraft, G. B., "Managerial third-party dispute resolution", informe final al Fund for Research in Dispute Resolution, Washington, DC, 1990.

Nelson, J., y Aboud, F: "The resolution of social conflict between friends", *Child Development, 56*(4), 1009-1017, 1985.

Nicholas, P.: "African-American children's stories", trabajo presentado en el Third World Studies Symposium on Oral Sources and Third World Studies, Santa Clara, CA, 1982.

Nonet, P., y Selznick, P.: *Law and society in transition: Toward responsive law,* Nueva York, Harper & Row, 1978.

Northrup, T. A.: "The dynamic of identity in personal and social conflict", en L. Kriesburg, T. A. Northrup, y S. Therson (comps.), *Intractable conflicts and their transformation,* Syracuse, NY, Syracuse University Press, 1989, págs. 55-82.

Northrup, T. A., y Segall, M. H.: "Subjective vulnerability: The role of disempowerment in the utilization of mediation services by women", informe final al Fund for Research on Dispute Resolution, Washington, DC, 1991.

Nozick, R.: *Anarchy, state and utopia,* Nueva York, Basic Books, 1974.

O'Barr, W., y Conley, J.: "Litigant satisfaction versus legal adequacy in Small Claims's Court narratives", *Law & Society Review, 19*(14), 661-7901, 1985.

O'Connor, R. A.: "Law as indigenous social theory: A Siamese Thai case", *American Technologist, 8,* 223-237, 1981.

O'Donnell, K.: "Difference and dominance: How labor and management talk conflict", en A. Grimshaw (comp.), *Conflict talk,* Cambridge, Cambridge University Press, 1990, págs. 210-240.

Ohtsuka, K., y Brewer, W.: *Discourse organization in the comprehension of narrative texts: Technical report #428*, Cambridge, Bolt, Beranek & Newman, 1988.

Ohtsuka, K., y Brewer, W.: "Discourse organization in the comprehension of temporal order in narrative texts", *Discourse Processes, 15*, 317-336, 1992.

Omanson, R.: "An analysis of narrative: Identifying central, supportive and distracting content", *Discourse Processes, 5*(3-4), 195-224, 1982.

Pallai, P.: "Center/margin relations and the politics of location", trabajo presentado en los encuentros de la Speech Communication Association, Atlanta, 1991.

Pearce, W. B.: *Communication and the human condition*, Carbondale, Southern Illinois University Press, 1988.

Pearce, W. B., y Cronen, V. W.: *Communication, action, and meaning: The creation of social reality*, Nueva York, Praeger, 1980.

Pearce, W. B., Littlejohn, S. W. y Alexander, A. E.: "The quixotic quest for civility: Patterns of interaction between the new Christian right and secular humanism", en J. K. Hadden y A. Shupe (comps.), *Secularization and fundamentalism reconsidered: Religion and the political order III*, Nueva York, Paragon House, 1989, págs. 152-177.

Pearson, J.: "An evaluation of alternatives to court adjudication", *The Justice System Journal, 7*, 420-444, 1982.

Pearson, J., y Thoennes, N.: "Divorce mediation: Reflections on a decade of research", en K. Kressel y D. Pruitt (comps.), *Mediation research: The process and effectiveness of third-party intervention*, San Francisco, Jossey-Bass, 1989, págs. 9-30.

Peirce, K., y Edwards, E.: "Children's construction of fantasy stories: Gender differences in conflict resolution strategies", *Sex Roles, 18*(7/8), 393-404, 1988.

Penman, R.: "Discourse in courts: Cooperation, coercion and coherence", *Discourse Processes, 10*, 201-218, 1987.

Perelman, C.: *The idea of justice and the problem of argument*, Nueva York, Routledge & Kegan Paul, 1963.

Philips, S.: "The judge as third party in American trial court conflict talk", en A. D. Grimsham (comp.), *Conflict talk*, Cambridge, Cambridge University Press, 1990, págs. 197-209.

Pipkin, R.: "Project on integrating dispute resolution into the standard first year course: An evaluation", informe final de la University of Missouri-Columbia School of Law, 1993.

Pipkin, R., y Rifkin, J.: "The social organization in alternative dispute resolution: Implications for the professionalization of mediation", *The Justice System Journal*, 9(2), 204-228, 1984.

Pocock, J.: *The Machiavellian moment: Florentine political thought and the Atlantic republican tradition*, Princeton, NJ, Princeton University Press, 1975.

Polanyi, L.: *Telling the American story: A structural and cultural analysis of storytelling*, Norwood, NJ, Ablex, 1985.

Polenski, J., y Launer, H. (comps.): *Mediation: Contexts and challenges*, Springfield, IL, Charles C. Thomas, 1986.

Polkinghorne, D.: *Narrative knowing and the human sciences*, Albany, SUNY Press, 1988.

Pomerantz, A.: "Agreeing and disagreeing with assessments: Some features of preferred/dispreferred turn shapes", en J. M. Atkinson y J. Heritage (comps.), *Structures of social action: Studies in conversation analysis*, Cambridge, Cambridge University Press, 1984, págs. 57-101.

Potter, J., y Witherell, M.: *Discourse and social psychology*, Newbury Park, CA, Sage, 1987.

Prop, V.: *Morphology of the folktale*, Austin, University of Texas Press, 1968.

Pruitt, D. G.: *Negotiation behavior*, Nueva York, Academic Press, 1981.

Pruitt, D. G.: "Achieving integrative agreements", en M. X. Bazerman y R. J. Lewicki (comps.), *Negotiating in organizations*, Beverly Hills, CA, Sage, 1983, págs. 35-50.

Pruitt, D. G., Fry, W.R., Castrianno, L., Zubek, J., Welton, G., McGillicuddy, N. B., y Ippolito, C.: "The process of mediation: Caucusing, control, and problem-solving", en M. A. Rahim (comp.), *Managing conflict: An interdisciplinary approach*, Nueva York, Praeger, 1989, págs. 201-208.

Pruitt, D. G. y Kressel, K.: "Introduction: An overview of mediation research", en K. Kressel y D. Pruitt (comps.), *Mediation research: The process and effectiveness of third-party intervention*, San Francisco, Jossey-Bass, 1989, págs. 1-9.

Pruitt, D. G. y Lewis, S.: "The psychology of integrative bargaining", en D. Druckman (comp.), *Negotiations*, Beverly Hills, CA, Sage, 1977, págs. 161-192.

Pruitt, D. G. y Rubin, J. Z.: *Social conflict: Escalation, stalemate, and settlement*, Nueva York, Random House, 1986.

Putnam, L.: "Storytelling and negotiation rituals", trabajo presentado al Program on Negotiation, Harvard Law School, mayo 12 de 1992.

Putnam, L. L., y Folger, J. P.: "Communication, conflict and dispute resolution: The study of interaction and the development of conflict theo-ry", *Communication Research*, 15(4), 349-359, 1988.

Putnam, L. L., y Holmer, M.: "Framing, reframing and issue develop-ment", en L. L. Putnam y M. E. Roloff (comps.), *Communication and negotiation*, Newbury Park, CA, Sage, 1992, págs. 128-155.

Putnam, L. L., y Poole, M. S.: "Conflict and negotiation", en F. Jablin, L. Putnam, K. Roberts, y L. Porter (comps.), *Handbook of organizational communication*, Newbury Park, CA, Sage, 1987, págs. 549-599.

Putnam, L. L., y Roloff, M.: "Communication perspectives on negotia-tion", en L. Putnam, y M. Roloff (comps.), *Communication and negotia-tion*, Newbury Park, CA, Sage, 1992, págs. 1-17.

Rawls, J.: *A theory of justice*, Cambridge, MA, Harvard University Press, 1971.

Rawlins, W. K.: "Negotiating close friendships: The dialectic of conjunctive freedoms", *Human Communication Research*, 9, 255-266, 1983a.

Rawlins, W. K.: "Openness as problematic in ongoing friendships: Two controversial dilemmas", *Communication Monographs*, 50, 1-13, 1983b.

Rawlins, W. K.: "A dialectal analysis of the tensions, functions, and strate-gic challenges of communication in young adult, friendships", en J. Anderson (comp.), *Communication yearbook 12*, Newbury Park, CA, Sage, 1989, págs. 157-189.

Rawlins, W. K.: *Friendship matter: Communication, dialects, and the life course*, Hawthorne, NY, Aldine de Gruyter, 1992.

Rifkin, J., Millen, J., y Cobb, S.: "Toward a new discourse for mediation: A critique of neutrality", *Mediation Quarterly*, 9(2), 151-164, 1991.

Riskin, L.: "Toward new standards for the neutral lawyer in mediation", *Arizona Law Review*, 26, 329-362, 1984.

Riskin, L.: "Mediation and lawyers", *Ohio State Law Journal*, 43, 29-60, 1982.

Roberts, M.: "Who is in charge? Reflections on recent research on the role of the mediator", *Journal of Social Welfare Law*, 372-387, 1992.

Roehl, J. A., y Cook, R. F.: "Mediation in interpersonal disputes: Effective-ness and limitations", en K. Kressel y D. G. Pruitt (comps.), *Mediation research: The process and effectiveness of third-party intervention*, San Fran-cisco, Jossey-Bass, 1989, págs. 31-52.

Rogers, N., y McEwen, C.: *Mediation: Law, policy and practice*, San Francisco, Bancroft Whitney, 1989.

Roloff, M.: "Communication and conflict", en C. R. Berger y S. H. Chaffee (comps.), *Handbook of communication science*, Newbury Park, CA, Sage, 1987, págs. 489-534.

Rouner, L. S.: *On community*, South Bend, IN, University of Notre Dame Press, 1991.

Rowland, R.: "On limiting the narrative paradigm: Three case studies", *Communication Monographs*, *55*, 39-54, 1988.

Ruble, T. L., y Thomas, K. W.: "Support for a two-dimensional model of conflict behavior", *Organizational Behavior and Human Performance*, *16*, 143-155, 1976.

Rychlak, J. F.: *A philosophy of science for personality theory*, Boston, Houghton Mifflin, 1968.

Sagan, E.: *At the dawn of tyranny: The origins of individualism, political oppression and the state*, Nueva York, Vintage, 1985.

Salfrank, L.: "Student response teams: Deterring violence in our high schools", trabajo presentado en la American Bar Association convention, Kansas City, MO, mayo de 1991.

Sancilio, M., Plumert, J., y Hartup, W.: *Friendship and aggressiveness as determinants of conflict outcomes in middle childhood*, ERIC Document Reproduction Service No. ED 282 638, 1987.

Sandel, M.: *Liberalism and the limits of justice*, Cambridge, Cambridge University Press,1982.

Sanders, J. A. y Wiseman, R. L.: "Uncertainty reduction among ethnicities in the United States", trabajo presentado en la reunión de la International Communication Association, Chicago, 1991.

Sarat, A.: "The 'new formalism' in disputing and dispute processing", *Law and Society Review*, *21*(3), 695-715, 1988.

Sarbin, T. (comp.): *Narrative psychology: the storied nature of human conduct*, Nueva York, Praeger, 1986.

Scherer, J.: *Contemporary community: Sociological illusion or reality?*, Londres, Tavistock, 1972.

Schmidt, W., y Tannenbaum, R.: "The management of differences", *Harvard Business Review*, *38*, 107-115, 1960.

Selman, R.: *The growth of interpersonal understanding*, Nueva York, Academic Press, 1980.

Selman, R.: "The development of interpersonal competence: The role of understanding in conduct", *Developmental Review*, *1*, 401-422, 1981.

Selman, R., Beardslee, W., Schultz, L., Krupa, M., y Podorefsky, D.: "Assessing adolescent interpersonal negotiation strategies: Toward the integration of structural and functional models", *Developmental Psychology*, *22*(4), 450-459, 1986.

Selman, R., y Demorest, A.: "Observing troubled children's interpersonal negotiation strategies: Implications of and for a developmental model", *Child Development*, *55*, 288-304, 1984.

Selman, R., y Glidden, M.: "Negotiation strategies for youth", *School Safety*, págs. 18-21, otoño de 1987.

Selvini-Palazzoli, M., Boscolo, L., Ceechin, G., y Prata, G.: "Hypothesizing-circularity-neutrality", *Family Process*, *19*, 73-85, 1980.

Shailor, J. G.: *Empowerment in dispute mediation: A critical analysis of communication*, Nueva York, Praeger, en prensa.

Shailor, J., y Pearce, W. B.: " 'The URP that ate mediation': A case study in the structure of human relationships", trabajo presentado en la Communication and Culture Conference, Filadelfina, octubre de 1986.

Shantz, D.: *Correlates of fighting in first and second grade children: A naturalistic study*, ERIC Document Reproduction Service No. ED 229 127, 1983.

Shantz, C.: "Conflicts between children", *Child Development*, *58*(2), 283-305, 1987a.

Shantz, C.: *The promises and perils of social conflict*, ERIC Document Reproduction Service No. ED 286 601, 1987b.

Shantz, D., y Shantz, C.: "Conflicts between children and social-cognitive development", trabajo presentado en la American Psychological Association convention, Washington, DC, agosto de 1982.

Shapiro, D., Drieghe, R., y Brett, J.: "Mediator behavior and the outcome of mediation", *Journal of Social Issues*, *41*(2), 101-114, 1985.

Sheppard, B. H.: "Managers as inquisitors: some lessons from the law", en M. H. B. Brazerman y R. J. Lewicki (comps.), *Negotiating in organizations*, Beverly Hills, CA, Sage, 1983, págs. 193-213.

Sheppard, B. H.: "Third party conflict resolution: A procedural framework", en B. M. Staw y L. L. Commings (comps.), *Research in organizational behavior*, Greenwich, CT, JAI Press, 1984, vol. 6, págs. 141-190.

Sheppard, B. H., Blumenfeld-Jones, K., y Roth, J.: "Informal thirdparty-ship: Studies of everyday conflict intervention", en K. Kressel y D. G. Pruitt (comps.), *Mediation research: The process and effectiveness of third-party intervention*, San Francisco, Jossey-Bass, 1989, págs. 166-189.

Sheppard, B. H., Roth, J., Blumenfeld-Jones, K., y Minton, J.: "Third party dispute interpretations: Simple stories and conflict interventions", trabajo presentado en la National Academy of Management Meetings, Miami Beach, FL, 1991.

Sherry, S.: "Civic virtue and the feminine voice in constitutional adjudication", *Virginia Law Review*, *72*, 543-616, 1986.

Sherzer, J.: "Telling, retelling, telling within telling: The structure and organization of narrative in Kuna Indian discourse", trabajo presentado en la Conference on Orality, Vibino, Italia, 1980.

Shotter, J.: *Social accountability and selfhood*, Oxford, Basil Backwell, 1984.

Shotter, J.: "The social construction of an 'us': Problems of accountability and narratology", en R. Burnett, P. McGhee, y D. Clarke (comps.), *Accounting for personal relationships: Social representations of interpersonal links*, Nueva York, Methuen, 1987.

Shutz, A.: *Colleted papers I: The problem of social reality*, La Haya, The Netherlands, Martinus Nijhoff, 1962.

Simkin, W. E.: *Mediation and the dynamics of collective bargaining*, Washington DC, Bureau of National Affairs, 1971.

Silbey, S. S., y Merry, S. E.: "Mediator settlement strategies", *Law and Policy, 8*, 7-32., 1986.

Sillars, A., y Weisberg, J.: "Conflict as a social skill", en M. E. Roloff y G. R. Miller (comps.), *Interpersonal processes: New directions in communication research*, Newbury Park, Ca, Sage, 1987, págs. 140-171.

Simmel, G.: *Conflict*, Nueva York, Free Press, 1955.

Simmel, G.: *Conrflict and the web of group affiliations*, Nueva York, Free Press, 1964, 1a. ed. 1908 (trad. de K. H. Wolff y R. Bendix).

Slavin, R. E.: "Cooperative learning and group contingences", *Journal of Behavioral Education, 1*(1), 105-115, 1991.

Sluzki, C.: "Transformations: A blueprint for narrative changes in therapy", *Family Process, 31*, 217-230, 1992.

Sluzki, C.: "Better-formed stories", trabajo registrado con el autor (Sara Cobb, Department of Communication, University of Connecticut, West Hartford, CT), 1993.

Smith, D. A.: "Police responses to interpersonal violence: Defining the parameters of legal control", *Social Forces, 65*(3), 767-782, 1987.

Smith, D. A., Visher, C., y Davidson, L.: "Equity and discretionary justice: The influence of race on police arrest decisions", *Journal of Criminal Law and Criminology, 75*, 234-2249, 1984.

Smith, P.: "The convenanted community", *Kettering Review*, 22-29, otoño de 1989.

Smith, R. C., y Eisenberg, E. M.: "Conflict at Disneyland: A root metaphor analysis", *Communication Monographs, 54*, 367-380, 1987.

Social Science Education Consortium, Inc.: *Conflict resolution in the schools: Final evaluation report*, Boulder, CO, ed. del autor, 1987.

Solomon, V., y Rosenthal, D.: "Meta-analysis on paradoxical interventions", copia registrada con el autor (Sara Cobb, Department of

Communication, University of Connecticut, West Hartford, CT), 1984.

Stalcup, C.: "An investigation of children's perceptions of peer conflicts", disertación doctoral, University of Texas at Austin, 1980, *Dissertation Abstracts International, 41*(7-B), 2795-2796, 1981.

Stamp, G. H.: "Toward generative family theory: Dialectal tensions within family life", trabajo presentado en la Speech Communication Association convention, Chicago, octubre de 1992.

Stamp, G. H., y Banski, M. A.: "The communicative management of constrained autonomy during the transition to parenthood", *Western Journal of Communication, 56*, 281-300, 1992.

Stewart, E. C.: "American assumptions and values: orientation to action", en L. F. Luce y E. C. Smith (comps.), *Toward internationalism: Readings in cross cultural communication*, Cambridge, MA, Newbury House, 1987, 2a. ed., págs. 51-72.

Stone, C.: "A structural developmental approach to the study of peer interaction", disertación doctoral en la Harvard University, 1981, *Dissertation Abstracts International, 42*(6-B), 2572-2573, 1981.

Stubbs,M.: *Discourse analysis: The sociolinguistic analysis of natural language*, Chicago, University of Chicago Press, 1983.

Swadener, E. B.: *Teaching toward peace and social responsibility in the early elementary years: A friends school case study*, ERIC Document Reproduction Service No. 316 321, 1988.

Tabachnick, B. R.: "Studying peace in elementary schools: Laying a foundation for the 'Peaceable kingdom' ", *Theory and Research in Social Education*, 18(2), 169-173, 1990.

Tajfel H. y Turner J.C.: "The social identity theory of intergroup behavior", en S. Worchel y W. Austin, *Psychology of intergroup relations*, Chicago, Nelson-Hall, 1988, págs. 7-24.

Tan, N. T.: "Developing and testing a family mediation assessment instrument", *Mediation Quarterly, 19*, 53-67, 1988.

Tannen, D.: *That's not what I meant: How controversial style makes or breaks your relations with others*, Nueva York, Ballantine, 1986.

Taylor, T.: *Enhancing interpersonal problem-solving skills in preschoolers*, ERIC Document Reproduction Service No. ED 288 623, 1986.

Tedeschi, J. T., y Rosenfeld, P.: "Communication in bargaining and negotiation", en M. E. Roloff y G. R. Miller (comps.), *Persuasion: New directions in theory and research*, Beverly Hills, CA, Sage, 1980, págs. 225-248.

Thibaut, J. W., y Walker, L.: *Procedural justice: A psychological perspective*, Hillsdale, NJ, Lawrence Erlbaum, 1975.

Thomas, K. W.: "Norms as an integrative theme in conflict and negotiation: Correcting our 'sociopathic' assumptions", en M. Rahim (comp.), *Managing conflict: An interdisciplinary approach*, Nueva York, Praeger, 1989, págs. 265-272.

Thompson, J. B.: *Studies in the theory of ideology*, Cambridge, Polity, 1984.

Ting-Toomey, S.: "Toward a theory of conflict and culture", en W. Gudykunst, L. Stewart, y S. Ting-Toomey (comps.), *Communication, culture and organizational processes*, Beverly Hills, CA, Sage, 1985, págs. 71-86.

Ting-Toomey, S.: "Intercultural conflict styles: A face-negotiation theory", en Y. Kim y W. Gudykunst (comps.), *Theories in intercultural communication*, Newbury Park, CA, Sage, 1988, págs. 213-235.

Tomm, K.: "Interventive interviewing. Part II", *Family Process, 26*, 126-183, 1987.

Touval, S., y Zartman, I. W.: "Mediation in international conflicts", en K. Kressel y D. G. Pruitt (comps.), *Mediation research: The process and effectiveness of third-party intervention*, San Francisco, Jossey-Bass, 1989, págs. 115-137.

Tracy, K.: "Introduction: Linking communicator goals with discourse", en K. Tracy (comp.), *Understanding face-to-face interaction: Issues linking goals and discourse*, Hillside, NJ, Lawrence Erlbaum, 1991, págs. 1-17.

Triandis, H. C., Bontempo, R., Villareal, J., Asai, M. y Lucca, N.: "Individualism and collectivism: Cross-cultural perspectives on self-ingroup relationships", *Journal of Personality and Social Psychology, 54*, 323-338, 1988.

Triandis, H. C., Leung, K., Villareal, M. J., y Clark, F. L.: "Allocentric vs. idiocentric tendencies: Convergent and discriminant validation", *Journal of Research in Personality, 19*, 349-415, 1985.

Trubisky, P., Ting-Toomey, S., y Lin, S.: "The influence of individualism-collectivism and self-monitoring on conflict styles", *International Journal of Intercultural Relations, 15*, 65-83, 1991.

Ury, W. L., Brett, J. M., y Goldberg, S. B.: *Getting disputes resolved: Designing systems to cut the costs of conflict*, San Francisco, Jossey-Bass, 1988.

Van Dijk, T.: *Communicating racism: Ethnic prejudice in thought and talk*, Newbury Park, CA, Sage, 1987.

VanLear, C. A.: "Testing a cyclical model of communicative openness in relationship development: Two longitudinal studies", *Communication Monographs, 58*, 337-361, 1991.

Varela, F.: *Principles of biological autonomy*, Nueva York, Elsevier North-Holland, 1979.

Venkataramaiah, S., y Kumari, K.: "Socio-psychological analysis of children's quarrels: Theoretical concepts and implications", *Child Psychiatry Quarterly, 8*, 1-6, 1975.

Venkataramaiah, S., y Kumari K.: "Socio-psychological analysis of children's quarrels, the empirical investigation: Results and discussion", *Child Psychiatry Quarterly, 10*, 1-7, 1986.

Volkema, R. J.: "The mediator as face manager", en J. A. Lemmon (comp.), *Techniques and results in family mediation*, San Francisco, Jossey-Bass, 1988, págs. 5-14.

Wall, J. A., Jr.: "Mediation: An analysis, review and proposed research", *Journal of Conflict Resolution, 25*, 157-180, 1981.

Wall, J. A., y Blum, M.: "Communication mediation in the People's Republic of China", *Journal of Conflict Resolution, 35*(1), 3-20, 1991.

Wall, J. A., y Rude, D. E.: "Judicial mediation of settlement negotiations", en K. Kressel y D. G. Pruitt (comps.), *Mediation research: The process and effectiveness of third-party intervention*, San Francisco, Jossey-Bass, 1989, págs. 190-212.

Walster, E., Berschied, E., y Walster, G. W.: "New directions in equity research", *Journal of Personality and Social Psychology, 25*, 151-176, 1973.

Watzlawick, P., Beavin, J., y Jackson, D.: *Pragmatics of human communication*, Nueva York, Norton, 1967.

Watzlawick, P., Weakland, J., y Fisch, R.: *Change*, Nueva York, Norton, 1974.

Weeks, G. R.: "Toward a dialectal approach to intervention", *Human Development, 20*, 277-292, 1977.

West, R.: "Jurisprudence and gender", *The University of Chicago Law Review, 55*(1), 1072, 1988.

White, M., y Epston, D.: *Narrative means to therapeutic ends*, Nueva York, Norton, 1990.

Wiseman, R. L., y Fiske, J. A.: "A lawyer-therapist team as mediator in martial crisis", *Social Work, 25*, 442-445, 1980.

Worchel, S.: "The role of cooperation in reducing intergroup conflict", en S. Worchel y W. Austin (comps.), *Psychology of intergroup relations*, Chicago, Nelson-Hall, 1986, págs. 288-304.

Yeates, L., y Selman, R.: "Social competence in the schools: Toward an integrative developmental model for intervention", *Developmental Review, 9*(1), 64-100, 1989.

Yerby, J.: "Family systems theory reconsidered: Integrating social construction theory and dialectal process into a systems perspective of family communication", trabajo presentado en la Speech Communication Association convention, Chicago, octubre de 1992.

Yu, E. Y.: "Korean communities in America: Past, present, and future", *Amerasia*, *10*(2), 23-51, 1983.

Zartman, I. W.: "Negotiation as a joint decision-making process", en I. W. Zartman (comps.), *The negotiation process: Theories and applications*, Beverly Hills, CA, Sage, 1978, págs. 67-80.

Zartman, I. W., y Touval, S.: "International mediation: Conflict resolution and power politics", *Journal of Social Issues*, *41*, 27-45, 1985.

ÍNDICE ANALÍTICO

SOBRE LOS AUTORES

Mary I. Bresnahan (doctorada en la Universidad de Michigan, 1985) es profesora asociada del Departamento de Comunicación de la Universidad del Estado de Michigan. Estudia la comunicación y el género, el conflicto étnico y el discurso que involucra requerimientos y rechazos. Sus trabajos han sido publicados en *Text, Discourse Processes, Journal of Asian Pacific Communication, The Howard Journal of Communication, Multilingua* y *Philippine Studies*.

Jeanne M. Brett (doctorada en la Universidad de Illinois, 1972) es profesora de conducta organizacional en la Escuela de Gerentes Kellogg de la Northwestern University. Estudia la resolución de conflictos y los procesos con terceros en ambientes organizacionales. Con W. Ury y S. Goldberg es coautora de *Getting Disputes Resolved: Designing Systems to Cut the Costs of Conflict,* y ha publicado otros trabajos de este campo en *The Journal of Organizational Behavoir, Negotiation Journal, Journal of Management* y *Journal of Applied Psychology*.

Heidi Brinkman (doctorada en la Universidad de Denver, 1991) es instructora en el College de Negocios de la Universidad de Denver. Sus intereses investigativos son el impacto del cambio relacionado con la diversidad en los contextos organizacionales, y las influencias culturales y evolutivas en la comunicación. Es consultora especializada en una diversidad de cuestiones, y ha elaborado una medición de la sensibilidad a la diversidad para su empleo en organizaciones.

Robert A. Baruch Bush (doctorado en derecho en la Stanford University, 1974) es profesor distinguido Harry H. Raines de derecho de la resolución alternativa de disputas, en la Escuela de Derecho de la Hofstra University. Enseña e investiga sobre mediación y resolución alternativa de disputas, y tiene trabajos publicados en el *Journal of Contemporary Legal Issues, Florida Law Review, Denver Law Review* y la *Wisconsin Law Review*. En colaboración con Joseph Folger ha escrito un libro que integra la teoría y la práctica, titulado *Mediation at the Crossroads*.

Sara Cobb (doctorada en la Universidad de Massachusetts, 1988) es profesora asistente visitante en la Universidad de California, Santa Bárbara; se especializa en análisis cualitativos de los procesos de resolución de conflictos. Aunque gran parte de su investigación se ha centrado en la práctica de la neutralidad en la mediación, también ha examinado el manejo de la violencia en los procesos de resolución de disputas. Recientemente ha publicado en *Mediation Quarterly, The Negotiation Journal, Law and Social Inquiry, Discourse Processes* y *Communication Theory*.

Robert Dingwall (doctorado en la Universidad de Aberdeen, 1974) es profesor y presidente de la Escuela de Estudios Sociales de la Universidad de Nottingham, Inglaterra. Estudia el rol de la influencia del mediador en la intervención, con una perspectiva de análisis del discurso. Ha coeditado, con J. M. Eekelaar, *Divorce Mediation and the Legal Process: British Practice and International Experience*; han aparecido trabajos suyos en *Family and Conciliation Courts Review, Law in Context, Mediation Quarterly* y *Law in Society Review*.

William A. Donohue (doctorado en la Universidad del Estado de Ohio, 1976) es profesor de comunicación en la Universidad del Estado de Michigan. Le interesa la negociación, la mediación y el estudio del proceso de interacción. Ha publicado recientemente *Communication, Marital Dispute and Divorce Mediation* y también artículos en *Human Communication Research, Communication Monographs, Mediation Quarterly* y *Communication Yearbook 7.*

Joseph P. Folger (doctorado en la Universidad de Wisconsin-Madison, 1978) es profesor asociado en la Temple University y decano asociado de investigación y estudios para graduados en la Escuela de Comunicaciones y Teatro. Sus investigaciones recientes sobre mediación y conflicto han sido publicadas en *Mediation Quarterly, Negotiation Journal,* y en la compilación *Community Mediation: A Handbook for Practitioners and Researchers.* También recientemente se ha publicado la segunda edición de su libro *Working Through Conflict: Strategies for Relationships, Groups and Organizations,* escrito en colaboración con M. S. Poole y R. K. Stutman. Actualmente está completando un libro sobre los fundamentos ideológicos de la mediación, titulado *Mediation at the Crossroads,* con R. Baruch Bush.

David Greatbatch (doctorado en la Universidad de Warwick, 1985) es miembro investigador universitario en la Escuela de Estudios Sociales de la Universidad de Nottingham, Inglaterra. Ha escrito ampliamente sobre el análisis de la conversación en relación con los entrevistadores periodísticos y la interacción profesional/cliente. Publicó trabajos en *Family and Conciliation Courts Review* y en *Law and Society Review.*

Tricia S. Jones (doctorada en la Universidad del Estado de Ohio, 1985) es profesora asociada y presidenta del Departamento de Retórica y Comunicación de la Temple University. Sus actuales intereses investigativos incluyen la competencia para el conflicto de los niños, los procesos de mediación, los indicios no-verbales en la interacción del conflicto, el multiculturalismo y la dinámica del acoso sexual. Recientemente ha publicado artículos en *International Journal of Conflict Management, Sex Roles, Journal of Social Psychology* y *Communication Research.* Está compilando un número especial del

International Journal of Conflict Management sobre el multiculturalismo y el conflicto en los ambientes organizacionales, y prepara un libro sobre la mediación entre condiscípulos basado en sus investigaciones con el programa del Distrito Escolar de Filadelfia.

Rekha Karambayya (doctorada en la Nortwestern University, 1989) es profesora asistente en la Facultad de Estudios Administrativos de la York University. Sus actuales intereses investigativos apuntan a los procesos de resolución de disputas en las organizaciones y la conducta ciudadana organizacional. Hace muy poco tiempo ha sido publicado en *The Academy of Management Journal.*

Stephen W. Littlejohn (doctorado en la Universidad de Utah, 1970) es profesor de comunicación verbal en la Humboldt State University. Sus intereses investigativos apuntan al rol de la comunicación en el conflicto, la mediación y la teoría comunicacional. Es autor de *Theories of Human Communication.*

Carl M. Moore (doctorado en la Wayne State University, 1972) se ha jubilado recientemente en la Kent State University, donde se desempeñó como profesor de estudios comunicacionales. Es un practicante activo que facilita en una amplia gama de disputas relacionadas con la política pública en contextos gubernamentales, comunitarios y de organizaciones sin fines de lucro. Recientemente ha publicado *Group Techniques for Idea Building, A Colorful Quilt: The Community Leadership Story, The Facilitator's Manual* y artículos en *Nation's Cities Weekly, Journal of Intergroup Relations, Public Administration Review* y la *National Civic Review.*

Christopher W. Moore (doctorado en la Rutgers University, 1983) es asociado de CDR Associates, Boulder, Colorado. Es un mediador experimentado que trabaja en una amplia gama de palestras de conflictos, que incluyen las disputas familiares, interpersonales y de política pública. Ha publicado *The Mediation Process: Practical Strategies for Resolving Conflict* y artículos en *Mediation Quarterly, Colorado Municipalities* y el *NIDR Forum.*

W. Barnett Pearce (doctorado en la Ohio University, 1969) es profesor y presidente del Departamento de Comunicación de la Universidad Loyola de Chicago. Su interés apunta al construccionismo social como modo de pensar en la comunicación. Ha escrito varios libros: *Interpersonal Communication: Making Social Worlds, Reagan and American Public Discourse* (con Michael Weiler), *Cultures, Politics and Research Programs: An International Assessment of Practical Problems in Field Research* (con Uma Narula), *Communication, Action and Meaning: The Creation of Social Realities* (con Vernon Cronen) y *Communicating Personally* (con Charles Rossiter, Jr.).

Janet Rifkin (doctorada en derecho en la New York University, 1972) es profesora de estudios legales en la Universidad de Massachusetts, y actualmente se desempeña como controladora universitaria. Es también fundadora y directora del Proyecto de Mediación de la Universidad de Massachusetts. Sus escritos se centran en el rol del mediador y en la conformación del concepto de la neutralidad del tercero por consideraciones concernientes al género y al proceso de resolución de disputas. Recientemente ha publicado en *Mediation Quarterly, Law and Social Inquiry* y *Law, Politics and Society.*

Jonathan Shailor (doctorado en la Universidad de Massachusetts, 1992) es profesor asistente de comunicación verbal en el Ithaca College. Es un mediador practicante que investiga sobre la comunicación y el conflicto, y sobre el papel del otorgamiento de poder en la mediación. Ha escrito *Empowerment in Dispute Mediation: A Critical Analysis of Communication.*

Anna Spradlin (doctorada en la Universidad de Denver, 1990) es instructora en el Departamento de Comunicación de la Universidad de Colorado. Sus intereses docentes e investigativos conciernen al liderazgo y al conflicto en movimientos sociales, los procesos del conflicto, y la mediación. Es una mediadora experimentada que practica la mediación comunitaria, familiar, entre granjeros y prestamistas y entre terratenientes y arrendatarios.

Karen Tracy (doctorada en la Universidad de Wisconsin, 1981) es profesora asociada de comunicación en la Universidad de Colorado, Boulder. Es una analista del discurso que ha estudiado la relación entre las prácticas conversacionales y los desenlaces de la situación en toda una gama de situaciones cotidianas de comunicación. Ha compilado el volumen titulado *Understanding Face-to-Face Interaction: Issues Linking Goals and Discourse* y sus trabajos han sido publicados en *Human Communication Research, Communication Monographs, Journal of Language and Social Psychology, Research on Language and Social Interaction* y *Discourse Processes.*

Otro título de Paidós

Cuando hablar da resultado.
Perfiles de mediadores
Deborah M. Kolb y asociados

Cuando el mediador Jimmy Carter habla, los líderes mundiales escuchan. Cuando irrumpe la violencia en un complejo de viviendas público, Linda Colburn media para hacer la paz. Y cuando el abogado William Hobgood interviene para resolver una disputa laboral, les ahorra a los trabajadores y la gerencia los costos económicos y emocionales del litigio.

Este libro acompaña entre bambalinas a mediadores consumados, para demostrar de qué modo estos profesionales resuelven conflictos en nuestras familias, nuestras empresas, nuestras comunidades, y entre países. En doce perfiles personales basados en entrevistas, al estilo de *The New Yorker*, Deborah M. Kolb y sus asociados presentan una visión desde dentro de los mediadores en su trabajo: muestran quiénes son y qué técnicas utilizan para obtener resultados exitosos en todas las áreas de nuestra sociedad en las que surgen conflictos (desde la empresa, la justicia y la política pública hasta la educación pública, el ambiente y las relaciones laborales). Cada uno de estos mediadores habla con franqueza sobre su trabajo, sus desafíos, sus recompensas y sus fracasos. Sus absorbentes historias ilustran las múltiples maneras de "hacer que conversar dé resultado", ofreciendo ideas y explicaciones a los mediadores que trabajan actualmente en el campo, a quienes desean ingresar en la profesión y a quienes piensan que la capacidad de mediar es esencial para el éxito en sus carreras.

Otro título de Paidós

Mediación: una transformación en la cultura
Julio Gottheil / Adriana Schiffrin
(compiladores)

El término "mediación" ha entrado con fuerza en nuestro vocabulario. Define un proceso participativo, flexible, de resolución de conflictos. Con la colaboración del mediador –un tercero imparcial–, las partes involucradas en un conflicto intentan llegar a un acuerdo que contemple los intereses de cada una de ellas.

Con este libro se ha querido aportar a la incipiente producción teórica hispanoparlante en el campo de las técnicas de resolución de conflictos la opinión de prestigiosos autores acerca de temas tan diversos como los nuevos paradigmas que sustentan la mediación, el diseño curricular de un programa de capacitación y la mediación como proceso de comunicación. Asimismo, se brinda un panorama de la mediación en España, el análisis de las herramientas del mediador y un artículo sobre los diseños de sistemas de resolución de conflictos.

Dado el interés que despierta esta temática, *Mediación: una transformación en la cultura* será útil tanto para quienes estén en pleno proceso de capacitación como para aquellos que tengan curiosidad por internarse en un nuevo campo de conocimiento.

Este libro se terminó de imprimir en el mes de febrero
de 1997, en los Talleres Gráficos D'Aversa, Vicente López 318.
Quilmes. Buenos Aires. Rep. Argentina.